JE NE SERAIS PAS ARRIVÉE LÀ SI…

Née à Brest, Annick Cojean est grand reporter au journal *Le Monde* et auteure de plusieurs livres dont *Les Proies* (Grasset, 2012), best-seller traduit dans le monde entier. Elle a reçu de nombreux prix, parmi lesquels le prestigieux prix Albert-Londres, en 1996, dont elle préside aujourd'hui le jury, et le Grand Prix de la Presse internationale, en 2012, pour son travail sur la Libye.

Paru au Livre de Poche :

LES PROIES

ANNICK COJEAN

Je ne serais pas arrivée là si...

GRASSET

Tous droits de traduction, d'adaptation et de reproduction
réservés pour tous pays.
© Éditions Grasset & Fasquelle, *Le Monde*, 2018, 2019.
ISBN : 978-2-253-25753-0 – 1re publication LGF

À maman, toujours.

*À Louise, Marie, Clémentine, Shilpa et Enora
mes filleules ardentes et lumineuses,
ouvertes sur le monde,
et décidées à l'embellir.*

« Je ne serais pas arrivée là si… »

Je souris. J'essaie d'être rassurante. J'imagine parfaitement le tumulte d'idées, de souvenirs, de visages, que provoque cette amorce de phrase quand on invite à la poursuivre. Alors je la répète doucement et fais traîner le « si… » pour que la suite s'enchaîne presque naturellement. Comme si c'était simple. Mais je sais bien que la question soulevée est vertigineuse.

Qu'est-ce qui m'a faite, défaite, marquée, orientée, bouleversée et sculptée ? Qu'est-ce qui m'a propulsée là où je suis aujourd'hui, à tel poste, telle situation… ou simplement tel âge ? Quel hasard, quelle rencontre, quel accident, quel don, quel caractère, peut-être aussi quel drame, ont aiguillé ma vie ? Quelle révolte m'a donné des ailes ? Ou peut-être quelle joie ? À moins qu'elles m'aient plombée ? Hantée ? Qu'il m'ait fallu me battre et me débattre, plonger et rebondir ? Ai-je poursuivi un rêve ? Ou bien n'en avais-je pas, contrainte de me lancer sur un chemin brumeux ? Des lanternes ont-elles éclairé mon parcours ? Des anges ont-ils veillé sur moi ?

Et mes parents ? Mes géniteurs ! Quel rôle ? Quelle dette ? Quel fardeau ou quelle chance ? Parlons-en. Ou pas. C'est vous qui choisissez. Moi, je vous accompagne. Je soutiens, je relance, je suis curieuse. Profondément curieuse de ce que vous m'apprendrez. Ce qui m'intéresse, c'est l'énergie d'un cheminement. Ses ressorts secrets. Ses fantômes. Son moteur. Ses plaisirs. Comment se construit une vie ? Qu'est-ce qui fait avancer ? Qu'apprend-on en chemin ? Cela me passionne. Racontez. Oui, racontez…

À 30 femmes fascinantes, j'ai donc lancé ce petit bout de phrase dans le cadre d'un rendez-vous hebdomadaire pour La Matinale du Monde. Miraculeusement, elles ont accepté de la poursuivre avec grâce, relevant le défi du raccourci, de l'introspection, de la mémoire sélective. Appliquées et sérieuses. Sincères et troublantes. En un éclair, elles sont allées à l'essentiel. Et m'ont embarquée sur le fleuve de leur vie.

L'interview est l'art de la rencontre. Elle se prépare, bien sûr. Je lis, me renseigne, me documente, je n'arrive pas vierge de toute connaissance à notre rendez-vous. J'ai des repères chronologiques, une idée de ce qui les anime. Mais pas de grille de questions, pas de fiche, pas de formulaire type. Je me laisse porter par la conversation et puis l'on improvise. J'écoute. J'écoute intensément avant de relancer. Un pas de deux, voilà ce que je propose.

J'arrive toujours un peu anxieuse. Cela ne se voit pas, j'espère. Mais enfin, chaque rencontre est un défi et je n'ai pas le droit d'échouer. Je me présente, je remercie, je branche deux petits enregistreurs en plaisantant sur ma maladresse légendaire avec la technologie, et puis je lance la phrase fétiche : « Je ne serais pas arrivée là si... » Et c'est le grand plongeon.

Rien au monde n'est plus important, alors, que la personne en face de moi. Rien ne doit m'échapper d'un sourire ou d'un regard embué, d'une hésitation, d'une contradiction, d'un frémissement, d'un agacement, d'une confession, d'une dérobade. Je ne prends pas de notes, je ne lâche pas le regard de l'autre. Nous sommes deux à vivre cette aventure. Deux à converser, face à face, les yeux dans les yeux. C'est éprouvant. Et agréable. Je suis tendue. Je réagis, je ne suis pas neutre. Au diable le détachement de l'entomologiste. Je bouge, je ris, j'écarquille les yeux, secoue la tête, vibre, oui, vibre à ce qu'on me raconte. Spontanée. En empathie. Les réponses m'intéressent au plus haut point et je le fais comprendre. J'attends même qu'elles me nourrissent. L'inattendu me réjouit. C'est fou comme l'interview est un exercice subjectif.

Il y a quelques années, je n'aurais pas posé les mêmes questions. Enfin, pas toutes les questions. J'étais sur un petit coussin de bonheur. Les guerres, les drames, les catastrophes que j'avais couverts comme grand reporter n'avaient pas entamé une inébranlable confiance dans la vie. C'est incroyable, mais oui, je ressentais depuis toujours une véritable jubilation à vivre. Je n'étais guère sujette au blues, j'ignorais la mélancolie. Cela pouvait même déconcerter, je crois, mes plus proches amis. Et quand Yasmina Reza, dont je devais faire un jour le portrait, m'a confié qu'on utilisait souvent l'expression de « vieille âme » pour la décrire, enfant, allusion à sa lucidité implacable et désespérée, j'ai été subjuguée. Se pouvait-il que je manque de sagesse ? D'intuition sur l'éphémère et l'âpreté de la vie ?

J'avais pourtant rencontré, au cours de nombreux reportages, des situations terribles ; interrogé des témoins en détresse, noué des liens, de vrais liens, avec des personnes revenues de l'enfer. Je me torturais, la nuit, pour trouver les mots accordés à leur malheur, pour décrire au plus près, au plus juste, le tragique, l'injustice, la souffrance. Je rentrais bouleversée, soucieuse, par le pouvoir de l'écriture, de toucher mes lecteurs, et de jeter des ponts entre eux et les sujets de mes reportages. Mais je n'avais jamais ressenti dans ma chair, dans mon âme, le vrai chagrin et la désespérance. Et puis c'est arrivé.

Sans crier gare, sans me prévenir, sans dire au revoir, mes deux parents se sont envolés, à quelques semaines d'écart. Et je n'en suis pas revenue. J'ai été torpillée. En rentrant de Bretagne où mes deux frères et moi avions fermé la maison qui avait tellement résonné de rires, de discussions et de chansons (ma mère chantait toujours), j'étais comme un «wounded soldier». Pleine de gnons et de blessures. Sonnée. Stoppée tout net dans mon élan. Avec un chagrin fou. D'un coup, toutes les questions existentielles négligées jusqu'alors dans le tourbillon de la vie se sont abattues sur ma tête. Pourquoi ? Pour qui ? Comment ? Vers où ? Quel sens ? Ma mère, ma mère tant aimée, m'avait appris tant de choses, sauf comment vivre sans elle. Et danser sous la pluie. J'ai perdu le souffle. Expérimenté le manque, le silence glacial, l'indicible tristesse. Inconsolable. Consciente que le bonheur, tout au moins sa plénitude, avait disparu à jamais. C'était donc ça, le métier de vivre ? Perdre ? Et continuer d'avancer ?

Alors, puisque *Le Monde* me donnait carte blanche pour instaurer ce rendez-vous «Je ne serais pas arrivé là si… » que j'avais déjà expérimenté quelques années plus tôt, eh bien je poserais toutes les questions me venant à l'esprit. Des plus simples : «quel était le rêve de vos 15 ans ? » aux plus ardues : «comment vivre avec l'absence ? », «le bonheur est-il un don ? », «la mort ne serait pas la fin ? ». Ce n'était pas une obsession, mais une nouvelle liberté. Ma vie avait changé. Il y aurait un avant et un après cette collision avec la mort. Mon questionnement s'enrichissait, gagnait en profondeur, et j'osais davantage. Patti Smith accueillera mes questions sur le deuil et l'absence avec une infinie bienveillance. Amélie Nothomb me parlera de sa terreur de perdre sa mère. Joan Baez me racontera la douceur d'avoir accompagné la sienne jusqu'à sa dernière heure.

Il y a au moins une chose que l'on gagne en «mûrissant » ! Cecilia Bartoli affirme être meilleure chanteuse à 52 ans qu'à 20 ans ; moi, je pense être meilleure intervieweuse aujourd'hui qu'à 30 ans.

Mais la rencontre n'est pas tout. Reste à l'écrire et à la partager. Faire qu'à la lecture, la conversation coule de source. Décrypter l'enregistrement, certes. Mais reconstruire, travailler, sculpter, ciseler, donner du corps, du nerf, de la vie. Puisque le lecteur n'aura ni le son, ni le souffle, ni le regard de l'interviewée, à moi de me débrouiller, avec les mots, le rythme, la ponctuation, les ruptures de récit et relances de questions, pour restituer son âme et le grain de sa voix. J'ai ma boîte à outils. Je rabote, je lime, je scie. Pour mieux les faire entendre, leur être le plus fidèle possible, et retranscrire leur émotion, je peux passer vingt heures. Un vrai chantier. Avec des frustrations ! Que n'ai-je eu plus de temps avec mon interlocutrice ? Que ne puis-je la revoir ? Certaines étaient entre deux avions. D'autres, entre deux interviews. Je n'ai souvent droit qu'à une heure, ou une heure trente. Rares sont celles qui m'accordent trois heures. J'oublie que je travaille pour un quotidien. J'écris pour l'éternité. Quelle audace !

Mais pourquoi un recueil composé uniquement d'interviews de femmes ? Après tout, je me suis livrée au même exercice avec un grand nombre d'hommes et toujours avec joie. C'est parce que la planète des femmes reste particulière et leur parcours une course d'obstacles qui ne cesse de me fasciner. Ces 30 femmes ont imposé leur voix dans un monde dont les règles sont forgées par les hommes. Ces 30 se sont battues dans des univers machistes, bourrés de préjugés à l'égard des femmes debout. Plusieurs ont subi des violences. Toutes ont relevé la tête, serré les dents, défendu leur liberté. À grands coups de serpe, elles se sont frayé un chemin. Avec des rêves. Et du travail. Énormément de travail. C'est ce dont elles sont le plus fières. Leur succès, leur carrière, leur impact dans tel ou tel domaine, elles ne le doivent qu'à elles-mêmes. Et quand je les relis, aussi différentes soient-elles, je leur trouve un air de famille. Engagées, chacune à sa manière. Ferventes. Combatives. Inspirantes. Ne nous donnent-elles pas, collectivement, de la force, de l'énergie, de l'espoir ?

Au fil de ces entretiens, un détail m'a frappée – mais est-ce un détail : la plupart des femmes interviewées m'ont raconté avoir été de « vrais garçons manqués » quand elles étaient petites filles. Elles préféraient jouer aux cow-boys ou à Robin des Bois que de bercer des poupées, porter des shorts ou des pantalons plutôt que des robes de princesse. Cela m'a fait rire ! Utilise-t-on encore, en 2018, cette expression insensée... et sexiste ? Je l'ignore. Mais en me voyant, à 8 ans, planter et replanter dans le jardin ma tente d'Indien puis grimper dans le grand hêtre roux où je disparaissais une partie des vacances, en exigeant qu'on m'appelle « Cochise », mon arc en bandoulière, mon père me lançait lui aussi en souriant : « Un vrai garçon manqué ! » Un temps déconcertée, puis révoltée, j'ai fini par répondre, ajustant ma salopette rouge et le bandeau fixant la plume dans ma tignasse bouclée : « Fille très réussie, au contraire ! »

« Je ne serais pas arrivée là si... » Alors faut-il que moi aussi je poursuive la phrase ? Oui. J'ai trop envie de dire tout ce que je dois à cet être inouï qu'était ma mère, Marie-Germaine. Je veux l'écrire. Car c'est un peu la faire vivre que d'évoquer ce personnage si aimant, si solaire, que je croyais éternel. Qui peut croire que le soleil meure un jour ?

Je me souviens qu'en classe de seconde, on jouait au « jeu de la vérité ». Assises par terre, en cercle, dans la cour de récréation à l'heure du déjeuner, on devait tout se dire en critiquant vertement nos parents. Les filles les plus héroïques, les vedettes, étaient bien sûr celles qui racontaient des horreurs et qui, radicalement, se démarquaient de leur mère. Moi, je ne pouvais pas. J'adorais être drôle, j'aurais fait n'importe quoi pour faire rire, mais là, impossible, je ne pouvais pas. Quelle trahison cela aurait été ! Je savais son inépuisable gentillesse. Sa fantaisie, son humour, sa générosité, son amour fou. Elle était mon alliée, depuis toujours. À la vie, à la mort. On me l'enviait, j'en étais heureuse, j'adorais la partager, sa tendresse était exponentielle. Mais j'étais sa seule fille.

Elle ne m'a jamais retenue. J'ai quitté la maison à 17 ans, le bac en poche. Je suis partie faire un tour du monde à 22. Il n'y avait à l'époque ni courriels ni portables. Alors elle m'écrivait de longues lettres sur du papier bleuté « airmail » en les adressant « poste restante » à Sydney, Auckland, Papeete, San Francisco, New York. Je lui manquais bien sûr, elle s'inquiétait forcément, mais elle ne le disait pas. Et je gardais mes semelles de vent. Je savais qu'elle serait tellement heureuse à l'idée de toutes mes découvertes, que je les vivais pour deux. Le plaisir d'une rencontre ou d'un paysage était multiplié par deux. Le désagrément d'un problème était divisé par deux. D'ailleurs je me sentais tellement délestée, après l'avoir partagé avec elle, qu'il en devenait intéressant.

Quand je suis devenue journaliste au *Monde*, elle a continué de m'aider depuis sa Bretagne. Je ne sais pas comment elle faisait, munie uniquement de son téléphone, de son poste de radio qu'elle trimballait partout, de journaux, de la télé et d'une multitude de petits papiers sur lesquels elle prenait des notes. Mais de notre petit bourg, près de Morlaix, elle nourrissait mes envies et me donnait des tas d'idées. Je partais aux États-Unis ? Justement, elle avait noté la référence d'un livre qui traitait de mon sujet. Je mettais le cap sur le Kosovo ? Incroyable ! Elle venait d'entendre qu'un village, près de Pristina, abritait une guérilla singulière. Le Rwanda ? « Annick, tu ne peux pas louper ça. Il y a à Kigali une femme tutsi magnifique qui défend les veuves du génocide. » L'Afghanistan ? « Fais attention à toi, Nana. Et essaie de voir la femme de Karzai. Elle avait un vrai métier et voilà qu'il la tient recluse ! » Elle me sidérait ! C'était avant Google… Au fil des mois, je recevais des enveloppes pleines de coupures de magazine découpées chez le coiffeur, le dentiste, le médecin, y compris des conseils de beauté ou même une histoire drôle. « Je sais que tu n'auras pas le temps de tout lire, ma chérie, mais au cas où… »

Voilà. Je ne serais pas arrivée là si… je n'avais vécu avec cette maman si joyeuse une grande histoire d'amour qui m'a gonflée à bloc, donné des ailes immenses, en m'autorisant, depuis toute petite, au bout du bout du Finistère, tous les rêves et tous les horizons.

J'essaie de les poursuivre. Mais, comme l'écrit Romain Gary, « Avec l'amour maternel, la vie vous fait à l'aube une promesse… »

Annick Cojean

Amélie Nothomb

Elle se lève chaque jour à 4 heures, avale « cul sec » un demi-litre de thé noir, et se jette dans l'écriture, un cahier d'écolière posé sur les genoux. Elle est au rendez-vous de chaque rentrée littéraire et elle se prête alors au jeu de l'interview, dans le drôle de cagibi qui lui sert de bureau chez son éditeur. Drôle, disponible, si singulière... Car derrière le jeu, et l'exquise gentillesse, rôdent bien des fantômes.

Je ne serais pas arrivée là si...

Si je n'avais pas été insomniaque de naissance. C'est la conclusion à laquelle je suis parvenue après avoir beaucoup réfléchi à ce début de phrase absolument fascinant. Oui, cette insomnie a été constitutive et certainement ce qui a le plus compté dans ma vie. Elle a toujours existé, même lorsque j'étais bébé et même si mes parents ont mis un temps fou à s'en apercevoir.

Mais voyons, un bébé qui ne dort pas crie, pleure, s'agite...

Non. Les deux premières années de ma vie, je suis

restée quasiment inerte, dans un mutisme total. Je ne sais pas exactement ce que j'étais, c'est un pur mystère. Mes parents, qui habitaient le Japon et sont l'incarnation du quiétisme, trouvaient cela formidable. Ils ne se sont pas inquiétés, je crois même qu'ils pensaient que je dormais les yeux ouverts. Ce qui était faux. Je ne dormais pas, je m'en souviens très bien. Et puis, vers 2 ans et demi, je me suis comme réveillée – ce qui est paradoxal – en captant de courts cycles de sommeil. Mes parents ne se sont toujours rendu compte de rien jusqu'à ce qu'ils découvrent, quand j'avais environ 5 ans, que je me baladais la nuit dans la maison. Ma mère a aussitôt émis un règlement : la nuit, on reste dans son lit. Pas le droit d'en sortir avant 6 heures du matin.

Alors qu'avez-vous fait ?
Je me suis occupée ! D'abord, j'ai beaucoup regardé ma sœur dormir. Nous partagions la même chambre et elle dormait pour deux ! Comme je suis devenue nyctalope – c'est la moindre des choses lorsqu'on est insomniaque –, la contempler était une merveilleuse occupation. Et puis je répondais aux voix que j'entendais. Il y en avait des centaines dans ma tête et je leur parlais. Enfin, je me racontais l'histoire. Pas « des histoires » mais « l'histoire ». Ce fut la grande occupation de mes années 5-12 ans. Me raconter « l'histoire » : une sorte d'épopée qui partait dans tous les sens et pleine de personnages fluctuants, l'idée étant de me faire connaître les sensations les plus fortes possible. Ce pouvait être l'aventure de deux enfants abandon-

nés qui devenaient cosmonautes. Ou celle du méchant prince torturant la gentille princesse...

Étiez-vous vous-même au centre de l'histoire ?

J'étais tous les personnages à la fois : les enfants abandonnés, le méchant prince, la gentille princesse... Je me racontais l'histoire – j'étais donc le locuteur et le public – et ça marchait très bien. J'attendais la nuit avec impatience. Et mes parents, qui se félicitaient d'avoir une enfant sage, ignoraient que si j'insistais tellement pour aller me coucher tôt, c'était parce que l'obscurité et l'enveloppe des draps étaient propices à « l'histoire ». Hélas, à 12 ans, mon système s'est lézardé, le récit s'est arrêté tout net. Je pense que si je suis devenue écrivain, c'est en grande partie parce que je ne parvenais plus à me raconter « l'histoire » dans ma tête. Il me fallait désormais un intermédiaire – ce sera le papier – pour permettre de la fixer. C'est ainsi que « l'histoire » est devenue « des histoires ».

Que s'est-il passé à 12 ans qui a ainsi perturbé votre équilibre ?

Un événement clé que je raconte brièvement dans *Biographie de la faim*. Une baignade en mer, au Bangladesh, où vivait alors ma famille, et au cours de laquelle j'ai été agressée sexuellement par quatre hommes. Je ne veux pas m'appesantir sur cet événement qu'il m'a fallu dépasser. Disons simplement que l'année de mes 12 ans fut charnière. D'un coup, j'ai découvert la puberté, la violence, la haine de soi, la haine tout court, la fatigue et le froid. Autant de sensations qui m'étaient alors parfaitement inconnues. Jusque-là, ma vie n'était pas forcément heureuse, mais enfin, c'était quand même chouette et mes insomnies constituaient des moments de bonheur et d'exploration du réel à travers «l'histoire». Après ce drame, les insomnies sont devenues problématiques et les voix qui me parlaient dans ma tête nettement moins agréables. J'ai soudain eu le sentiment de vivre avec un ennemi intérieur. Une sorte de monstre générateur d'angoisse. Ma vie a totalement basculé.

Et l'anorexie s'est imposée.

Un an plus tard. À 13 ans et demi. Suivie de troubles alimentaires multiples qui ont duré des années. Car on ne sort pas comme ça de l'anorexie pure et dure. Quand on veut recommencer à manger, c'est l'horreur, on découvre qu'on ne sait plus manger, que le corps ne supporte plus rien, qu'on est malade tout le temps, avec l'impression d'être possédée par le démon. Surtout, on a perdu toute sociabilité. Et on est mis au ban de la société parce qu'on n'est plus capable de manger avec les autres. Ça ne va pas, et tout le monde voit que ça ne va pas. Cauchemardesque. Alors, même si elle a compté dans ma vie et certainement contribué à faire l'écrivain que je suis, il est hors de question que je valorise l'anorexie. Trop de gens l'idéalisent en pensant qu'il y a quelque intérêt à y trouver. C'est faux! Elle fait des ravages. Je serais quelqu'un de bien mieux si je n'avais pas été anorexique.

L'écriture n'a-t-elle pas tout de suite constitué un recours ?

Non. Je n'ai pas écrit une ligne avant 17 ans. Sauf des lettres. Depuis l'âge de 6 ans, j'avais l'ordre parental, ainsi que mon frère et ma sœur, d'écrire une fois par semaine à notre grand-père qui habitait Bruxelles. Nous recevions chacun de grandes feuilles blanches, de format A4, qu'il fallait absolument remplir et c'était un vrai casse-tête, même si je m'appliquais à écrire grand. « Raconte-lui ta vie ! », encourageait ma mère. Mais en quoi ma vie de petite fille expatriée en Asie pouvait-elle intéresser un vieux monsieur que je ne connaissais même pas, me disais-je. Vous voyez que j'avais déjà le souci du lecteur ! Je pense que si j'ai développé ce que j'appelle le sens de l'autre, c'est en partie à cause de cet exercice périlleux. C'était un dialogue avec l'inconnu, très différent de l'histoire que je me racontais la nuit.

Mais pourquoi ne vous autorisiez-vous pas à écrire autre chose que ces lettres au grand-père ?

Parce que lorsque nous étions enfants, c'est ma sœur qui écrivait. Des histoires, des poèmes, des pièces de théâtre. Elle était géniale et admirée de tous. De moi d'abord, qui la lisais avec vénération et la considérais comme une divinité. Mais aussi de mes parents et de nos professeurs car ses pièces étaient jouées par les filles de l'école. Lorsqu'elle a arrêté d'écrire à 16 ans, j'ai attendu quelque temps, pensant qu'elle allait peut-être recommencer. Et puis j'ai découvert Rilke et ses *Lettres à un jeune poète*. J'avais 17 ans et ce fut une illumination. L'acte d'écrire m'est soudain apparu à la fois accessible et puissant. Je dirais même vital. Et miracle : l'ancien récit a repris sous forme écrite. J'ai entamé mes premiers manuscrits.

L'idée de devenir écrivain se profilait alors ?

Oh non ! Je ne m'en sentais pas capable ! J'écrivais déjà comme une forcenée, mais il faudra que j'écrive une dizaine de livres avant d'oser présenter le onzième – *Hygiène de l'assassin* – à un éditeur, avec les conséquences que l'on sait. Les premières années, ma sœur adorée était ma seule lectrice.

Quelle était votre ambition de jeune fille, lorsque votre famille se pose enfin en Belgique ?

Tout simplement d'être japonaise. Car j'étais convaincue que la cause de tous les drames rencontrés depuis l'âge de 5 ans était mon départ du Japon, et l'arrachement des bras de ma mère japonaise. Un drame absolu qui, lui aussi, m'a très largement constituée. Jusque-là, je menais une double vie avec mes deux mamans, la Belge et la Japonaise, que j'aimais à égalité, et qui se toléraient parfaitement. Mais notre départ du Japon a sonné le deuil de cet équilibre si parfait. Ce fut un arrachement fondamental. Et dans mon esprit, le Japon et cette humble femme du peuple, si douce et si maternelle, se confondaient. Je rêvais d'y retourner.

En attendant, comme des millions d'étudiants, vous avez fait votre entrée en fac.

Oui. Et j'allais super mal. J'étais seule. Atrocement seule. Je n'avais aucun amoureux, aucune amie. À cause de mes déracinements, à cause de mon étrangeté profonde, à cause du malaise que je suintais par tous les pores... Je ne savais pas comment il fallait s'habiller, comment il fallait parler, la musique qu'il convenait d'écouter. J'étais d'une clochitude fondamentale. À l'université, les gens me regardaient comme une bête curieuse. Et le nom de ma famille n'arrangeait rien : Nothomb ! Je découvrais qu'en Belgique, il incarnait la droite catholique alors que j'avais justement choisi une université de gauche. Les professeurs comme les étudiants s'étonnaient : mais qu'est-ce que tu fous là avec un nom pareil ? J'avais tout contre moi. Et en un pied de nez suprême, j'ai décidé de consacrer ma thèse à Bernanos.

Pourquoi avoir choisi de faire des études de philologie, la science du langage ?

J'avais assez vite compris, au fil des déracinements successifs dus à la carrière de diplomate de mon père, que le langage et la littérature étaient mon seul ancrage. À 16 ans, je parlais latin. Un choix et une bizarrerie personnels qui n'avaient rien à voir avec ma famille. Je suis née réac ! Petite, je n'aimais que ce qui était extrêmement ancien ou en relation avec le passé. Je n'ai acquis le goût de la modernité qu'en retournant au Japon à 21 ans.

Au moins pouviez-vous briller dans vos études !

J'étais passionnée et travaillais beaucoup. Mais ma vie sociale, malgré mes tentatives désespérées, était un désastre. Je me souviens d'avoir été plusieurs fois la risée de l'amphi. « Quelle conne ! », ai-je entendu hurler après que j'ai posé une question. Je vous assure : j'étais une pestiférée.

C'est incompréhensible. Vous étiez jolie, gentille, cultivée…

Jolie, faut le dire vite ! Je ne sais pas ce que je vaux physiquement aujourd'hui, mais je suis persuadée que je suis mieux à 50 qu'à 18 ans. J'étais si mal dans ma peau ! Du coup, j'essayais d'avoir une vie nocturne. Et j'ai le souvenir de soirées universitaires, extrêmement mal fréquentées ; de fêtes dramatiques dans des garages, avec des individus plus que douteux. J'avais de pauvres aventures absolument sordides, voire humiliantes, mais je me disais : c'est quand même mieux que de ne rien vivre du tout. J'en étais là ! Fruit d'une enfance heureuse et d'une adolescence saccagée qui m'a longtemps fait vivre avec la conviction que ma vie était foutue. *No future*. Terminé ! Une façon de penser radicalement punk, même si j'ignorais le mot. À 15 ans, je n'étais pas sûre de vivre. Au moins, l'anorexie a-t-elle eu le mérite de dévier mon attention. Je n'étais plus obsédée par : « c'est foutu à cause de ce qui m'est arrivé » mais « c'est foutu parce que je ne sais pas manger ». Paradoxalement, c'était une démarche de salut.

Vous citez souvent la phrase de Nietzsche, lui aussi philologue : « Ce qui ne me tue pas me rend plus fort. »

C'est vrai. L'idée du combat est intéressante. Et la vie m'a appris que j'étais finalement plus solide que je ne le pensais. Mais il ne faut pas confondre épreuve et dégradation. L'anorexie était une épreuve, car il fallait se battre. Ce qui m'est arrivé à 12 ans était une dégradation. Et la dégradation demeure à tout jamais. Elle explique cette fragilité immense qu'il me faut vaincre tous les matins et la nécessité vitale d'écrire qui en résulte. Tous les matins, je dois me battre. Et tous les matins, tout est à recommencer. Car les forces obscures sont toujours en moi.

Est-ce cela « le secret indicible » que vous avez souvent évoqué sans le nommer ?

Oui, bien sûr.

Cette agression sexuelle l'année de vos 12 ans ?

Qui reste en moi.

Cela s'appelle un traumatisme.

Sans doute. Mais j'aime l'idée de dégradation : j'étais un petit soldat à qui on a enlevé ses galons.

Pourquoi parler de forces obscures ?

Parce que lors d'une transe, au cours d'un très long séjour en forêt amazonienne, j'ai pu visualiser la chose : ces démons qui étaient encore là et que j'ai tout fait pour chasser de mon corps. Un exorcisme d'une violence incroyable. Mais vain. Alors je me suis résolue : Amélie, tu vis avec ça en toi depuis si long-temps...

Tant de femmes ont enfoui en elles le secret d'un viol.
C'est effroyable. Et, je le pense, générationnel. Dieu sait si j'ai peu parlé de cet épisode, mais chez les gens plus âgés, les réactions ont été ignobles. Subsiste toujours l'idée que la victime est en réalité coupable. Ce n'est pas pour rien que j'ai si mal vécu cette histoire. On me renvoyait une culpabilité que j'ai fini par intégrer.

Quel était le but de ce voyage en Amazonie que vous venez d'évoquer ?
Corine Sombrun m'en avait donné le désir à travers ses livres. Elle est chamane, ce qui n'est pas mon cas, mais je suis « un bon récepteur ». Et j'ai eu envie de me livrer à la même expérience qu'elle – une rencontre avec « les esprits » – au fin fond de la forêt amazonienne, chez les Indiens. Les conditions sont rudes, la diète et les règles très strictes. Ce n'est pas du tout une partie de plaisir. Et ça peut même être dangereux. Mais pour moi, ce fut énorme : le contact avec l'esprit, que l'on voit, que l'on entend, que l'on sent ; les retrouvailles avec certaines personnes disparues ; l'accès à un univers parallèle archipeuplé et invisible le reste du temps. Ce fut la porte ouverte sur un autre monde.

Avez-vous écrit sur cette expérience ?
Oui, même si c'est très difficile. Mais mon édi-

teur m'a refusé le livre. «Écoutez, m'a-t-il dit, les gens pensent déjà que vous êtes dingue. Si vous voulez leur en apporter la preuve sur un plateau…»

Mais la liberté de l'écrivain d'écrire sur ses expériences ?

Allons, de quoi me plaindrais-je ? Vingt-six livres ont déjà été acceptés sur vingt-huit. Et j'avoue avoir été sensible à son argument : la prise de l'ayahuasca, légale au Pérou, est illicite en France où on assimile ce breuvage à base de lianes à une drogue. J'ai vu des gens pour qui l'expérience s'était très mal passée, je ne veux pas avoir ça sur la conscience. Non, prendre de l'ayahuasca n'est pas cool et je ne veux pas en faire la promotion. Pas de livre, donc. Mais le sujet est trop important pour que je n'y revienne pas un jour d'une autre façon. Car j'ai bel et bien rencontré la déesse Ayahuasca, qui est une très très belle femme, qui m'a prise dans ses bras, a dansé avec moi, et m'a dit qu'elle m'aimait. C'était le but de ma vie. Je sais que je vais passer pour une illuminée. Mais qu'importe. Ce n'était pas une chimère. J'ai vécu cet épisode à mille pour cent et c'était inouï. Proprement inouï. Point de vue plaisir, je crois avoir eu tout ce qu'il me fallait dans la vie, mais ça, c'était au-delà du plaisir, et plus merveilleux que tout. Et cela m'a enfin donné accès à une version de la féminité à mille lieues des créatures geignardes, dénuées de force et d'audace, que dépeint Montherlant dans *Les Jeunes Filles*, ce livre phare de mon adolescence qui me faisait refuser avec horreur l'idée de devenir une femme.

***L'amour maternel est au cœur de votre dernier roman.*
Frappe-toi le cœur. *Et particulièrement la relation mère-fille. Elle vous fascine donc?***

Et comment! Moi qui n'ai volontairement pas eu d'enfant, si ce n'est beaucoup d'enfants de papier – car je tombe «enceinte» de chaque livre –, j'aurais pu dire: je ne serais pas arrivée là si, petite fille, je n'avais pas été aussi folle d'amour pour ma mère. J'aimais aussi mon père, mais il ne me faisait pas triper. Mon trip, c'était ma mère.

Je ne cessais de lui dire et redire: «Maman, je t'aime. Maman, aime-moi!» Elle répondait: «Mais je t'aime, je t'aime!» J'insistais: «Oui, mais aime-moi encore plus!» Elle a fini par me dire cette chose énorme, lorsque j'ai eu 9 ans: «Si tu veux que je t'aime encore plus, eh bien séduis-moi.» Je me suis récriée: «Mais enfin, tu es ma mère, c'est ton devoir de m'aimer!» Elle a tranché, elle pourtant si gentille je vous l'assure: «Ça n'existe pas l'amour obligatoire!» Et je lui donne raison. Elle m'a armée avec cette réponse. Et j'ai compris: tu veux qu'on t'aime, ma fille, eh bien donne-toi du mal! Rien n'est automatique! Même pas l'amour maternel. Il se trouve que j'étais née du bon côté de la barrière, ma mère m'aimait. Mais j'ai eu tant d'amies qui n'ont pas été aimées par leur mère. Voire ont été jalousées par elle. Ce non-amour est une blessure inguérissable qui provoque d'immenses dégâts.

Vous atteignez la cinquantaine. Le temps qui passe vous inquiète-t-il?

La machine s'use, je dois bien le constater. Je commence à avoir des petites douleurs, je dois aller chez le kiné parce que mon épaule souffre à force d'écrire huit heures par jour. Mais c'est anecdotique. Ce qui m'inquiète, c'est la perspective de perdre mes parents. Ils sont encore de ce monde, et je m'en réjouis. Mais je sais qu'on surmonte beaucoup mieux un deuil, même terrible, quand on a 20 ans que quand on en a 50. Je cesse d'être jeune. Cela veut donc dire qu'un jour, devant une perte aussi fondamentale, je vais morfler.

Vous avez parfois dit que l'ensemble de vos livres constituait une sorte de rébus, lequel ne sera déchiffrable, un jour, que lorsqu'on les aura tous lus...
Je ne nargue pas mes lecteurs. Le rébus est valable pour moi aussi !

Mais vous l'organisez, puisque vous décidez lequel des trois ou quatre livres écrits dans l'année sera publié.
Je choisis un livre que je trouve bon et qui, en effet, fera sens dans la « big picture ».

Il y a donc bien un dessein global !
Je dessine un géoglyphe.

Pardon ?
Toutes mes vérités sont décidément en Amérique du Sud ! Les géoglyphes sont des œuvres d'art géantes, tracées sur le sol, pour n'être visibles que des oiseaux... ou des dieux. Les Mayas notamment en ont fait de splendides et aucun humain n'en avait la vision puisqu'à leur époque, l'avion n'existait pas. Eh

bien, je pense qu'à mon niveau, je fais un géoglyphe. Je ne sais pas qui le verra un jour, mais j'y travaille. Vous souriez ? Je vous en prie : laissez-moi ma folie des grandeurs ! Laissez-moi croire que je bâtis mon géoglyphe ! J'adore.

Christiane Taubira

Elle a grandi avec bonheur à Cayenne, étudié avec boulimie à Paris, exercé différents métiers en Guyane avant de devenir députée puis garde des Sceaux. Fondamentalement libre, passionnée, flamboyante, Christiane Taubira est toujours aussi rétive au compromis et ne conçoit pas la vie sans engagement. Elle parle vite, des éclairs dans les yeux. Et ce sourire quand elle évoque sa mère !

Je ne serais pas arrivée là si...

S'il n'y avait eu ce rire tonitruant de ma maman. Ce rire qui révélait une joie invincible. Oui, invincible ! Elle était pourtant passée par des moments difficiles, cette mère de onze enfants, sans mari, et qui avait dû arrêter l'école à 14 ans pour s'occuper de sa fratrie à Cayenne quand sa propre mère était morte. Elle avait même fait une dépression nerveuse lorsque j'avais 8 ans, avait été prise en charge par les médecins, avait accepté d'avaler des décoctions et autres produits de la médecine créole. Et une bonne sœur, à l'école, m'avait demandé si c'était vrai que ma maman était devenue folle. Vous imaginez la violence de tout cela ! Et puis, un jour, elle avait décidé de mettre sa dépression au placard, de l'enfermer à double tour, et de revenir s'occuper de ses enfants. Et j'ai alors retrouvé son rire. Intact. Indissociable de ma maman avec son visage doux.

Vous avez hérité de ce rire ?

De sa joie de vivre invincible. Elle me l'a transmise par imprégnation. Je n'ai peur de rien. Je peux pleurer sur le malheur des autres, mais je ne pleure jamais sur moi. Et si un malheur m'arrive, je me redresse et j'avance. Si je dois crever, je crève. C'est tout.

Se reconnaissait-elle en vous ?

Peut-être. Mais nous avions des rapports difficiles, avec plein d'étincelles. J'étais bouillonnante, exubérante, aimais grimper aux arbres, jouer avec mes frères. Rebelle, toujours rebelle. Et tellement impertinente ! « Toi, m'a dit un jour une femme, en créole, lors de ma première campagne électorale, ta langue est née sept jours avant toi ! » C'est beau, non ? Cela m'a fait rire mais ça montrait combien je n'ai jamais pu dompter une insolence et un sens de la repartie qui énervaient tant mes profs et ma maman. Je savais pourtant que ça me vaudrait des claques. Mais impossible de me retenir surtout si j'étais témoin d'une injustice à l'école. Du coup, je prenais une raclée tous les samedis après-midi.

À cause de votre conduite ?

Oui. J'avais 10 sur 10 et j'étais première en français, en anglais, en latin, en mathématiques. Je ne concevais pas d'être deuxième et ma mère, d'ailleurs, exigeait que je sois partout la meilleure. Mais en conduite, j'avais 7, immanquablement. « Bavarde. Ne se tient pas tranquille. » Alors j'avais la raclée avec trois lianes tressées de cerisier.

L'éducation ne passait quand même pas que par les coups !

Ma mère était très sévère. Très. Quelle que soit la situation, une querelle ou une injustice, à laquelle on était confronté, elle estimait qu'on avait tort. On avait toujours tort. Inutile de se plaindre à elle, elle retournait vers nous l'accusation : Et qu'est-ce que tu faisais là ? Et pourquoi as-tu agi comme ça ? C'était exaspérant sur le moment, mais je sais qu'elle le faisait à dessein pour nous inculquer un sens aigu de la responsabilité. On n'est pas une victime. On est acteur, sujet, pleinement responsable de sa vie. On ne perd pas de temps à larmoyer sur son sort. On réagit, on rebondit. Et plutôt que de piétiner en se disant qu'on avait raison, on franchit le pas suivant et on se sort d'affaire. Sans s'incliner ni baisser les yeux.

Beaucoup d'orgueil…

Aucune vanité, mais de l'orgueil en effet, car cela dépasse notre personne. Je n'avais pas le droit d'être mauvaise à l'école parce que les petites filles des familles monoparentales le paieraient. Je n'avais pas le droit d'être mesquine, parce que les petites Noires le paieraient. Je me souviens m'être énervée un jour contre une copine en cours élémentaire. Et le prof a dit : « Oh non ! Pas vous Christiane ! » Je n'ai jamais oublié ce mot. « Dignité ». En toutes circonstances. Maman inspirait cela.

Que faisait-elle pour gagner la vie de cette famille nombreuse ?

Elle a commencé par passer la serpillière à l'hôpital, après son certificat d'études. Et puis un à un, elle a passé les concours pour devenir aide-soignante et infirmière. Elle s'intéressait à tout, connaissait des tas de choses sur la Guyane qu'on n'enseignait pas à l'école, et me demandait, le soir, de lui faire faire des dictées. C'était le courage et la volonté incarnés. Et la générosité ! Elle avait à peine le temps de revenir à la maison de son travail qu'elle courait aider des personnes âgées, faire leurs courses ou changer leurs pansements. Et toujours joyeusement. J'ai grandi avec ça.

Votre père était-il présent dans votre vie ?

Ma mère m'obligeait à aller passer un dimanche sur quatre chez lui avec mes frères.

Quelle empreinte avait-il sur votre éducation ?

Aucune. Et je me laissais aller à de belles insolences à son égard. « Tu vas me respecter ! », m'a-t-il ordonné un jour, j'avais peut-être 10 ans. J'ai répondu : « Je ne respecte que les personnes respectables. »

Vous éprouviez du mépris ?

C'est sans doute ce que je ressentais alors. Mais à l'aube de mes 16 ans, j'ai décidé que c'était un sentiment affreux et qu'il n'y aurait jamais plus de mépris dans mon cœur contre personne.

On peut décider ça ?

Je le pense. En tout cas, on peut se battre contre soi-même et transformer ce sentiment en indifférence. Le mépris implique, demande de l'énergie, fait macérer des sentiments négatifs. Mais vous savez, quand je repense aux femmes de ma famille, et à d'autres femmes qui vivaient sous mes yeux, eh bien il était évident que c'étaient elles qui tenaient la société.

Aviez-vous alors de grands rêves ?

Ah oui ! Dès 6 ans je rêvais de sauver le monde. J'étais très sensible aux injustices et à la pauvreté. J'ai grandi dans un milieu extrêmement modeste, mais il y avait de la nourriture, des vêtements du dimanche, des invités pour nos communions, du nougat de Montélimar à Noël et maman s'était endettée sur deux ans pour payer la grande encyclopédie. Mais il y avait autour de nous des familles bien plus pauvres et cela déclenchait en moi une compassion immense. Je me souviens d'avoir économisé secrètement, sou après sou, pour offrir un cartable à deux filles de mon quartier. Sans leur dire un mot. J'ignorais bien sûr ce que je ferais plus tard. Mais il y avait en moi une espèce de sommation intime : il était inconcevable que perdurent ces inégalités. Les histoires de missionnaires m'inspiraient. Puis les figures rebelles du siècle des Lumières. Et au lycée, les acteurs de la lutte pour les droits civiques : Martin Luther King, Malcolm X, Angela Davis...

Vous grandissez avec ces vastes aspirations et soudain, lorsque vous avez 16 ans, vous perdez votre maman...
C'est l'univers qui s'écroule dans un fracas de fin du monde. Perdre une telle maman ! Vous savez, si l'on parvient à survivre à ce séisme qu'a constitué sa mort, on peut tout affronter.

Elle avait une telle force, une telle présence, une telle volonté ! Il y a des choses que je n'ai réalisées que plus tard, mais enfin, c'est éblouissant ce qu'avait fait cette femme en si peu de temps et en continuant à rire. Elle avait même conçu ce projet fou, dans une société post-esclavagiste, à domination pigmentaire, d'être un jour... propriétaire. Elle s'était endettée, avait acheté un terrain, construit une maison, elle, ancienne fille de salle à l'hôpital, socialement stigmatisée parce qu'elle élevait seule ses enfants sans avoir eu la chance d'être épousée.

Comment avez-vous rebondi ?
Quand on a des petits frères et sœurs, on est tout de suite rappelé à nos responsabilités. Je passe le bac avec mention, seule dans ma classe à l'avoir à l'écrit. Et là, trois professeurs venus de métropole pour corriger les copies de Guyane demandent à me rencontrer. Ils me parlent d'HEC, de Normale Sup, me gavent de compliments. Moi, je sais que ma route s'arrête là, je

dois prendre ma part dans l'éducation de mes frères et sœurs, la question des études ne se pose plus. Mais de leur démarche purement gratuite, j'ai gardé toute ma vie ce regard de confiance.

C'est votre grand frère qui va vous remettre sur la voie des études.

Oui. Alors que je suis très fière du contrat à durée indéterminée qu'on me propose au vice-rectorat où mon efficacité a été appréciée lors d'un job d'été, mon frère, qui a déjà pris trois petits sous son aile, s'y oppose radicalement : « Si la fille du vice-recteur avait eu son bac et les capacités que tu as, elle ferait forcément des études supérieures. Donc tu feras ces études supérieures. »

Je ne serais donc pas arrivée là si ce grand frère ne m'avait enjoint de venir étudier à Paris et permis de découvrir l'infini du monde dans des librairies et des bibliothèques qui seront des abysses de bonheur.

Sept années intenses avant un retour à Cayenne, armée de diplômes d'économie, d'ethnologie, de sociologie et d'une volonté d'entrer dans l'action.

J'ai grandi avec l'injonction intérieure qu'on se doit aux autres. Il ne m'est jamais venu à l'idée de m'organiser une petite vie tranquille. Même enfant, je donnais des cours aux gosses du quartier. Alors je vais militer, dans un parti indépendantiste, un syndicat, des associations que je monte ou que je rejoins. Les différents métiers que j'exerce sont vécus comme autant d'engagements et de combats. Je suis toujours en guerre, je ne laisse rien passer qui soit contraire à mes valeurs. Et cela aussi me vient de ma maman : ne pas trahir, la tête sur le billot. Ne pas vendre sa conscience. Et ne rien faire, jamais, qui puisse susciter la honte. Plutôt crever !

Vous parlez d'une joie de vivre invincible et n'avez jamais voulu montrer la moindre faille malgré les nombreuses attaques, sexistes, racistes, que vous avez subies. Y a-t-il quand même eu des blessures ?

L'invincibilité n'est jamais donnée. Mais j'ai cru sincèrement que les attaques ne pourraient pas m'atteindre. Les parquets de toutes les régions de France m'écrivaient, lorsque j'étais garde des Sceaux, pour me demander si je voulais porter plainte pour des injures racistes, caractérisées. « Remonte dans ton arbre ! », « macaque », « bonobo »... Je refusais de me constituer partie civile mais je ne m'opposais pas aux procès. Ne pas sanctionner serait consentir à ce que des milliers de petites filles se fassent traiter de guenons en cour de récréation. Mais je me sentais indemne. Et voilà que de retour chez moi à Cayenne, à Noël 2013, je commence à écrire, la nuit, sur cette expérience. Et je comprends que je suis toute cassée à l'intérieur.

Le fait de poser les mots sur le papier...

Des souvenirs remontent, de propos racistes entendus pendant mon enfance mais qui n'avaient pas arrêté mon rire. Pourquoi était-ce resté niché dans ma mémoire ? Et si moi, qui sais tant de choses, qui suis si sûre que j'appartiens à l'espèce humaine, qui ai livré tant de combats, résisté à tant de choses, me découvre touchée, quelle violence pour ceux qui ne sont pas armés ! Mais avouer ma blessure m'est insupportable. Je ne veux pas offrir une victoire aux racistes.

Avez-vous perdu des illusions à l'exercice du pouvoir ?

Disons qu'il m'a fallu un long et douloureux apprentissage pour comprendre la nécessité des compromis. Et apprendre que si l'on veut travailler avec les autres, il faut accepter de cadencer son pas. Quel mal pour m'en convaincre ! J'en ai souffert physiquement pendant des années. Je devais prendre deux aspirines la nuit quand j'avais été obligée de convenir d'un compromis au Parlement européen. Idem au sein du gouvernement, même si je sais qu'il s'agit d'une œuvre collective. Je me bats, je reviens à la charge, je suis de mauvaise foi, je redemande un arbitrage, j'ajoute un argument… Et je fais une insomnie !

Toujours un sentiment d'urgence ?

Je pense que le temps nous est compté. Un petit enfant qui n'a pas sa chance à l'école alors qu'il pourrait être notre prochain prix Nobel de littérature ou de physique, ce n'est pas acceptable. L'urgence est là, car il grandit.

Ce temps presque exclusivement consacré à l'engagement a forcément des conséquences sur la vie privée. Vous l'avez payé cher ?

Si j'étais la seule à payer ! Mais c'est la famille qui paie très cher. J'ai choisi de rester accessible lorsque j'étais députée. Je circulais en ville, ma permanence était toujours ouverte et tout le monde connaissait l'adresse de mon domicile où l'on frappait le dimanche à 23 heures pour me soumettre un problème. Je me suis fait dévorer ! Mes quatre enfants qui avaient entre 3 et 9 ans quand je suis devenue députée et faisais de multiples allers-retours entre Cayenne et Paris ont forcément eu des manques… Il y a une douzaine d'années, je leur ai demandé pardon.

Que dirait votre mère si elle pouvait voir ce que vous êtes devenue ? Y pensez-vous parfois ?

Bien sûr. Pendant une vingtaine d'années après sa mort, je ne trouvais pas la paix. Je pleurais toutes les larmes de mon corps. Je pleurais la mer, percluse de remords. J'aurais dû être plus gentille, plus prévenante, plus conciliante. J'aurais dû, j'aurais dû… Et puis il m'est revenu des regards de sa part. Des réactions dans telle ou telle situation. Et j'ai réalisé qu'elle avait en fait une extraordinaire confiance en moi. Eh bien, penser que je n'ai pas démérité vis-à-vis de ma maman est une satisfaction… colossale.

Patti Smith

On dirait une vieille Apache avec ses longs cheveux blancs encadrant son visage émacié. Mais le regard est bienveillant et la voix brune, si célèbre pour avoir chanté People Have the Power *sur les scènes du monde entier, se fait d'une densité soyeuse lorsqu'elle parle des êtres aimés disparus. Elle réfléchit longuement, sincèrement, après chaque question. Petite sœur de Rimbaud et icône rock qu'on devine pleine de sagesse.*

Je ne serais pas arrivée là si...

S'il n'y avait eu la détermination de ma mère à me mettre au monde et me maintenir en vie. J'étais tellement malade ! C'était en 1946, et on ne savait pas alors soigner l'infection broncho-pulmonaire avec laquelle je suis née. Les médecins ignoraient si je pourrais survivre et mon père, me tenant dans ses bras, a passé des heures et des heures dans la vapeur d'une baignoire afin que je puisse respirer. Il m'a sauvé la vie. C'est donc avec un immense sentiment de gratitude que j'ai commencé mon existence et s'il n'y avait eu d'autres raisons, la volonté de remercier mes parents aurait été suffisante pour me donner la rage de vivre. Je n'ai donc jamais fait de choses stupides qui puissent me mettre en danger, ni connu le moindre problème avec l'alcool ou la drogue. Au contraire ! J'ai toujours fait de mon mieux pour préserver cette vie si précieuse qu'ils m'avaient donnée. Et c'est encore le cas.

Votre génération a affronté beaucoup de périls, vos amis ont été décimés.

C'est vrai. J'ai perdu plein de jeunes amis au Vietnam. Beaucoup ont aussi succombé à la drogue, au sida. Et puis il y a eu le cancer... Mon petit bateau a affronté des mers houleuses que j'ai eu une chance folle de pouvoir négocier. Je suis toujours là.

Chance ? Force ? Volonté ?

Enthousiasme forcené pour la vie, les gens, la nature, les plantes, les arbres, les fleurs sauvages, les voyages. Et plus que tout, appétit insatiable pour le travail des autres. Vous n'avez pas idée de l'importance qu'ont eue les livres dans mon enfance. Je ne pensais qu'à ça : un nouveau livre ! Vite un nouveau livre ! *Pinocchio, Peter Pan, Alice au pays des merveilles, Le magicien d'Oz, Les Quatre Filles du docteur March*, des intrigues, des romans policiers, et au fur et à mesure que j'ai grandi, un flux sans fin d'ouvrages plus merveilleux les uns que les autres. Ils m'ont propulsée dans la vie. Et puis il y a évidemment tout le reste : le rock and roll, l'opéra, la peinture, la photographie, le cinéma, Godard, Bresson, Kurosawa,

Jackson Pollock et Sylvia Plath... Tout le génie de l'esprit humain. Toutes ces œuvres à découvrir qui me rendent heureuse d'être en vie et me donnent l'envie de poursuivre mon propre travail.

Plusieurs deuils vous ont terrassée. Où avez-vous trouvé l'énergie de vous redresser et l'envie de créer à nouveau ?

Après la mort de Fred, mon mari, suivie un mois plus tard de celle de Todd, mon frère bien-aimé, j'ai été anéantie, physiquement, émotionnellement. Je ne pouvais plus rien faire, mais je savais que le désir et l'élan créatifs, bien qu'anémiés, étaient encore vivants. J'ai commencé à faire des Polaroids. C'était simple et immédiat. Et si la photo était bonne, je me sentais valorisée. Pendant plusieurs mois, j'en ai pris une à deux par jour. Une seule le plus souvent. Et ces photos ont contribué à mon salut. Ma première responsabilité était bien sûr de m'occuper de mes enfants et je n'avais pas la force de faire beaucoup plus. Mais ces photos furent de petits pas pour reconstruire mon énergie et me donner le courage de réaliser le disque que j'avais initialement prévu de faire avec Fred. En hommage. Des amis m'ont beaucoup aidée à me remettre sur pied. Mais j'aime tellement travailler !

Malgré cette énergie, intacte, il émane de vos poèmes et de vos livres une grande mélancolie.

Lorsque j'ai écrit *M Train*, je souffrais d'un malaise diffus que je ne parvenais pas à identifier. J'affrontais l'absence bien sûr, et une succession de deuils difficiles qui m'avaient fait perdre la joie. Mais ce n'était pas que cela. C'est vers la fin du livre que j'ai compris l'origine de ce malaise persistant. Mon âge ! Mon âge me rattrapait ! 67 ans à l'époque. Aujourd'hui 70. Oui, j'avais franchi une ligne. Et oui, je vieillissais ! Il était temps que je me confronte à ma propre chronologie. Urgent que j'envisage le temps limité qu'il me restait sur cette planète pour voir mes enfants et réaliser tous les projets que j'avais en tête. Jamais je n'avais encore pensé à cela. J'ai toujours été insouciante de mon âge et de mon apparence. Puérile. Mais la froideur de la chronologie s'imposait brutalement. J'ai fini par accepter cette réalité, ou du moins me réconcilier avec elle. Et maintenant que j'ai identifié la racine de ce qui me rongeait, je me sens beaucoup mieux.

Comment peut-on pallier l'absence ?

J'ai appris que lorsqu'on perd des êtres aimés, l'amour qu'on a partagé avec eux ne meurt pas. L'amour ne meurt pas ! Votre mère peut mourir mais ça n'interrompt nullement son amour à votre égard. Il est là, il est en vous ! Il faut vous accrocher à cela. En écrivant mon livre, je sentais une chaleur qui envahissait mon cœur et j'ai compris que c'était l'amour de mon frère. Il aidait à raviver la petite flamme vacillante à l'intérieur de moi. Et je fais tout pour qu'elle ne s'éteigne pas. Parce que l'amour est autour de moi. Celui de mon père, de ma mère, de Robert Mapplethorpe, de mon mari, de mes chiens. Je suis peut-être seule, à ce stade de ma vie, en termes de compagnon, mais je ne suis pas sans amour ! Et le fait de pouvoir écrire et de sonder ma tristesse infinie, me permet de la retourner et de découvrir son pendant qui est la joie. Je n'écris pas intentionnellement une célébration de la vie. Mais le seul fait de travailler sur des impulsions créatrices prouve que la vie est là. Ardente.

Avez-vous l'impression de travailler sous le regard de vos disparus ?

C'est un sujet si délicat ! J'essaie de ne pas édicter de règle ou de dire quoi que ce soit de définitif là-dessus. Mais c'est vrai que je peux parfois sentir Robert juste à côté de moi, ou ma mère. Il n'y a pas si longtemps, j'essayais de prendre une photo et je n'y arrivais pas. Mon sujet était là, pourtant. Mais je ne parvenais pas à cadrer. Qu'est-ce qui cloche ? me disais-je, agacée. Et soudain j'ai senti la présence de Robert : « Bouge un peu, à gauche, là, un peu plus haut. » J'ai fait : « Ok. Oui, bien sûr. » Et c'était bon… Parfois, quand les choses se passent vraiment bien pour moi, presque trop bien, quand j'ai l'impression de sauter de pierre en pierre au-dessus du gué sans tomber dans l'eau, je me dis : « Tiens, c'est ma mère qui m'aide. » Ou quelqu'un d'autre. Et je sais qu'il arrive que William Burroughs ou mon mari marche avec moi. Ou moi avec eux. Mais c'est quelque chose de fragile, qui se dissipe rapidement si vous vous approchez de trop près. En tout cas, je crois dans ces choses. Je ne veux rien exclure.

Encore faut-il être attentif ?

On ne maîtrise rien. J'étais auprès de mon grand

ami Allen Ginsberg quand il est mort. Et il y a eu quelques bouddhistes pour dire : « Ginsberg était sûrement un mauvais bouddhiste car il ne part pas ! Il semble vouloir rester ici ! » Et c'est vrai que j'ai pu sentir la présence d'Allen pendant des semaines. Quand Robert est mort, je l'ai senti à mes côtés pendant des mois. Je pouvais être occupée à plier des vêtements, et je le voyais. En revanche, d'autres personnes que j'ai aimées sont parties instantanément, loin, très loin, pffftt ! Libérées de leurs chagrins ou de leurs souffrances physiques. On ne peut pas leur demander de se manifester, on ne peut que se tenir prêt. « Ce n'est pas que les morts ne parlent pas, disait Pasolini. C'est qu'on a oublié comment les écouter. » J'ai lu cette citation avant même d'être concernée par une perte douloureuse, et ce fut très instructif. C'est comme Jim Morrison qui chantait : « *You can't petition the Lord with prayers.* » Il faut faire le vide en soi et attendre. De sentir Dieu en vous. Ou votre mère. Mais on ne peut rien exiger. Juste être ouvert à la visite et se sentir reconnaissant lorsqu'elle se produit. Ce n'est pas très différent de Jeanne d'Arc qui entendait des voix ou de Bernadette de Lourdes recevant la visite de la Dame. Elles ne commandaient rien. Ce n'est ni un tour de magie ni un spectacle de cirque. Ce n'est pas non plus scientifique. Mais c'est le côté poétique de la foi.

Votre famille était extrêmement religieuse ?

Ma mère surtout. Ma sœur Linda l'est encore profondément. Et moi, enfant, j'étais fascinée par l'idée de Dieu. Dès que ma mère m'en a parlé, à l'âge de 2 ou 3 ans, j'ai adoré ce concept. Cela signifiait qu'il y avait quelque chose de plus grand que nous vers lequel pouvait flotter notre imagination et à qui nous pouvions parler. Et puis à mesure que j'ai vieilli, la religion avec son carcan de règles et d'intermédiaires entre Dieu et nous m'est devenue insupportable. Quelle tyrannie ! Je n'ai pas perdu de vue Dieu ou Jésus, mais j'ai abandonné la religion et ses règles qui me rendaient claustrophobe.

Quelle a été la plus grande chance de votre vie ?

D'avoir survécu à tant de maladies. Je ne peux pas vous dire le nombre de fois où ma mère a pleuré devant un médecin qui lui prédisait que je ne survivrais pas. Mais ce n'était pas que de la chance. Je voulais tellement vivre ! Et puis j'ai bien sûr eu le privilège de rencontrer Mapplethorpe à 20 ans et toute une série de gens merveilleux : Ginsberg, Burroughs, Corso, Sheppard... Mais peut-on parler uniquement de chance ? Car rien n'a été facile vous savez, rien ne m'a été offert sur un plateau. J'étais maigrichonne, ingrate, j'avais une vilaine peau, les gens se moquaient de moi. La vie aurait pu être très différente si je n'avais été une grande travailleuse et si je n'avais bossé toute ma vie. Avec cette conviction, acquise très jeune, que mon destin serait lié à l'art et que je serais un jour écrivain. Je l'ai désiré dès l'âge de 8 ou 10 ans. C'est peut-être ça ma plus grande chance.

D'où vous venait cette conviction que l'art était la chose la plus importante de la vie ?

C'est ce qui m'interpellait ! J'ai grandi dans ces années 50 où les gens, sortant de la guerre, et avec un conformisme inouï, croyaient embrasser la modernité en rêvant de maisons standard, de vêtements en polyester et d'objets tout neufs, de préférence en plastique. Tout ce que je détestais ! J'avais la tête plongée dans les photos de Julia Margaret Cameron et de Lewis Carroll, je rêvais de l'accoutrement des poètes du XIXᵉ siècle, j'adorais les tasses en porcelaine anglaise dont les gens se débarrassaient dans les marchés aux puces et je me jetais sur leurs vieux livres dont ils préféraient lire un condensé dans le *Reader Digest*. Ce monde était évidemment dominé par les hommes, et les filles, maquillées et choucroutées selon des règles précises, ne pouvaient espérer devenir autre chose que secrétaires, cuisinières, coiffeuses ou mères. Insupportable pour moi ! Avec mes longues tresses, mes chemises de flanelle rouge et mes salopettes, je rêvais d'autre chose. Jo March écrivant son livre m'avait bouleversée, et puis Frida Kahlo, Marie Curie… Quelle bouffée d'air frais lorsque j'ai débarqué à New York en 1967. Quelle possibilité de se réinventer ou simplement d'être enfin soi-même !

Comment expliquez-vous que tant de jeunes gens de 20 ans suivent vos apparitions dans les concerts ou les librairies et vous considèrent comme une icône ?

Je me sens privilégiée car ils m'apportent leur énergie et peut-être se reconnaissent-ils un peu en moi ?

Vous savez, quand j'ai fait mon album *Horses* en 1975, c'était à destination de tous ceux qui, comme moi, étaient un peu des moutons noirs, totalement en marge, et persuadés d'être seuls. J'ai fait *Horses* pour leur faire savoir que quelqu'un parlait leur langue. Et qu'il faut avoir le courage d'être soi. Mais le chemin que je propose n'est pas le plus facile ! La chanson *My Blakean Year* dit : « *One road was paved in gold and one road was just a road.* » Eh bien c'est le second que j'ai choisi, un chemin de dur labeur, un chemin de sacrifices. Mais un chemin plein de gratifications car suivre sa pulsion créative et aller au bout de ses rêves débouchent sur de la joie.

Vous leur parlez à ces jeunes ? Vous vous sentez une responsabilité à leur égard ?

Allons ! Ils expérimenteront par eux-mêmes les surprises que réserve la vie et ils apprendront de leurs propres erreurs. C'est ainsi qu'on grandit. Quand ils me demandent : « Patti, qu'est-ce qu'on devrait faire ? » mon message est modeste : « Lavez-vous les dents ! » Cela veut dire : prenez soin de vous-mêmes ! Soyez aussi sains que possible. Évitez les vices et tout ce qui pourrait faire de vous des esclaves ! C'est quelque chose que j'ai décidé très jeune en voyant ma mère sur le point de s'effondrer lorsqu'elle n'avait plus de cigarettes, elle qui pouvait fumer trois à quatre paquets par jour. J'ai choisi résolument d'être libre et de n'être dépendante de rien. Sauf de l'art peut-être. Ou de l'amour. C'est une philosophie de préservation de soi-même. Le reste…

Comment la jeune Patti Smith fauchée mais pleine d'espoir, vivant dans un squat de New York en 1967, regarderait-elle la star qui a signé à Paris un livre chez Gallimard ?

Je crois qu'elle serait heureuse de ce que je suis devenue. Elle regretterait peut-être de me voir aujourd'hui sans *boyfriend*, mais elle se reconnaîtrait, dans mon travail et dans ma façon d'être. Je ne lui serais pas une étrangère.

Virginie Despentes

Elle écrit des best-sellers au scalpel, avec des fulgurances. Et les filles qui ont lu son King Kong théorie, *parfois avant Beauvoir, l'ont immédiatement adopté comme la bible d'un féminisme décomplexé. C'est assurément l'une des voix les plus puissantes du roman français. L'interviewer chez elle, près des Buttes-Chaumont, fut une joie. Cette fille au regard clair, tatouée et vraie gentille, est une écorchée douce.*

Je ne serais pas arrivée là si...

Si je n'avais pas arrêté de boire à 30 ans. J'ai de la chance de l'avoir décidé assez tôt. Et d'avoir compris que ça n'allait pas avec tout ce que j'avais envie de faire alors. L'alcool a probablement été l'une des défonces les plus intéressantes et les plus importantes de ma vie, mais je n'aurais pas pu écrire *King Kong théorie* et tous mes derniers livres si je n'avais pas arrêté. Si je me sens aussi bien aujourd'hui, à 48 ans, beaucoup plus en harmonie, et dans quelque chose de plus doux, de plus calme, de très agréable à vivre – ce que j'appelle l'embourgeoisement – je sais que c'est lié à cette décision. La vie, c'est comme traverser plusieurs pays. Et ce pays dans lequel je vis depuis plusieurs années, il n'a été accessible que par une réflexion, une discipline et un effort par rapport à la dépendance envers les drogues douces, et particulièrement l'alcool. Je suis favorable à la légalisation de toutes les drogues. Mais ce n'est pas parce que c'est légal que c'est anodin. Les gens ne s'en rendent pas compte et n'ont aucune idée de la difficulté à arrêter. J'ai donc l'intention de m'attaquer à ce sujet pour mon prochain livre.

Quand avez-vous commencé à boire ?
La première fois, j'avais 12 ans, je m'en souviens parfaitement. C'était à un mariage à Nancy, en 1982. J'ai bu un verre et je suis tombée en arrière en pensant : « Waouh ! Quel truc ! Ça s'ouvre à moi ! » Et je suis tombée amoureuse de l'alcool. Vraiment amoureuse.

Pour la griserie qu'il procure ?
Oui. J'avais trouvé ma substance. Et très vite, adolescente, j'ai eu une pratique de l'alcool très sociale, dans les bars, les fêtes, les bandes de copains. En fait, tout ce que je faisais à l'extérieur de chez moi, j'ai appris à le faire avec l'alcool et, entre 13 et 28 ans, avec un vrai plaisir, un vrai enthousiasme, une vraie férocité. Dans mes lectures, j'ai trouvé beaucoup d'amis buveurs. Des tas d'écrivains ont une histoire d'amour avec l'alcool et truffent leurs livres de beuveries épiques. J'ai donc été une jeune personne qui a

bu de façon totalement assumée et heureuse très longtemps. Et puis à 28 ans, j'ai eu un déclic. Ça ne collait pas avec le fait de devenir auteure. Ces déjeuners dont je ressortais incapable de faire quelque chose du reste de la journée. Ou ces inconnus avec lesquels je créais soudainement des rapports intimes, et déplacés, parce que j'étais complètement bourrée…

Vous n'aviez plus le contrôle.

Non. Et je me rendais compte que j'étais incapable de confronter une situation sociale sans boire. Et comme il y a de l'alcool partout en France… Alors, aidée par mes agendas où je note tout, j'ai commencé à me demander si les beuveries de la dernière année avaient valu le coup. Deux ans avant, j'aurais répondu : oui, c'était génial. Mais là, j'étais bien obligée de répondre que non. Que la plupart du temps, j'avais fait ou dit des choses qui m'avaient mise mal à l'aise le lendemain. Et que le nombre de fois où je m'étais réveillée en me disant « pffttt… » était considérable. Je devais faire quelque chose. Mais c'est très compliqué ! C'est pas « boire ou ne pas boire ». C'est un mode de vie qui est en jeu. Et un personnage, jusqu'alors défini par l'alcool, qu'il faut complètement réinventer. J'ai découvert à 30 ans que j'étais timide par exemple. Je ne le savais pas.

Vous vous êtes fait aider ?

J'ai surtout rencontré quelqu'un qui a arrêté de boire en même temps que moi. Et on a réappris à faire les choses, une par une. Sortir, dîner, aller au concert.

Tout était à réinventer. Et on s'est aidés mutuellement. Impossible de flancher quand on a engagé sa responsabilité vis-à-vis de l'autre. Et puis quand on est clean, on a la chance de pouvoir débriefer et d'analyser les choses, en rentrant à la maison. En y repensant, je pense que ça m'a aussi permis de progresser en réfléchissant à ce que c'est d'écrire, et aussi pourquoi ça génère une telle angoisse. Ça fait vingt-cinq ans que j'écris et l'angoisse est toujours là. J'ai simplement fini par accepter que c'est un élément du paysage et qu'elle n'empêchera pas le livre d'aboutir. Mais il faut en passer par ces étapes où l'on est absolument convaincu qu'on n'y arrivera pas, que le livre est nul et qu'on n'écrira plus jamais.

Est-ce un sentiment très partagé par vos confrères écrivains ?

Bien sûr. Mais je me demande si cette conversation sur l'angoisse d'écrire, je ne l'ai pas plus fréquemment avec les femmes. Je ne sais pas si c'est parce qu'elles confessent plus facilement leurs moments de vulnérabilité ou si un inconscient collectif nous rend plus sujettes à l'angoisse de s'autoriser à écrire et publier. Ce serait intéressant de s'interroger là-dessus. S'autoriser à publier, c'est un truc très viril en vérité. Raconter des histoires et l'Histoire a été une prérogative masculine pendant des siècles et des siècles. Nous héritons de ça. Et au fond, nous transgressons beaucoup plus que nous le pensons.

La transgression d'une femme bûcheronne est évidente. Celle de la femme écrivain ne l'est pas, et pourtant… Ce n'est d'ailleurs pas un hasard s'il y a eu tant de discussions sur l'opportunité de féminiser le mot. Personne ne s'est roulé par terre quand on a parlé de factrice. Mais que de hurlements quand on a dit écrivaine, auteure ou autrice ! Comme si on affrontait encore un problème de légitimité.

Vous avez toujours écrit ?

Ah oui ! Toujours ! Dès que j'ai lu la comtesse de Ségur, j'ai commencé à écrire des histoires dialoguées de petites filles. C'est même l'un des rares moments d'encouragement de ma mère. Je me souviens de lui montrer une histoire, écrite sur un grand cahier, et de la voir un peu bluffée. Pour une fois, j'avais l'impression d'avoir fait un truc bien. Et puis surtout j'écrivais des lettres. À tout le monde. Mes cousines, des filles de l'école… J'avais une activité épistolaire dingue. Je recevais une lettre et je répondais dans la journée. J'avais un tel bonheur à recevoir du courrier ! Et j'ai continué lorsque je suis arrivée à Paris à 24 ans. J'écrivais des lettres de dix, douze pages et en recevais de magnifiques, qui racontaient l'époque. J'ai hélas tout jeté.

Vous étiez donc une enfant très sociable.

Oui. Très ouverte sur les autres et le monde extérieur. Très en demande : « Qu'est-ce que tu vas m'apporter de merveilleux et d'incroyable aujourd'hui ? Qu'est-ce que tu lis ? Qu'est-ce que tu penses ? Qu'est-ce que tu connais et que je ne connais pas encore ? » Convaincue que le monde recélait des tas de choses géniales que je devais vite découvrir. J'aimais bien l'école, j'étais même déléguée de classe, mais je piaffais.

Pourquoi alors cet internement en institution psychiatrique à 15 ans ?

J'étais une petite bombe, avec une envie de vivre géniale mais incontrôlable. J'avais l'impression que le monde m'appelait avec une telle urgence qu'il était inimaginable que je reste chez moi. Je ne pouvais pas rater un concert à Paris pour lequel j'avais prévu de partir en stop. Je ne pouvais pas rater un festival prévu en Allemagne. Impossible. Je me souviens parfaitement de ma chambre d'ado et de cette brûlure au ventre : « Laissez-moi sortir ! » C'est dehors que ça se passait. Dehors que m'attendait l'aventure. J'avais 15 ans, quoi ! L'âge où chaque rencontre te modifie, chaque découverte te bouleverse. Un squat en Allemagne ? Waouh ! Encore un monde qui s'ouvre.

Avec l'âge, je comprends le désarroi de mes parents, cette peur qui les a conduits à me boucler. C'est un sujet dont je ne reparle pas avec eux, mais si c'était à refaire, je sais qu'ils ne le referaient pas. Ce qui me frappe, c'est qu'on n'aurait jamais enfermé un jeune garçon qui, comme moi, marchait bien à l'école et n'avait aucun problème de sociabilité. On boucle plus facilement les filles. On l'a toujours fait. Dans des couvents, dans des écoles. Pour les contenir. Ça n'a bien sûr rien résolu. En rentrant, comme on m'avait dit que si j'avais mon bac et un concours pour une école je pourrais partir, eh bien je les ai eus. Et à 17 ans pile, toute seule, j'ai débarqué à Lyon. Avec un bonheur de vivre et d'apprendre.

Et c'est à 17 ans, après une virée à Londres, que vous êtes violée en rentrant en auto-stop.

Oui. C'est d'une violence inouïe. Mais je vais faire comme la plupart des femmes à l'époque : le déni. Parce qu'on est en 1986, avant Internet, et je ne sais pas que nous sommes nombreuses à vivre ça. Je crois que je fais partie de l'exception, des 0,0001 % des filles qui n'ont pas eu de chance. Et qu'au fond, puisque j'ai survécu, c'est que j'ai la peau dure et que je ne suis pas plus traumatisée que ça. Alors autant se taire et aller de l'avant. Comme ces millions de femmes à qui on dit, depuis des siècles : si ça t'arrive, démerde-toi et n'en parle pas. Les choses sont différentes en 2017. En cliquant sur le Web, tu comprends que ça arrive tout le temps, que c'est même un acte fédérateur qui connecte toutes les classes sociales, d'âges, de caractères. Tu lis même que Madonna a osé raconter avoir été violée, à 16 ans. Eh bien je t'assure que cette prise de parole est une révolution et qu'elle m'aurait bien aidée à l'époque.

Quelles ont été, pensez-vous, les conséquences sur votre vie ?

Qui aurais-je été sans ça ? C'est une question que je me pose souvent et je ne sais pas quoi répondre. Puis-je me dire, trente ans après, que c'est passé ? Ou bien est-ce qu'on reste toute sa vie quelqu'un qui a été violé ? Ce qui est sûr, c'est que c'est obsédant. Que j'y reviens tout le temps. Et que ça me constitue. Le viol est présent dans presque tous mes romans, nouvelles, chansons, films. Je n'y peux rien.

« J'imagine toujours pouvoir un jour en finir avec ça. Liquider l'événement, le vider, l'épuiser. Impossible. Il est fondateur », écrivez-vous, en 2007, dans **King Kong théorie**.

Oui. Il est au cœur de ce livre que je n'ai pas écrit légèrement. Car tu n'es pas heureuse d'écrire là-dessus. Et tu ne sais pas si, à sa sortie, tu seras insultée ou lynchée. Tu t'attends au pire et tu te sens samouraï. Mais tu sais que c'est important. Comme une mission. Presque un appel. Alors tu y vas. Et le lien que ce livre a créé avec les lecteurs est absolument magnifique.

Les premières années à Lyon se passent autour de la musique – le rock alternatif – et dans une incroyable liberté.

Totale ! Je vis en bande, punk parmi les punks les plus affreux. Accessoires cloutés, cheveux courts, teintures de toutes les couleurs. On se déplace de ville en ville pour les concerts, les municipalités n'aiment pas nous voir traîner sur les places et on passe souvent la nuit au poste. Je lis beaucoup, j'écris des nouvelles, j'ai une énergie folle, de la tendresse pour les personnages de mon groupe et chaque fin d'année, je me dis : « Quelle merveille ! Tous ces gens que je rencontre ! Tout ce que j'apprends ! » Il y a bien sûr des galères, une mise en danger, mais j'ai cette chance de connaître un de ces rares moments dans la vie où tu vis sans contraintes et sans concessions.

Parmi les jobs que vous enchaînez au fil des ans – notamment autour du disque – il en est un qui est loin d'être anodin...

La prostitution occasionnelle. Pendant deux ans. Et grâce au Minitel. Idéal pour gagner 4 000 francs en deux jours. Net d'impôts. Un smic.

N'aviez-vous pas l'impression de franchir un tabou suprême ?

Beaucoup moins qu'en faisant ma première télé. La sensation de perte de pureté, de vente de mon intimité, ce fut après une interview sur Canal+, pour parler de mon premier livre, *Baise-moi*. Des inconnus me reconnaissaient le lendemain dans la rue, je ne m'appartenais plus tout à fait et perdais l'anonymat si précieux de Paris. Mais avec mon premier client, franchement pas. J'étais tellement épatée de gagner tant d'argent en une demi-heure ! Terminé mon boulot à la con chez Auchan ! Et le côté « fille de mauvaise vie » n'effrayait pas la jeune punk que j'étais. Et puis faut dire la vérité : à cette époque, j'étais très intéressée par les garçons et par le sexe. Ce n'était pas comme si je n'avais eu alors que trois histoires dans ma vie. Je trouvais ça génial de coucher avec tout le monde. Point. Alors il a suffi de m'affubler d'une jupe courte et de hauts talons et je suis rentrée dans ce boulot avec une vraie facilité. Ça s'est dégradé plus tard, quand je suis arrivée à Paris où j'avais moins de repères et où l'arrivée des putes russes – blanches et sublimes – a bouleversé le marché.

Qu'est-ce que cela vous a appris ?
Vachement de choses. Et bizarrement, ça m'a rendu les garçons plutôt sympathiques, presque touchants – c'est la chance de n'avoir pas fait ce métier longtemps. Je voyais plutôt leur vulnérabilité et leur détresse. Et je pense que ces mecs se comportaient plutôt mieux avec une prostituée qu'avec une fille rencontrée dans un bar.

Vous avez écrit que cette expérience a été une étape cruciale de reconstruction après le viol.
Je le crois. Ça revalorise incontestablement. Ce sexe n'avait donc pas perdu de valeur puisque je pouvais le vendre, très cher, et de nombreuses fois. Ça me redonnait un pouvoir : c'est moi, cette fois, qui décidais de mon corps, et en tirais un avantage. Ce n'est certainement pas un hasard si j'ai écrit *Baise-moi* à ce moment-là et si j'ai voulu qu'il soit publié. C'était un signe de puissance. Je sortais du groupe et je reprenais la parole.

Est-ce à ce moment-là que vous vous interrogez sur ce qu'est vraiment la féminité ?
Non, j'ai toujours réfléchi à ça puisque ça n'a jamais été pour moi une évidence. Ma mère est féministe et j'ai lu très tôt à ce sujet. Je savais que ça ne tombe pas du ciel comme le Saint-Esprit et que c'est une construction. Mes réponses ont évolué dans le temps,

en termes de look. Et plus le temps passait, plus je me disais : quelle histoire compliquée ! Et plus ma colère montait sur ce qu'on exige des filles au nom de « la féminité ».

Une étude publiée il y a cinq ans l'exprimait parfaitement. On faisait passer à des petits garçons et des petites filles de 5-6 ans un faux casting pour une pub de yaourt. Et sans leur dire, on avait salé le yaourt. Les petits garçons, sans exception, font beurk devant la caméra, car le yaourt est infect. Les petites filles, elles, font semblant de l'aimer. Elles ont compris qu'il faut d'abord penser à celui qui les regarde et lui faire plaisir. Eh bien c'est exactement cela la féminité : ne sois pas spontanée, pense à l'autre avant de penser à toi, avale et souris. Tout est dit.

Elle ne peut se résumer à cela !

Non, bien sûr. Et je ne vais pas expliquer à des femmes qui se sentent bien dans ce cadre qu'elles doivent en sortir. Mais franchement, quand je vois ce qu'on exige des femmes, le carcan de règles et de tenues qu'on leur impose, leur slalom périlleux sur le désir des mecs et la date de péremption qu'elles se prennent dans la gueule à 40 ans, je me dis que cette histoire de féminité, c'est de l'arnaque et de la putasserie. Ni plus ni moins qu'un art de la servilité. Mais c'est si difficile de se soustraire à l'énorme propagande ! J'ai fini par en être imprégnée, moi aussi. Et en un réflexe de survie sociale, après le scandale du film *Baise-moi* qui m'a quand même torpillée, j'ai tenté de me fondre un peu dans le décor. Je suis devenue blonde, j'ai arrêté l'alcool, j'ai vécu en couple avec un homme... Et ça a raté.

Mais alors ? Vous ne seriez pas arrivée là, à cette période heureuse de votre vie où vos livres sont attendus, célébrés, si...

Si, à 35 ans, je n'étais pas devenue lesbienne.

Ce serait un choix ?

Je suis tombée amoureuse d'une fille. Et sortir de l'hétérosexualité a été un énorme soulagement. Je n'étais sans doute pas une hétéro très douée au départ. Il y a quelque chose chez moi qui n'allait pas avec cette féminité. En même temps, je n'en connais pas beaucoup chez qui c'est une réussite sur la période d'une vie. Mais l'impression de changer de planète a été fulgurante. Comme si on te mettait la tête à l'envers en te faisant faire doucement un tour complet. Woufff! Et c'est une sensation géniale. On m'a retiré 40 kilos d'un coup. Avant, on pouvait tout le temps me signaler comme une meuf qui n'était pas assez ci, ou qui était trop ça. En un éclair le poids s'est envolé. Ça ne me concerne plus ! Libérée de la séduction hétérosexuelle et de ses diktats ! D'ailleurs je ne peux même plus lire un magazine féminin. Plus rien ne me concerne. Ni la pipe, ni la mode.

Le discours vous semble partout hétéro-normé ?

Partout ! Et je comprends soudain la parole de Monique Wittig : « Les lesbiennes ne sont pas des femmes. » En effet. Elles ne sont pas au service des hommes dans leur quotidien. Le féminisme change heureusement les choses, c'est une des plus grandes révolutions qu'on ait connues. Mais historiquement, la femme est au foyer, elle est la mère des enfants, le repos du guerrier, son faire-valoir et sa servante. Et il ne faut pas qu'elle brille trop. Cela m'a toujours frappée de voir que chaque fois qu'une femme scientifique, cinéaste, musicienne, écrivaine connaît un grand succès, elle perd son couple ou le met en danger. On plaint son compagnon. L'inverse est évidemment faux. Un homme qui connaît un énorme succès conserve son couple et se permet des maîtresses que sa femme, que tout le monde trouve chanceuse, a le devoir d'accepter.

La jalousie peut aussi exister dans un couple homosexuel !

Ça reste une histoire entre deux personnes, mais il n'y a pas de rôle attribué, rien de présupposé, rien de normé socialement. Et j'ai même l'impression que chacune aime le succès de l'autre. Ton rayonnement, a priori, ne repose pas sur l'idée que ta meuf t'est inférieure. Autant l'hétérosexualité peut te tirer vers le bas en tant que créatrice, autant l'homosexualité épanouit la création.

Il n'y a plus ce regard négatif qu'ont redouté beaucoup de femmes célèbres, artistes ou autres, qui n'ont jamais révélé leur homosexualité ?

Les choses ont bien changé. Et quand on y pense, si le ratio d'homos ou de bis parmi les créatrices est beaucoup plus important que dans la vraie vie, c'est parce que ça te libère. Ça te donne une autorisation à réussir. Ça ne met pas en danger ton couple. Tu n'as plus de freins. Pour moi, c'est un vrai apaisement.

La loi autorisant le mariage gay a-t-elle joué un rôle dans le changement de regard ?

Je ne souhaite le mariage à personne. Mais si tout le monde a les mêmes droits, cela facilite la vie. En participant à la dernière Gay Pride qui était si joyeuse, et en voyant ces milliers de jeunes gens, je me disais que c'était la première génération qui pouvait annoncer son homosexualité à ses parents sans qu'ils pleurent. Pour les gens de mon âge, l'outing allait de « tragique » à « difficile ». Il y avait toujours un moment où les parents pleuraient. Et c'est super dur de faire pleurer tes parents pour ce que tu es. Aujourd'hui, ils peuvent se dire : ça va, tu ne seras pas forcément malheureux. Et ils peuvent même l'annoncer aux voisins.

« Passé 40 ans, tout le monde ressemble à une ville bombardée » avez-vous écrit quelque part. Vieillir vous fait peur ?

La cinquantaine venant, j'ai peur de mourir. C'est la direction. Mais ça va. C'est même plutôt cool. En fait, je me sens beaucoup mieux maintenant qu'il y a vingt ans. Et il y a des tas de femmes d'âge mûr, que j'appelle les « Madames », qui me fascinent et indiquent un joli cap. Je n'ai pas de modèle, je ne sais pas comment on va inventer ça, vieillir. Mais quand je vois sur scène Marianne Faithfull, même avec sa canne, je me dis : « Pas mal. » Et même : « J'adore. » Classe !

Son bien le plus précieux est une lettre dans laquelle son père lui dit qu'il est fier d'elle. Avez-vous cette reconnaissance de vos parents ?

On n'est pas proches, mais leur regard sur moi est bienveillant. Je crois qu'ils sont contents.

Et ça compte ?

Eh bien oui. Un des trucs qui m'a le plus touchée lorsque j'ai reçu le prix Renaudot, c'est que ça a fait plaisir à mon père. Ce n'est pas un super loquace. Il n'a pas marché sur les mains. Mais il l'a exprimé. Et c'est vachement important.

Juliette Gréco

Une légende. Une interprète magistrale à la gestuelle de tragédienne qui a traversé le temps, la tête haute, le verbe frondeur et le regard canaille. Libre, Gréco, si libre ! Une sauvageonne au teint blanc et habillée de noir, à qui les plus grands ont écrit des chansons, et qui fait mine de s'étonner d'avoir eu une telle chance...

Je ne serais pas arrivée là si...

Si on ne m'avait pas aimée. C'est la base de tout ! Si la grande comédienne Hélène Duc ne m'avait pas recueillie, comme si j'étais son enfant, et tenue à bout de bras. C'était la première fois que l'on m'aimait ainsi. Et c'était me mettre au monde une deuxième fois. J'ai débarqué chez elle un matin de 1943. J'avais 16 ans. Je sortais de la prison de Fresnes, j'étais seule et paumée. Ma mère, qui était engagée dans la Résistance, m'avait toujours dit d'aller chez Hélène s'il arrivait quelque chose. Elle avait été mon professeur de français à Bergerac, et déjà, elle m'avait prise en tendresse, moi qui ne parlais guère et que ma mère n'aimait pas. Alors ce matin-là, j'ai couru chez elle dans ma robe bleu marine et mes souliers en raphia. Et elle m'a ouvert les bras.

Votre mère et votre sœur avaient été déportées à Ravensbrück.

Je ne le savais pas encore. Ma mère avait été arrêtée puis emprisonnée à Périgueux et Charlotte et moi avions sauté dans un train vers Paris. Mais nous avions été suivies. Et alors que ma sœur s'apprêtait à traverser la place de la Madeleine pour me rejoindre dans un bistrot, une grosse Citroën a pilé net devant elle, et trois hommes l'ont saisie et jetée dans la voiture. Je suis sortie comme une fusée et j'ai tambouriné sur la vitre. Charlotte a dû dire : « C'est ma sœur ! » Et j'ai été embarquée par la Gestapo. Avant d'arriver au siège, avenue Foch, j'ai échangé discrètement mon sac avec le sien. Je me doutais bien qu'elle transportait des papiers compromettants. Puis, en attendant d'être interrogée, j'ai demandé à aller aux toilettes et je les ai fait disparaître dans la cuvette des WC. Cela n'a servi à rien. Au petit matin, on était toutes les deux transférées à la prison de Fresnes. Je n'en suis sortie que parce que j'étais très jeune et pas juive.

Cette expérience de la prison a été décisive ?

Ô combien ! J'avais déjà un tempérament mutique, mais après la prison, je ne voulais plus parler. J'y avais connu l'insulte, le mépris, les humiliations. Comme ce moment si blessant où l'on nous obligeait à sortir nues de la douche. Mortifiée, je serrais ma robe contre moi.

À 16 ans, c'est insupportable. Je pense qu'il y a très peu de gens à m'avoir vue toute nue depuis cet épisode. Je ne pouvais plus.

Hélène Duc a donc joué le rôle d'une mère ?
C'est MA mère ! L'autre n'a fait que me mettre au monde une première fois. Je ne vais jamais aux enterrements, mais je suis allée à celui d'Hélène. Elle m'a empêchée de mourir. Regardée, considérée, reconstruite. C'est Hélène qui a fait ce que je suis.

L'autre ne vous regardait pas ?
Elle ne m'aimait pas. Elle m'a dit un jour que j'étais le fruit d'un viol. J'étais encore très jeune et ignorante, j'ai donc désespérément cherché quel pouvait être cet arbre au nom étrange qui donnait des fruits. Elle m'a aussi dit que j'étais un enfant trouvé.

Quelle cruauté !
Oui. Elle avait la haine. La hargne. C'est traumatisant et ça vous bloque une vie. Sans doute étais-je, en effet, le fruit d'un viol par son mari. Donc extraordinairement malvenue. Je n'étais qu'un mauvais souvenir. En revanche, elle aimait ma sœur.

Comment a-t-elle réagi quand elle vous a vue devenir célèbre, adulée par le public ?
Vous savez ce qu'elle m'a dit ? Qu'elle aurait pu faire une plus belle carrière que moi car elle chantait infiniment mieux. C'est drôle, hein ? Elle n'a pas

accepté que je réussisse. Je ne le méritais pas. Je ne méritais rien.

Est-ce que cela a pu vous servir d'aiguillon ?

Oh pas du tout ! Une gêne, une douleur, ça oui ! Une douleur toujours présente, même si je garde pour elle une immense admiration. C'était une femme engagée, intelligente, courageuse, belle. Elle a défilé en 36 avec Blum. Elle s'est lancée dans la Résistance et quand elle a été arrêtée, elle a été amenée huit jours de suite au peloton d'exécution, avec « en joue » et jamais « feu ». Et elle n'a pas parlé. Et puis elle est entrée dans l'armée et elle a fait l'Indochine. C'était un héros. Pas une mère. Mais je l'ai aimée. Maintenant non. Je la comprends, je la respecte, mais je ne l'aime plus.

Peintres, écrivains, philosophes... Des gens peu ordinaires se sont vite trouvés sur votre chemin.

Oui, j'ai été aimée, beaucoup, beaucoup. Étrangement.

Pourquoi étrangement ?

Parce que je ne comprends toujours pas pourquoi. J'étais encore une gamine quand Hélène qui était pensionnaire de l'Odéon m'a fait rencontrer des gens que je regardais avec des yeux écarquillés. Et Merleau-Ponty s'est subitement entiché du petit truc sauvage que j'étais. Sartre, Simone de Beauvoir, Boris Vian, Queneau, Camus... Pourquoi donc ? Je me le demande toujours, j'étais une enfant, un champ à semer et labourer. Je ne disais pas un mot et j'écoutais, j'écoutais. Sartre m'a écrit très tôt plusieurs chansons. Un jour, il a débarqué avec un texte qui s'appelait : *Ne faites pas suer le marin*. Alors, avec cette incroyable insolence de la jeunesse, j'ai dit : « Mais c'est beaucoup trop long ! » Il était sidéré : « Dites donc, Gréco, vous me demandez de couper mon texte ? » J'ai dit : « Bien sûr ! Je ne peux pas chanter une chanson de cinq minutes ! » Et il a ri. J'avais un rapport naturel avec des gens que je ne savais pas alors être des génies. J'étais juste contente qu'on m'aime. Mais ça ne m'a pas donné pour autant confiance en moi. Je ne suis jamais sûre de plaire ni d'être à la hauteur. Je fais des efforts désespérés, ça ne marche pas. Pourtant il serait temps !

De quoi êtes-vous le plus fière ?

De mon travail. Je considère avoir fait tout ce que je pouvais pour que ce soit beau. Avec rigueur, exigence, amour. Je suis une servante de la poésie et des beaux textes, extrêmement pointilleuse sur la qualité. J'ai fait des choix difficiles, jamais commerciaux. Et je suis restée libre ! Incorruptible ! Imputrescible !

Et combative.

Oui, ça fait 88 ans que je suis en guerre. Tant de choses me déplaisent dans notre société. Mais je me suis détournée de la politique.

Vous votez ?

Bien sûr ! Demandez au chat s'il veut du lait ! À gauche. Je ne peux pas m'en empêcher. Je n'ai jamais compris les valeurs de la droite. En revanche, oui, j'adhérais aux valeurs de ce qui était la vraie gauche.

Vous en parlez à l'imparfait.

Oui. Car avant, il y avait un idéal. Des valeurs humaines et de la générosité. Des élans du cœur et de l'esprit. On était fier d'appartenir à une certaine famille. Mais il n'y a plus de famille. C'est l'argent qui gouverne.

Où étiez-vous le vendredi 13 novembre 2015, jour des attentats à Paris ?

À la maison. Je devais partir le surlendemain chanter à Berlin. Tout le monde m'a appelée : « Tu ne vas quand même pas partir ? » Mais comment donc ? Bien sûr que j'irais à Berlin. Je suis plus décidée que jamais à monter sur scène. Pas question de céder quoi que ce soit !

Mais qu'avez-vous ressenti au fond de vous ?

Cela m'a fait mal au corps, mal au cœur, mal à la tête, mal à la raison. Je ne vais pas bien du tout. Je ne dors pas. Ce sentiment de s'enfoncer dans une période de barbarie est terriblement angoissant. On recule à toutes pompes. Vers la non-culture. Le non-espoir. Quelle folie ! Tuer des jeunes gens qui écoutent de la musique ! Et se faire exploser au nom de la haine ! C'est aberrant.

Cela vous donne envie de faire passer des messages lorsque vous êtes en scène ?

J'ai toujours parlé ! Toujours défendu la liberté

du corps et la liberté d'aimer qui on veut. Toujours manifesté pour la liberté de penser et de s'exprimer. Toujours dénoncé les rapports de classe. J'ai chanté en Espagne sous Franco et au Chili sous Pinochet. Des gens après le spectacle me remerciaient d'être venue alors que je ne faisais que mon devoir. Il faut parler et aller là où ça va mal.

La condition des femmes vous a toujours tenu à cœur.

C'est viscéral. J'ai un élan, une admiration, une inquiétude et un amour infini pour les femmes. Cela n'a fait que se fortifier au fil des ans. J'aime leur courage, leur intégrité. Et je suis révoltée qu'on leur manque tellement de respect. Totale solidarité.

Quel conseil donnez-vous aux jeunes femmes artistes qui viennent vous voir ?

Apprenez à dire non. C'est la première des choses. Refusez les coucheries, les conneries, les compromissions. Refusez les textes dégueulasses d'un producteur qui ne songe qu'à vous baiser sur un coin de bureau. Car il y a des choses inadmissibles dans ces métiers. Refusez l'humiliation. Restez dignes. Les femmes sont des hommes bien.

Hélène Grimaud

La musique – « pure transcendance » – a sauvé cette enfant terrible et surdouée, longtemps enfermée dans une douleur sans larmes et sans paroles. Les loups l'ont apaisée. La pianiste Hélène Grimaud n'en demeure pas moins un magnifique mystère, en quête perpétuelle d'intensité, de vérité et de spiritualité.

Je ne serais pas arrivée là si...

Si je n'avais pas été constamment portée par l'amour inconditionnel de mes parents. C'est crucial pour avoir confiance en soi, développer son potentiel et ressentir l'espoir. Cela peut paraître cliché, mais je vois tant de personnes qui passent toute une vie à surmonter les obstacles liés à ce manque d'amour inconditionnel dès l'origine. Ce que m'ont apporté mes parents, dans une atmosphère fertile à la découverte, à l'aventure, et pour que s'ouvrent devant moi des horizons aussi vastes que possible, n'a pas de prix. J'ai la chance de les avoir encore tous les deux. Et cet amour continue de me porter comme il le fera après leur départ. Parce que ce qu'ils m'ont donné est tellement fort que ça porte au-delà de la vie et de la mort.

Vous avez pourtant quitté très jeune le nid familial.

Oui, et je crois qu'il y a très peu de parents qui auraient accepté de laisser leur enfant unique s'éloigner ainsi de la maison à 12 ans. Nous habitions le sud de la France, où mes parents étaient enseignants, et je devais partir au conservatoire de musique de Paris. J'ai donc vécu dans différentes familles au fil des ans. Il fallait qu'ils aient une générosité immense et une grande confiance dans leur fille. Je trouve cela remarquable. Je ne suis pas sûre que j'en serais capable si j'avais moi-même des enfants.

Quel type d'enfant étiez-vous ?

Je pense que j'étais fatigante ! En mouvement perpétuel, pleine de feu et de questionnements, physiquement très active.

On parle désormais d'enfants hyperactifs.

Ce terme est associé à une difficulté de concentration sur quelque chose, alors que moi, c'était précisément le contraire : j'étais obsédée par certaines choses, je faisais des fixations et comme un petit pitbull, je ne lâchais pas prise. En même temps, je pouvais facilement m'ennuyer et poser à l'école des questions totalement en dehors du programme, ce qui dérangeait la classe et énervait les professeurs.

Surdouée ?

Je ne crois pas. Certaines aptitudes sont compensées par des manques. C'est le cas de beaucoup d'artistes. Mais ma personnalité parfois double, facilement assaillie par le doute, avec des obsessions et des comportements parfois mystérieux qui auraient pu faire de moi mon pire ennemi était certainement un souci pour mes parents qui espéraient pour moi le meilleur.

Comment ont-ils pensé à vous mettre devant un piano ?

Ils m'ont d'abord proposé toutes sortes d'activités pour canaliser ce trop-plein d'énergie. D'abord le judo, la danse, le tennis. J'étais insatiable, et rien n'a opéré. Ce qui prouve que cette énergie était plus mentale que physique. Et puis soudain, la musique est apparue. Elle a été mon salut. Ma mère a toujours aimé chanter, elle a une très belle voix et cela a certainement eu une grande influence. Mais je n'avais pas de contact avec la musique classique. Jusqu'à ce jour où l'on m'a introduite dans un cours d'éducation musicale pour les tout petits. Ils avaient 3 ou 4 ans, j'en avais 7. Ce fut un éblouissement. À mon père venu me chercher, la responsable du cours a dit : « Je pense qu'elle a une aptitude pour la musique, ce serait bien qu'elle commence avec le piano. » Bien sûr, a répondu mon père. Essayons. Et là…

Vous vous souvenez précisément de ce jour ?

Oh oui ! Ce sont des moments-pivots dans l'existence ! Malgré mes 7 ans, j'ai eu le sentiment que ma vie, d'un coup, basculait. Je ne savais rien de l'avenir.

Mais je percevais qu'il y aurait un avant et un après. La musique ferait partie de ma vie pour toujours. C'était scellé.

Il n'y avait alors de place pour rien d'autre ?

Les livres ont été mes premiers amis avant la musique. La bibliothèque de mes parents était une malle à trésors. Un autre pôle aurait pu être les animaux. J'ai toujours été frustrée de ne pas en avoir à la maison, car nous habitions en appartement. Mais voyez ce qu'on doit à des expériences qui paraissent négatives sur l'instant : Je suis convaincue que je n'aurais pas créé le Centre de protection des loups si je n'avais eu, enfant puis adolescente, ce sentiment de manque. Je ne me serais jamais lancée comme ça, corps et âme, dans un projet animal environnemental.

Comment imaginiez-vous votre avenir à l'adolescence ?

J'étais portée par la passion. L'exaltation de la découverte. Je n'avais de cesse que d'apprendre davantage, de tout connaître sur mes sujets. Et puis j'ai toujours été douée pour vivre dans l'instant, c'est pour ça que je m'entends bien avec les animaux. Je ne passe pas de temps à ruminer sur ce qui a eu lieu, ni à me projeter dans l'avenir. Au tout début de ma carrière, on me demandait : où aimeriez-vous être dans dix ans ? Avez-vous des souhaits de partenariat avec des chefs d'orchestre ? En fait, je ne songeais qu'à creuser en moi-même, en tant qu'être humain et en tant qu'artiste. Et peu m'importait le chemin. Je me disais : Dieu saura bien où je serai dans dix ans.

« Dieu saura... » Ce n'est qu'une expression ?

Non ! C'est le reflet d'une croyance. Je ne peux dire aujourd'hui si c'est en Dieu ou autre chose, car l'expression du sacré, je la vois aussi bien dans un arbre ou une œuvre d'art que dans une église. Mais je crois en un au-delà et je recherche la connexion au monde spirituel. La musique permet de l'entrapercevoir et même de le toucher du doigt dans le meilleur des cas. Elle est pure transcendance et replace l'homme dans son humanité la plus noble. Elle répond à l'angoisse de l'avenir en dépassant la mort. Elle rassérène. Et permet de transfigurer le monde d'ici-bas. Parce qu'il faut bien vivre ! Ici. Maintenant. Tout de suite. Parce qu'on n'a pas de vie de rechange. Alors chaque instant doit compter. Être vécu pleinement. Dans l'échange avec l'autre. En le regardant bien droit dans les yeux. En lui souriant. La compassion et l'empathie sont la plus belle quête d'une existence.

La musique facilite ce lien avec les autres ?

Bien sûr. Et ce sont des moments extraordinaires que ces instants de liberté partagée avec le public, où plus rien ne compte, où l'on prend tous les risques, où l'on remet tout en cause, concentré sur ce qu'on joue mais également sur ce qui se joue dans la salle, conscient d'être passeur d'un monde à l'autre.

C'est alors que peut surgir l'instant magique ?

Le moment où l'on a la sensation que tout s'aligne parfaitement ? Que tout est là, sans aucun compromis, dans l'équilibre le plus parfait ? Il est très très rare.

Et heureusement. Parce que si c'était quelque chose qu'on peut reproduire sur schéma, ce ne serait plus de l'art mais de l'artisanat. Il faut avoir l'humilité de l'accepter. C'est difficile à vivre, surtout quand on est perfectionniste. On a tellement envie que ce soit chaque fois comme on sait que ça peut être, que ça doit être. Il faut hélas en faire le deuil. Et toujours recommencer. Se préparer le mieux possible, en aspirant au surgissement de ce quelque chose dont vous n'êtes pas responsable. La visite.

De quoi ? De qui ?

Si je le savais !… Parfois ce peut être le compositeur. Parfois c'est plus universel que ça. Il m'est arrivé de jouer Brahms et d'avoir l'impression qu'il était là. Vraiment. Et je pense que les gens ressentent alors le concert de façon beaucoup plus intense.

Un jour, sur un chemin de Floride, vous croisez le regard d'une louve, Alawa…

Et c'est comme si de l'électricité m'avait traversé le corps. Une rencontre. Une « reconnaissance ». Un de ces moments-pivots de l'existence que j'évoquais plus tôt, où j'ai su que ma vie serait changée pour toujours. Les chances pour qu'une jeune Française se retrouve à cet instant-là à Tallahassee en Floride étaient infimes mais je crois qu'il y a une raison à toute chose, et c'est comme si tout s'était ligué pour que cette rencontre ait lieu et que naisse, plus tard, ce Centre de protection des loups que j'ai fondé près de New York. Alawa en a été l'ambassadrice.

Comme les loups de votre centre sont les ambassadeurs de toute l'espèce animale, et au-delà même, de la biodiversité ?

Bien sûr ! Les prédateurs de sommet sont essentiels à la santé de nos écosystèmes. Les sauver signifie donc sauver l'habitat où ils évoluent et la diversité des espèces situées au-dessous d'eux dans la chaîne alimentaire. Mon centre a déjà accueilli des centaines de milliers d'enfants. Pour motiver les gens sur la préservation de la planète, il faut que ça vienne du cœur, c'est toute l'idée du centre. Quand on dit aux gens : « Vous vous comportez comme des animaux. » Cela se veut une insulte alors que je me dis : « You could be so lucky. » Car nous, être humains qui avons des capacités de raison, d'analyse, de création, nous dégradons sauvagement la planète au point de la mettre en danger. Cela me révolte. Et je ne veux pas me résigner. Je veux combattre à ma façon. Par une invitation artistique à une prise de conscience écologique, comme mon album sur le thème de l'eau. Par une participation à un concert pour les droits de l'homme. Par mon soutien à diverses causes. Chacun devrait être sur le qui-vive.

Les menaces de terrorisme ont-elles une incidence sur votre tournée de concerts ?

Non. J'étais il y a peu en tournée avec l'orchestre de chambre de Bâle. Suisse, France, Pologne, Hongrie puis Istanbul, quelques jours après les attentats de Paris. Beaucoup de gens ont alors conseillé : annulez le concert, ce serait plus prudent. Et tous, nous avons dit : « Non ! C'est le contraire ! Il faut justement y aller ! Renoncer à cause des attentats serait le début de la fin ! »

Claudia Cardinale

« L'Italienne a un fort tempérament ! » dit-elle de sa voix rauque, en éclatant d'un grand rire. On n'en doute pas. L'actrice fétiche de Visconti et de Fellini, partenaire des plus grands acteurs du XXe siècle – Delon, Lancaster, Belmondo, Mastroianni... – a une sacrée histoire et une longévité exceptionnelle dans le cinéma. Et si elle a été choisie pour illustrer l'affiche officielle du 70e festival de Cannes, c'est parce qu'elle incarne à jamais « la joie, la liberté et l'audace ».

Je ne serais pas arrivée là si...

Si la naissance de mon petit garçon, à la suite d'un viol, ne m'avait poussée à m'engager dans le cinéma pour gagner ma vie et être indépendante. C'est pour lui que je l'ai fait. Pour Patrick, ce bébé que j'ai voulu garder malgré les circonstances et l'énorme scandale que pouvait susciter alors une naissance hors mariage. J'étais très jeune, farouche, pudique, presque sauvage. Et sans la moindre envie de m'exhiber sur des plateaux de cinéma. Mais voilà : un hasard m'avait fait gagner à 17 ans, en 1955, l'élection de La Plus Belle Italienne de Tunis, alors que je ne m'étais pas présentée. La récompense était un voyage à la Mostra de Venise, où je suis allée avec maman et où mon bikini, sur la plage du Lido, a attiré l'attention des réalisateurs, que j'ai tout de suite éconduits. Un journal a même fait mon portrait en titrant « La fille qui ne veut pas faire de cinéma ». Mais les sollicitations se sont multipliées. Mon père s'est mis à recevoir des tas de télégrammes et a fini par dire : « Pourquoi pas ? » Entre-temps, le drame qui était survenu et l'arrivée prochaine d'un bébé – que je gardais secrète – m'ont convaincue de foncer.

Vous avez donc quitté votre Tunisie natale pour aller à Rome ?

Oui. Un grand producteur italien, Franco Cristaldi, m'a tout de suite prise sous son aile. J'ai tourné enceinte, personne ne s'en rendait compte, car la taille des vêtements, alors, était située juste sous la poitrine. On a organisé discrètement mon accouchement à Londres. Et c'est ainsi que le bébé a été nommé Patrick, parce qu'on l'a baptisé à la St Patrick's Catholic Church. Le même producteur a eu l'idée de faire passer le bébé pour mon petit frère. Et j'ai été contrainte à assumer ce mensonge pour éviter le scandale et protéger ma carrière.

L'avez-vous regretté ?

Oh oui ! J'ai eu la chance d'avoir une famille unie, qui s'est montrée solidaire. Mais le mensonge était un poids, et quand Patrick a eu 6 ou 7 ans, j'ai appelé un journaliste et avoué que c'était mon fils. C'était une époque étrange, vous savez, où les acteurs étaient totalement dépendants d'un producteur avec qui ils étaient sous contrat, donc pieds et poings liés. J'ai très vite enchaîné les succès, fait quatre films par an, mais je suis restée salariée comme une simple employée et n'étais pas libre de mes sorties, de mon maquillage ni de ma vie personnelle. J'ai d'ailleurs appris bien plus tard que le père de mon fils m'avait envoyé de nombreuses lettres, que le producteur a déchirées sans jamais m'en faire part. Il voulait reconnaître l'enfant. Quand je l'ai su et que j'ai interrogé Patrick pour savoir s'il voulait faire sa connaissance, il a refusé catégoriquement. Tout cela a été très tourmentant. Et mon fils en a souffert. Mais il aborde aujourd'hui la soixantaine. Et nous avons heureusement gardé tous les deux, lui qui vit désormais à Rome, après New York, et moi qui vis à Paris, un excellent rapport. La famille est essentielle.

La vôtre était donc italienne, mais installée en Tunisie depuis plusieurs générations…
Oui. Mes ancêtres avaient quitté la Sicile pour la Tunisie, alors protectorat français. Et mes parents, comme moi-même, avons donc été élevés dans la langue française. J'ai eu beaucoup de chance, car ils formaient un couple éternel. Amoureux et fusionnel. Et quand papa est mort à 95 ans, maman m'a dit : « On a fait l'amour juste avant qu'il meure. » C'est incroyable, non ? Mon père était ingénieur technique à

la compagnie des trains à Tunis, mais il jouait aussi du violon et donnait des concerts. Maman, elle, s'occupait de ses quatre enfants : Blanche, Bruno, Adrien et moi, Claude. C'est ma sœur Blanche, blonde aux yeux bleus, qui rêvait de faire du cinéma. Moi, la brune aux yeux noirs qu'on appelait « la Berbère », je me voyais plutôt institutrice dans le désert ou exploratrice pour découvrir le monde. J'étais ce qu'on appelait un garçon manqué, toujours prête à me bagarrer pour démontrer que les filles étaient au moins aussi fortes que les garçons. Une vraie casse-cou qui sautait toujours dans le train en marche pour se rendre à l'école à Carthage. Les conducteurs ont d'ailleurs fini par le dire à mon père, car c'était très dangereux. Mais rien ne me faisait peur.

Vous avez pourtant déguerpi quand le réalisateur René Vautier a voulu, un jour, vous aborder à la sortie du lycée !

Oui. Je suis partie en courant. Alors il est allé voir la directrice : on a repéré une jeune fille... « Oh là là, a-t-elle dit. Claude, c'est une sauvage ! Il vaut mieux que j'appelle son papa. » Et c'est ainsi que j'ai tourné un petit film qui s'appelait *Les Anneaux d'or*, où je jouais le rôle d'une Arabe. Et puis un autre, *Goha*, de Jacques Baratier, avec un débutant qui s'appelait Omar Sharif, où j'étais également une Arabe voilée. Mais cela, c'était avant le grand départ en Italie.

Parliez-vous italien lorsque vous avez débarqué à Rome ?

Pas un mot ! Ma langue maternelle est le français et

je ne comprenais rien, effrayée, en arrivant sur le tournage du *Pigeon*, de Monicelli, de voir tout le monde gesticuler en gueulant très fort. J'avais l'impression que tout le monde se disputait. Mais non, m'a-t-on expliqué : les Italiens parlent aussi avec leurs mains. À l'école d'acteurs de Cinecitta, quand il a fallu monter sur scène et me présenter, j'en ai été incapable. Tout le monde m'observait en disant : celle-là doit être arabe. Furieuse, je suis partie en claquant la porte. Eh bien ils m'ont gardée, élue « pour le tempérament » ! Et peu à peu j'ai appris l'italien. Mais j'ai été doublée dans tous mes premiers films. Pour *Le Guépard*, je parle français avec Alain Delon et anglais avec Burt Lancaster. C'est Fellini, pour *Huit et demi*, qui a exigé que je joue en italien, quitte à avoir l'accent français. Cette époque, d'ailleurs, était folle. Car j'ai tourné les deux films en même temps. Visconti, précis, méticuleux comme au théâtre, me parlait en français et me voulait brune aux cheveux longs. Fellini, bordélique et dépourvu de scénario, me parlait en italien et me voulait plutôt blonde aux cheveux courts. Ce sont les deux films les plus importants de ma vie.

Ressentiez-vous un lien particulier avec Luchino Visconti ?

Oui. C'est l'homme le plus élégant et le plus cultivé que j'aie jamais rencontré. Dès mon premier film avec lui, *Rocco et ses frères*, j'ai su qu'il voulait me protéger, car dans une scène de bagarre, il a pris un mégaphone et a crié : « Ne me tuez pas la Cardinale ! » Sur le tournage du *Guépard*, il venait me murmurer à l'oreille, en français : « Je veux voir la langue quand tu embrasses Delon. » Et, dans *Sandra*, qu'il a dirigé de sa chaise roulante, il a voulu que je joue avec la vraie robe de mariée de sa maman. Il m'invitait souvent à dîner, dans sa maison de la via Salaria et, sous ma serviette, il cachait toujours un petit cadeau, un bijou, une allusion à un film.

Quand Marlene Dietrich lui a écrit un jour une carte postale « I love you Luchino », il m'a dit : « Allez, on va la voir pour son dernier concert à Londres. » Et on y est allés avec Rudolf Noureev. Elle a pleuré en le voyant. Et ensuite, quand j'ai appris qu'elle vivait à Paris dans une solitude quasi totale, abandonnée et oubliée de tous, je me suis débrouillée pour la retrouver et je ne l'ai pas lâchée jusqu'à sa mort.

Le cinéma ne produit-il pas de gens heureux ?

C'est un métier cannibale et ingrat. À Hollywood, où j'ai refusé de rester, encore plus qu'en Italie. Surtout pour les actrices. Et surtout quand elles passent 60 ans. Je me souviendrai toujours de Rita Hayworth, dont j'incarnais la fille dans *Le Plus Grand Cirque du monde* avec le grand John Wayne. Un jour, elle a débarqué dans la petite roulotte qui me servait de loge. Elle m'a regardée et elle m'a dit : « Moi aussi, tu sais, j'ai été belle. » Et elle a éclaté en sanglots.

Avez-vous ressenti vous-même la pression de l'âge et de l'exigence éternelle de beauté ?

Il est stupide de penser qu'on puisse arrêter le temps. Quand je vois toutes ces actrices qui se font refaire et finissent par se ressembler toutes quand elles ne sont pas défigurées à vie ! Quelle horreur ! Je ne supporte pas l'idée de chirurgie esthétique. Un médecin, un jour, m'a approchée pour me faire une proposition. Mais ça va pas ? Jamais ! D'ailleurs maman me disait toujours : « On ne voit pas tes rides, Claudia, parce que tu es toujours en train de rire ! » J'ai 79 ans, et parfois les gens ne le croient pas.

Revoir de vieux films est-il parfois douloureux ?

Il y a quelques années, à Cannes, il y a eu une projection du *Guépard* en version restaurée. Alain Delon était à côté de moi et, à la fin, en larmes, il m'a chuchoté : « Tu as vu ? Ils sont tous morts. » C'était vrai. J'ai connu un âge d'or du cinéma qui a inspiré les Martin Scorsese et les Woody Allen (ils me l'ont dit), mais dont les protagonistes ont tous disparu. Tant de grands et beaux acteurs…

Qui vous ont courtisée !

Oui. Mais je n'ai eu dans ma vie qu'un seul homme : le réalisateur napolitain Pasquale Squitieri, le papa de ma fille, avec qui j'ai fait dix films. Et c'est moi qui l'ai choisi. C'était un très beau mec, un tombeur, qui enchaînait les conquêtes d'actrices italiennes, françaises, américaines, si vous saviez ! Eh bien, je l'ai voulu à tout prix. J'ai su un jour qu'il était à New York, j'ai pris l'avion et, à l'aéroport JFK, j'ai appelé le seul numéro que j'avais, celui d'un de ses amis artistes. J'ai dit : « Je cherche Pasquale. » Il me répond : « Incroyable : il est à côté de moi. » Et il me

le passe : « Claudia, pourquoi m'appelles-tu de Rome ?
– Voyons ! Je suis à JFK. Viens me prendre ! » Et il est venu. Et nous avons passé vingt-sept ans ensemble.

Au début, Franco Cristaldi a été furieux et a tenté de nous bloquer, professionnellement, car il était puissant et contrôlait toute l'industrie cinématographique italienne. Et à la fin, quand j'ai quitté Rome pour Paris, à cause des paparazzi qui étaient toujours devant ma porte et me harcelaient avec ma petite fille, Pasquale et moi sommes restés merveilleusement complices. On s'appelait sans cesse. Et ses coups de fil me manquent terriblement depuis sa mort. J'ai ses photos partout dans mon appartement.

Quels souvenirs des autres grands acteurs croisés ou partenaires ?

David Niven, mon partenaire dans *La Panthère rose*, m'a fait le plus joli compliment : « Claudia, avec les spaghettis, tu es la plus belle invention des Italiens ! » J'avais une scène d'amour très chaude avec Henri Fonda dans *Il était une fois dans l'Ouest*, de Sergio Leone, mais sa femme, plantée comme un vautour à côté de la caméra, me regardait avec tant de haine que j'en étais paralysée. J'ai adoré Belmondo, avec qui j'ai tourné quatre films, comme avec Delon, et avec qui j'ai tant ri. Et j'aimais tendrement Rock Hudson, mon grand ami homo, avec qui je me baladais bras dessus bras dessous pour faire croire à une romance, car être pédé dans le cinéma équivalait à un poison et pouvait stopper votre carrière. J'étais aussi à ses côtés quand il est mort à Paris du sida.

Et Marcello Mastroianni ?

Ah Marcello ! J'ai débuté avec lui et nous avons fait plusieurs films ensemble. Je me souviens que, dans *Le Bel Antonio*, de Bolognini, en 1960, il jouait le rôle d'un homme tellement amoureux de moi qu'il en était impuissant. Eh bien figurez-vous qu'il ne pouvait plus sortir de l'hôtel, à Catane, car les hommes étaient prêts à en venir aux mains avec lui sous le prétexte qu'un Sicilien impuissant, ça n'existe pas !

A-t-il été, dans la vraie vie, amoureux de vous ?

Oui, je crois. Il l'a même dit une fois dans une émission de télévision où j'étais invitée. À mon arrivée, il s'est précipité sur moi et m'a lancé : « J'étais tellement amoureux de toi. » Je lui ai dit : « Arrête, Marcello ! On est en direct ! » Je pensais à Catherine Deneuve, avec qui il était alors marié. Mais lui : « Je m'en fous ! J'étais amoureux fou ! » C'était gentil mais pas malin. Deneuve a été furieuse et m'a longtemps boudée.

Et Marlon Brando ?

C'était mon idole quand j'étais petite à Tunis, au même titre que Brigitte Bardot. Il l'a su et il est venu un jour frapper à ma porte, à Hollywood, pour me faire un numéro de charme et coucher avec moi. Mais il a vite compris. « OK. Tu es Bélier comme moi, hein ? » Et il est parti. J'ai presque éprouvé comme un petit regret. Même Pasquale, plus tard, a été sidéré : « Comment as-tu fait pour éconduire Brando ? » Mais je n'ai jamais voulu mélanger métier et vie privée. Pas de flirt. Pas d'histoire. L'Italienne a un fort tempérament !

Vous êtes l'une des très rares actrices de cette époque à continuer de tourner !

Je sais, c'est incroyable. Et toujours avec la même trouille. Elle ne m'a pas quittée malgré les 150 films ou presque au compteur, et toutes ces médailles et statuettes que vous voyez posées sur mes commodes. J'ai eu beaucoup de chance. Ce métier m'a offert une foule de vies. Et la possibilité de mettre ma notoriété au service de nombreuses causes : les droits des femmes, car je suis féministe. Les droits des homos, et ils le savent puisqu'ils me saluent toujours en passant sous mes fenêtres pendant la Gay Pride. Le combat contre le sida et la peine de mort avec Amnesty International. Les enfants du Cambodge…

Le cinéma brûle des tas de jeunes gens, balayés après un ou deux films. Quels conseils donnez-vous aux jeunes comédiennes ?

Être forte à l'intérieur. Se défaire vite des rôles pour ne pas s'égarer dans les personnages. Et camper sur ce qu'elles sont réellement sans mélanger vie professionnelle et vie privée. Ne pas tout accepter pour un rôle qui peut vous abîmer ou vous donner l'impression de vous vendre. Moi, par exemple, j'ai toujours refusé la nudité, j'aurais eu l'impression de vendre mon corps. Refuser les caprices odieux que font certains metteurs en scène. Et résister au chantage au travail. Oui, il faut se battre !

Joan Baez

Elle a fait la Une de Time *à 21 ans, marché au côté de Martin Luther King, chanté à Woodstock et à Hanoï sous les bombes, manifesté contre la guerre au Vietnam et en Irak, pris la défense de dissidents, de réfugiés et d'opprimés, un peu partout dans le monde. Un concert exceptionnel a réuni autour d'elle, à New York, le 27 janvier 2016, des artistes mythiques venus fêter son 75ᵉ anniversaire. Depuis, elle est repartie autour du monde, chanter peut-être une dernière fois. On the road again. Les convictions intactes.*

Je ne serais pas arrivée là si...

Si je n'avais pas reçu ce don de Dieu – une voix pour chanter – et l'envie de le partager et de vivre en fusion avec le monde extérieur et l'action politique. L'idée n'a jamais été de me construire une vie confortable. Je voulais accomplir quelque chose de plus grand. Même très petite fille, j'avais le sentiment d'une sorte de « mission ». Et ce don a été un merveilleux vecteur qui m'a propulsée vers les autres et entraînée dans une foule d'aventures que je considère comme des cadeaux. Je ne serais pas là, aujourd'hui, si je n'avais pas – par exemple – fait de la prison pour avoir protesté contre la guerre au Vietnam, défilé en Alabama pour les droits civiques, chanté à Bratislava en l'honneur de Vaclav Havel, quelques semaines avant la « révolution de velours »…

Encore fallait-il prendre conscience de cette voix, l'entretenir, la travailler.

Je n'ai pas compris tout de suite qu'il s'agissait d'un don très spécial. Je pensais que n'importe qui pouvait chanter à condition de s'entraîner, et c'est ce que j'ai fait, ado, pour sortir de mon isolement et me faire des amis. Je n'étais pas populaire dans mon école de Californie. J'avais la peau brune de mon père mexicain et je faisais partie de ceux que les « vrais » Américains appelaient avec mépris les *« wetbacks »*, les « dos mouillés », en référence aux clandestins qui avaient franchi le Rio Grande pour venir travailler aux États-Unis. Or je rêvais de la reconnaissance de ces « Blancs » dont j'étais si éloignée. Ma voix et ma guitare me l'ont gagnée. Ce qui est amusant, c'est qu'à peine ai-je été invitée aux fameuses soirées dont j'avais rêvé que ça ne m'a plus intéressée.

Dès vos débuts, à 18 ans, alors que la plupart des jeunes gens ne savent pas encore bien se situer, vous affichiez une forte personnalité et défendiez déjà des valeurs très précises. D'où venaient-elles ?

De mon éducation quaker. Même si je détestais ces

assemblées austères et entièrement silencieuses du dimanche matin où nous allions en famille, quelque chose de fort s'est instillé en moi. Et j'ai toujours réussi à conserver dans ma vie une part de ce silence, aussi bien pendant ma phase bouddhiste que pendant ma phase chrétienne. Et puis surtout, je suis tombée amoureuse de leur pensée non violente. La plupart des religions prêchent ce commandement de la Bible : « Tu ne tueras point ». Mais dès qu'une guerre éclate, la règle vole en éclats. Les quakers, eux, ne prennent pas les armes. Quitte à être méprisés, injuriés, traités de lavettes, de non-patriotes et jetés en prison. Jamais un quaker ne placera l'intérêt de la nation avant celui d'une vie humaine. J'ai pris cela très au sérieux depuis mon enfance.

Votre père, physicien, avait refusé lui-même de travailler pour la Défense.

Ses amis l'avaient convaincu, au début, d'accepter un poste bien rémunéré en lui répétant : ne t'inquiète pas, tu n'auras pas besoin de tirer sur qui que ce soit ! Il travaillait notamment à développer des vitres blindées pour les bombardiers. Mais il avait des crises de conscience et s'est définitivement orienté vers le pacifisme, préférant enseigner la physique à l'université. J'ai pleinement adhéré à cela. D'autant plus que j'ai aussi rencontré un disciple du Mahatma Gandhi, partisan de la révolution non violente, qui est devenu pour longtemps mon maître spirituel.

À 16 ans, j'ai commis mon premier acte de désobéissance civique. Lors d'une simulation d'alerte à une attaque atomique au lycée, j'ai refusé de quitter la classe et de courir chez moi me planquer à la cave comme on l'exigeait. J'avais lu dans les livres de mon père que le temps nécessaire à un missile pour aller de Moscou à mon lycée de Palo Alto ne nous laisserait pas le temps de rentrer à la maison, et j'ai protesté ainsi contre une propagande grotesque.

Avec quelles conséquences ?

Au lieu de réfléchir à mes arguments, les parents et les élèves ont tout de suite crié : « C'est une communiste ! » Ma photo a figuré en première page du journal local et le ton des éditos et du courrier des lecteurs était : « Cette fille est dangereuse. » Méfions-nous d'une infiltration communiste dans les écoles de Palo Alto !

Est-ce l'époque où vous avez rencontré Martin Luther King ?

Oui. Tous les ans, le Comité des amis américains, qui dépendait des quakers, organisait sur trois jours une conférence ouverte à 200 adolescents venus de tout le pays et débordant de passion. J'y étais mi-prof mi-étudiante. Et cette année-là, l'orateur principal fut ce prêcheur noir de 27 ans, originaire d'Atlanta et nommé Martin Luther King. Il a fasciné l'auditoire. Il a parlé d'injustice et des combats qu'on peut mener avec les armes de l'amour. Il a parlé des marches pour la liberté et du boycott des bus dans le Mississippi pour dénoncer la ségrégation. Il donnait une forme et un nom à mes croyances encore imprécises. J'étais debout, en pleurs !

Quatre ans plus tard, déjà devenue célèbre, vous entamez une tournée dans le Sud et vous découvrez, avec stupeur, qu'il n'y a pas de Noirs dans le public de vos concerts...

Je n'avais pas lu sur mes contrats la petite clause qui stipulait : « Réservé aux Blancs. » Cela m'a horrifiée. Et j'ai fait préciser, l'année suivante, que je ne chanterais pas si le public noir n'était pas admis dans la salle. Ce fut hélas sans effet car les Noirs ne savaient pas qui j'étais. J'ai compris qu'il me fallait aller chanter dans les écoles noires. C'est ce que j'ai fait au Miles College, dans la ville de Birmingham cernée par les policiers avec leurs chiens et leurs lances à incendie, un jour de grosse manifestation où des masses de gens se firent arrêter. Des Blancs se sont placés au centre de l'auditorium, les Noirs sur les côtés, alors j'ai plaisanté sur cette salle « poivre et sel » qu'il fallait mélanger, comme en cuisine. Et le concert fut fantastique. Au moment où j'ai commencé *We Shall Overcome*, les gens se sont levés et pris la main en chantant. Certains pleuraient. C'était la première fois qu'ils touchaient une personne de l'autre couleur.

C'est la chanson qu'ont reprise avec vous 350 000 personnes ce 28 août 1963, à Washington, où Martin Luther King a prononcé son fameux discours « I have a dream ».

Oui, j'étais près du Dr King lorsqu'il a mis de côté le texte qu'il avait préparé, pour improviser divinement. Mais j'étais aussi à ses côtés à Granada, dans le Mississippi, devant un cortège d'enfants noirs auxquels était refusé l'accès à un établissement réservé aux Blancs. C'est là que je l'ai vu expliquer qu'il fallait parvenir à aimer tout le monde et avoir de la compassion, y compris pour ces hommes du Ku Klux Klan qui nous faisaient face. Mais je le savais déjà. Je l'ai ensuite retrouvé dans de nombreuses circonstances. « Tu vois maintenant que je ne suis pas un saint », m'a-t-il dit un jour en riant. J'ai répondu : « Et tu vois que je ne suis pas la Sainte Vierge ! »

Vous avez chanté sous les bombardements à Hanoï, soutenu les combats d'Amnesty International, les mères de la Place de Mai, les dissidents de l'Est...

J'aime l'idée du sens, de la cause, du combat. C'est bien plus important que le fait de chanter pour chanter. Il faut aller sur tous les terrains, y compris les plus difficiles. Aller au-devant des peuples qui vivent l'enfer. Quand je suis allée au Chili, vers la fin du règne de Pinochet, j'étais interdite de concert. Eh bien j'ai chanté dans une église où 5 000 personnes se sont retrouvées, grâce au bouche-à-oreille, y compris des musiciens censurés pendant ces années sombres. Ces moments-là sont de loin les plus beaux.

Obama est le seul président pour lequel vous vous soyez engagée.

Oui, il émanait de lui une certaine magie et ses discours avaient une force de mobilisation fantastique. S'il était resté dans la rue, au lieu de vouloir occuper la Maison Blanche, je crois qu'il aurait pu créer un mouvement de l'ampleur de celui du Dr King.

Vous redoutez l'arrivée de Donald Trump ?

Il y a tant de personnes frustrées, stupides, sans éducation et sans aucune idée de ce qui se passe dans le monde que c'est hélas possible. Il y a en lui du Hitler et du Mussolini. D'ailleurs, il ressemble à Mussolini. Je me souviens d'avoir vu un jour une vidéo dans laquelle Bush déclarait : « Ce serait beaucoup plus facile si j'étais dictateur. » Et j'ai compris combien j'avais raison d'avoir peur de la loi martiale, des arrestations massives et d'une recrudescence de la torture. Vous imaginez ce que pourrait faire Trump ?

Est-ce intéressant de vieillir ?

Devenir une « ancienne » comme disent avec vénération les Indiens ou les Tibétains qui célèbrent la vieillesse ? Oui, je crois qu'on a à la fois la sagesse, l'expérience, le recul et la certitude que le monde est dur mais qu'il faut savoir rire. Je n'ai perdu aucune illusion sur la nature humaine puisque je n'en ai jamais eu. Mais alors que j'étais très rigide dans ma jeunesse, j'espère être aujourd'hui plus douce et plus tolérante. Mes convictions en revanche sont intactes.

Vous avez perdu votre maman et votre sœur aînée récemment. Comment affrontez-vous le deuil ?

C'est intéressant. Au moment de célébrer ses 100 ans, j'ai demandé à ma mère ce qu'elle voulait faire pour son anniversaire. « Tomber raide morte », a-t-elle répondu. C'était son humour. On a fait une grande fête, puis elle a sombré dans le coma. Parents, amis, infirmiers, nous nous sommes installés dans l'unique pièce de sa maison en dormant par terre. Le matin, on roulait les sacs de couchage qu'on déroulait la nuit. Elle est restée ainsi une semaine, comme pour nous taquiner. On disait : « Allez maman, il faut avancer. » Et elle est partie !

Cette mort m'a beaucoup rapprochée de ma sœur aînée Pauline, et nous nous sommes écrit des cartes, continuellement, pendant trois ans. Je me suis rendu compte à quel point je tenais à elle et combien les sentiments retenus à la mort de ma mère et de ma jeune sœur rejaillissaient sur elle. Mais elle avait un cancer généralisé, et un jour, elle nous a dit : « J'ai décidé de passer au check out », comme on fait à l'hôtel en payant et libérant la chambre. C'était à la fois drôle et si peu conventionnel. J'ai fondu en larmes. Mais elle ne voulait plus qu'on la torture. Alors nous ne l'avons plus quittée et avons dormi encore une fois tous ensemble sur le sol de la maison médicale. Et quand elle est partie, nous n'avons pas laissé entrer les infirmières. Ce sont ses enfants qui lui ont fait sa toilette et mis une jolie robe. C'est de loin la chose la plus profonde qui me soit arrivée depuis très longtemps. Et ma conscience de la vieillesse s'est accrue.

Vous évoquez souvent une étrange relation avec Dieu.

Je conçois une présence que je ne sais définir. Le sentiment d'une chose bien plus grande que moi, bien plus intelligente, remplie de compassion. Mais devant certains crimes du monde, je ne lui trouve souvent aucune excuse !

Quand vous sentez-vous la plus heureuse ?
Quand je danse ou quand je peins. Lorsque j'arrêterai de chanter, je peindrai.

Vous n'y pensez pas !
Oh si bien sûr ! Et dans un avenir pas si lointain. La voix change, vous savez. C'est un muscle que j'entraîne et travaille assidûment, mais elle n'émet plus les sons que je voudrais, elle ne monte plus dans les aigus comme autrefois. Certains jours, je l'aime encore beaucoup, parce qu'elle reflète cinquante-cinq années à chanter, à être en vie et faire tant de choses. Mais tout passe ici-bas…

Asli Erdoğan

La romancière turque porte encore les stigmates de sa détention, la mine fatiguée, le teint brouillé, une main sur le ventre qui la fait souffrir depuis plusieurs jours, l'autre tenant fébrilement les cigarettes qu'elle enchaîne en parlant d'une voix rauque. Mais elle est là, dans un petit appartement d'Istanbul où je la rencontre au printemps 2017, silhouette gracile, sourire timide et douloureux, en liberté provisoire, encore sous le coup de l'accusation absurde d'atteinte à l'unité de l'État et menacée de prison à vie.

Je ne serais pas arrivée là si...

Si je n'avais pas été plongée, depuis ma plus tendre enfance, dans un univers de violence et de peur. À 4 ans, je connaissais la signification des mots « torture », « prison », « communisme ». Mon père était un fervent militant, ancien leader du syndicat étudiant de son université dans les années 1960, habité par la politique. Et mon premier souvenir est celui de la frayeur qui m'a étreinte ce jour de 1971 lorsque j'ai vu un camion militaire se garer devant notre immeuble et des dizaines de soldats en sortir pour s'engouffrer dans notre appartement et arrêter mon père, devant ma mère en larmes. Il a été relâché quelques heures plus tard, car ils recherchaient en fait notre voisin qui avait réussi à fuir. Mais j'en ai fait des cauchemars jusqu'à l'âge de 20 ans. Des cauchemars de fuite, d'arrestation, de torture. Je courais, courais, courais, et on me rattrapait toujours. Chaque friction avec la police me ramène à cette peur initiale.

Vos parents n'étaient-ils pas rassurants ?

Oh non ! Pour échapper à la police, mon père avait astucieusement rejoint l'armée pour un service militaire qu'il a longtemps différé. Il en est revenu transformé : paranoïaque, extrêmement violent. Je crois qu'une arrestation aurait été préférable à cette attente fiévreuse et angoissée dans laquelle il nous faisait vivre, ma mère et moi. Il ramenait des armes à la maison et retournait contre nous ce que l'État lui faisait subir : la peur de la violence. Il me disait : « Je vais tuer ta mère » et je m'interposais pour la défendre contre cet homme immense, armé d'un fusil ou d'un couteau. Je ne pense pas qu'il ait eu l'intention de la tuer. Il n'a jamais frappé d'autres femmes. Mais pour une petite fille excessivement sensible, fragile et émotive comme je l'étais, sa cruauté et cette violence ont été traumatisantes.

Venaient-ils du même milieu ?

Non. Elle était issue d'une famille d'intellectuels de

Thessalonique. Sa mère était une poétesse, elle-même jouait du violon. Elle avait fait des études d'économie et le tour de la Turquie en auto-stop dans les années 1960. Vous imaginez ? Ce serait impossible aujourd'hui ! Elle était moderne, sophistiquée, portait des shorts. Et elle était d'une grande beauté. Lui était d'origine circassienne (la Circassie est située au nord du Caucase), et portait dans ses tripes l'histoire d'un peuple déraciné qui avait connu massacres et génocide. Sa famille, très pauvre, avait perdu toutes ses terres dans les années 1920 et il s'était accroché à ses études avec la rage et la rugosité des gens de montagne, d'abord à l'Académie militaire puis à la faculté d'ingénieur. Rien ne lui avait été donné facilement, il avait dû tout arracher, en ne comptant que sur sa prodigieuse intelligence. Je crois qu'il a passionnément aimé ma mère, mais leur mariage improbable était voué à la tragédie. Ils ont fini par divorcer quand j'avais 18 ans. J'ai dû témoigner contre mon père, dont j'étais pourtant curieusement plus proche, ma mère n'ayant jamais représenté une figure maternelle. Ensuite, chacun des deux a reconstruit une vie. Mon père a eu trois mariages, ma mère deux. Ils sont devenus amis. Je suis la seule qui n'a jamais guéri.

La littérature a-t-elle constitué très tôt un refuge ?

Oui. Ce fut mon premier asile. J'ai appris à lire et à écrire toute seule, à 4 ans. On m'a diagnostiquée « surdouée » avec un Q.I. très élevé dont mon père était fier. Mais j'éprouvais certains troubles sur le plan émotionnel ; j'étais introvertie, incapable d'aller vers les autres et de me faire des amis. Je passais des journées à lire, entre fantasmes et imagination. Et je me suis mise à écrire secrètement des poèmes. Hélas, alors que j'avais 10 ans, ma grand-mère en a envoyé quelques-uns, à mon insu, à une petite revue d'Istanbul qui les a publiés. J'en ai été bouleversée. Tout le monde en parlait, j'avais honte, je me sentais mal, je n'étais pas prête. J'ai stoppé net mes travaux d'écriture.

Vous décrivez l'année 1977, celle de vos 10 ans, comme celle d'un carrefour essentiel.

C'est l'année où j'ai passé le difficile concours d'entrée au Robert College d'Istanbul, la meilleure école de Turquie. J'ai été reçue sixième et c'était une chance extraordinaire pour une enfant issue, comme moi, de la classe moyenne. Mais voilà : à peine connus les résultats, j'ai fait une tentative de suicide en avalant des somnifères. Je me rappelle encore la jouissance du sentiment de la mort imminente. Le chagrin s'en allait. L'angoisse disparaissait. C'était incroyablement libérateur ! Ce fut évidemment un choc pour mes parents qui comprenaient pour la première fois à quel point leur violence me détruisait. Pendant près d'un mois tout le monde a donc été d'une grande douceur avec moi. Et puis ils ont recommencé à s'engueuler. Et moi, à nourrir des obsessions morbides.

Le deuxième mois après mon accession au Robert College, j'ai été victime d'une agression sexuelle. Et à ce nouveau traumatisme, s'est rajouté celui de la culpabilité car mon père a réuni la famille, provoqué un immense scandale – contrairement au College qui a délicatement géré l'affaire – avant de m'annoncer, vengeur, que le coupable avait été torturé par la police avant d'être relâché. Plus que jamais j'ai porté sur la vie un regard tragique.

Comment conceviez-vous l'avenir ?
Aucun rêve. Pas d'ambition. J'étais plus jeune que toutes mes camarades de classe et, physiquement comme mentalement, je suis longtemps restée une enfant alors qu'elles devenaient des femmes. J'étais pauvre, maigre, très timide, encombrée de ce Q.I. supérieur qui me mettait toujours à la première place et me faisait honte, moi qui détestais attirer l'attention. C'est d'ailleurs encore le cas. Je suis malheureuse dans la lumière. Dès que tout va trop bien, je me débrouille pour trébucher.

Curieusement, vous vous êtes orientée vers les sciences.
Le système scolaire turc dirige systématiquement les meilleurs élèves vers les métiers de médecin ou d'ingénieur. Malgré ma passion pour la littérature, j'ai donc passé mon diplôme d'ingénieur avant de me réorienter vers la physique. Mais deux chocs sont survenus coup sur coup après le divorce de mes parents : mon exclusion temporaire de l'école après un différend avec un professeur, et un problème physique qui m'a empêchée de danser un solo pour lequel je m'entraînais depuis très longtemps en cachette de mon père. Alors à 22 ans, j'ai à nouveau fait une tentative de suicide, bien planifiée cette fois, et dont on a cru

que je ne sortirais pas. Je partais, irrémédiablement, malgré un lavage d'estomac pratiqué en urgence à l'hôpital, et les mots des médecins me conjurant de me battre contre la mort : « On ne peut plus rien faire, c'est entre elle et vous. » L'instinct de survie a triomphé. À l'instant ultime où je me suis sentie glisser dans la mort, j'ai hurlé au docteur « sauvez-moi ! » Et je me suis battue en décidant d'accepter la vie, avec son lot de souffrances. C'est un moment charnière de mon existence. Plus jamais je n'ai tenté de me suicider.

Et vous avez repris vos études ?

Oui, mais j'ai aussi écrit ma première fiction, basée sur ce suicide. Je l'ai envoyée à un grand concours réservé aux œuvres inédites et j'ai gagné un prix. Mais je n'ai pas voulu que cette histoire soit publiée. Trop sordide. Trop amère. Et je suis allée au Centre européen de recherches nucléaires (CERN), près de Genève, travailler sur les particules de haute énergie.

Heureuse de quitter Istanbul ?

Ô combien ! Quitter enfin cette famille et ce pays oppressants ! Enfin vivre en liberté ! Disons une certaine liberté. Mais ce fut loin d'être le bonheur attendu. J'espérais discuter de Higgs, d'Einstein et de la formation de l'univers. L'équipe de chercheurs – que des hommes, brillants, passionnés, graines de prix Nobel... et machistes – était trop engluée dans des luttes de pouvoir, d'ambition, de carrière. Pas le temps pour la gentillesse ou l'amitié. On travaillait quatorze heures par jour. Et pour ne pas devenir folle dans cette solitude effarante, j'écrivais de 1 heure à 5 heures du matin. Ce fut mon premier recueil de nouvelles – *Mandarin mystérieux* – que je n'ai fait publier que cinq ans plus tard en Turquie. Je portais en moi l'énergie d'un tigre en cage, le cerveau dans une étrange ébullition. Tout cela était excessif. J'ai découvert plus tard qu'il s'agissait d'un syndrome maniaco-dépressif.

Est-ce au retour d'Istanbul que vous entrez enfin en littérature ?

Je mène d'abord une double vie. Physicienne dans la journée, à l'université où j'avais fini ma thèse. Et la nuit, amoureuse d'un Africain rencontré dans un bar de reggae et vivant dans le ghetto. Je découvre alors le racisme des Turcs, leur haine, leur agressivité et leur mépris à la vue d'un couple mixte. Et bien sûr, l'extrême violence de la police à l'égard de cette communauté d'immigrés clandestins, harcelés, ostracisés, persécutés, foutus en taule ou raflés un jour pour être transportés dans un camp à la frontière syrienne. C'était infernal. J'ai essayé d'écrire un article sur le sujet. En vain. Je ne faisais que mettre mon ami en danger. Mes cauchemars de police et de torture ont repris. Je me suis sentie suivie. Ma relation amoureuse s'est tendue. Il fallait que je quitte la Turquie. Un ami physicien m'a trouvé un poste au Brésil.

Et vous laissez définitivement tomber la physique.

Ce grand rêve, construit sur tant d'années de travail, venait de se dessécher. C'était fini, comme peut l'être un mariage. Et il n'y avait rien à regretter. Je voulais écrire. Mes deux ans à Rio, là encore dans un univers tourmenté, morbide, étouffant, violent, ont nourri un livre – *La ville dont la cape est rouge* – que je n'ai rédigé qu'à mon retour en Turquie. Sur place, je n'ai pas écrit une ligne, vivant très pauvrement, et y risquant plusieurs fois ma vie. Et puis j'ai rencontré un homme, un Américain qui est tombé amoureux de moi. Quand je me suis décidée à rentrer dans mon pays, il m'y a rejointe et nous nous sommes mariés.

Cette fois, vous étiez écrivain.

J'ai été très malade en rentrant, j'ai perdu du poids, on m'a accusée d'être anorexique, je m'évanouissais fréquemment. J'avais en fait une tumeur à l'hypophyse. Mais pendant huit mois, j'ai plongé comme une folle dans l'écriture de mon livre brésilien, écrivant fiévreusement la nuit, remarquant à peine que mon mari me quittait. Et ma vie a soudain trouvé tout son sens. Je dépassais les souffrances et le chaos des événements récents. La petite fille de 10 ans qui, en essayant de se tuer, voulait expérimenter le fait d'être mortel et la femme de 30 ans, qui s'était pris tant de coups, se trouvaient tout à coup réunies. Pour la première fois de ma vie, je me sentais complète. Et c'est à l'écriture que je devais ça. Une sensation de plénitude fantastique. Précaire bien sûr. Mais sans prix. Et sans équivalent. Toutes mes blessures trouvaient leur justification et arrêtaient de saigner. Je me demande si, après ma récente expérience de la prison où l'on m'a fait payer le prix fort pour mes écrits, je retrouverai un jour cet état de grâce.

Ces écrits qui vous ont attiré la haine du pouvoir, ce sont surtout les chroniques publiées dans des journaux – Radikal *puis le quotidien kurde* Özgür Gündem *– où vous n'avez pas craint d'aborder les sujets les plus tabous en Turquie comme les viols de jeunes Kurdes par les paramilitaires turcs, le génocide arménien, la torture dans les prisons d'État, la grève de la faim des prisonniers politiques…*

Quand on m'a proposé en 1996 d'écrire pour *Radikal* où travaillaient beaucoup d'intellectuels, je me suis dit que cela m'aiderait à me sortir de mon enfer narcissique et me forcerait à m'intéresser à la société turque. Il fallait aussi que je gagne ma vie. Et puis les sujets m'ont happée les uns après les autres. Tant de tragédies ! Comment pourrions-nous les taire ? Il faut faire entendre la voix des victimes. Il faut trouver les mots et les procédés littéraires les plus à même de toucher les lecteurs qui n'ont pas envie d'être confrontés au drame ou à la violence. Il faut ! Il faut ! Le langage journalistique n'est pas suffisant. Le recours à l'art et à la littérature est indispensable. J'ai travaillé comme une dingue. Je vérifiais mille fois chaque chose. Tous les faits que j'évoquais étaient rigoureusement exacts, d'ailleurs il n'y a jamais eu la moindre plainte.

Mais qu'on n'exige pas de moi une objectivité qui consisterait à mettre sur le même plan la victime et son bourreau. Ce serait une honte ! Quand on observe un homme battre une femme, l'objectivité consiste à soutenir la femme. Et quand on apprend l'horreur du massacre de civils kurdes brûlés vifs par les militaires dans la ville de Cizre en mars 2015 – une petite fille raconte : « ils m'ont tendu un sac en plastique de 5 kg plein de cendres et d'os en me disant : c'est ton père » – l'objectivité consiste à donner la parole aux survivants.

Mais les ennuis se sont alors accumulés.

Une succession d'ennuis personnels, en parallèle avec une surveillance policière jamais relâchée. Un ancien compagnon a publié, en 2003, un livre vengeur et infamant, me décrivant comme une femme sans scrupules et sans morale, croqueuse d'hommes et de femmes, voleuse de maris. Les journaux populaires en ont fait leurs gros titres, ruinant ma crédibilité qui était mon bien le plus précieux. Je ne pouvais plus sortir. Ce fut une blessure horrible, et une sorte de mort sociale. Puis en 2008, alors qu'on me réclamait dans plusieurs pays où mes livres étaient traduits, et que j'entamais mon livre sur la torture – *Le Bâtiment de pierre* – j'ai risqué la paralysie avec quatre hernies qu'on m'a découvertes dans le cou. On m'a opérée d'urgence, mis une prothèse, et ma vie a radicalement changé. Fini la danse que je n'avais jamais cessé de pratiquer chez moi, même dans les périodes de dépression. Fini toute activité physique. Fini ma vie de femme... Enfin, j'ai découvert que ma meilleure amie était une informatrice de la police, qu'elle avait placé en 2013 des mouchards dans mon ordinateur et des documents sur le Parti des travailleurs du Kurdistan (PKK) qui, s'ils avaient été découverts, auraient constitué une charge écrasante contre moi. Elle a ensuite été retrouvée morte dans des circonstances inexpliquées. Cette nouvelle trahison m'a torpillée.

Un mois après la tentative de coup d'État contre le président Recep Tayyip Erdoğan le 15 juillet 2016, est arrivé, le 16 août, ce que vous redoutiez depuis cette journée traumatisante de vos 4 ans...

J'étais au lit, par une journée très chaude. Il y a eu un coup de sonnette. J'ai crié : Qui est là ? « Ouvrez, c'est la police ! » J'ai dit : laissez-moi m'habiller. « Ouvrez ou nous enfonçons la porte. » Ils commençaient à le faire et j'ai dû ouvrir, en tee-shirt et jambes nues. Un homme cagoulé en gilet pare-balles a pointé sur ma poitrine une arme automatique. Trente autres ont débarqué en moins d'une minute et fouillé de fond en comble mon appartement pendant sept heures. Puis ils m'ont entraînée dans la nuit au poste de police, enfermée pendant trois jours dans une sorte de cage avec trois autres femmes, avant de me faire comparaître devant un procureur. Une foule m'attendait dehors, avec ma mère. Mes avocats étaient là, optimistes : « Vous serez libre d'ici un quart d'heure. » Et puis tout s'est enrayé. On a dû patienter. J'ai senti un problème. Et quand le procureur a fini par tendre le document attendu, un avocat a hurlé. J'ai dit : Que se passe-t-il ? « Vous êtes placée en détention. » Par chance, personne ne m'a dit ce que recouvrait l'article 302 du code pénal sur lequel se fondait la décision : destruction de l'unité de l'État. Le crime le plus grave selon la loi turque. Passible de la peine capitale.

Elle n'existe plus en Turquie depuis 2004.

Elle va être rétablie. Le président Erdoğan l'a annoncé après le référendum. En attendant, c'est la réclusion à perpétuité. On a laissé ma mère m'enlacer. Elle était hagarde, le visage ravagé. « Est-ce qu'ils t'ont torturée ? » Dehors, alors qu'une voiture de police m'emportait, une foule d'écrivains et de journalistes a crié très fort : « Asli Erdoğan n'est pas seule. » Et je leur ai fait un grand signe.

Combien de temps êtes-vous restée en prison ?

136 jours. D'abord à l'isolement puis dans l'aile des prisonnières politiques du PKK. J'entendais les cris et les bagarres provenant d'autres ailes de la prison. Mais chez nous, c'était très discipliné et solidaire. Les femmes étudiaient et discutaient entre elles tandis que j'étais dans ma cellule. Il faisait constamment froid. Au départ j'étais sous le choc, ce qui est un bon anesthésiant. Puis j'ai essayé d'occuper mon esprit en faisant des sudokus. Je ne lisais pas, ou peu, de littérature. Trop beau pour la prison. Je ne pouvais surtout pas croire ce qui m'arrivait. C'était injuste, révoltant, incohérent et illogique au regard du droit. Il n'y avait aucune preuve contre moi. Rien ! Et l'on me chargeait comme si j'étais la fondatrice du PKK, alors que je ne suis pas kurde, ne parle pas le kurde, n'ai aucune expérience politique ou militaire, et ne suis qu'une écrivaine. C'est un abus de pouvoir et un crime ! Si la Turquie était une démocratie normale, le procureur qui m'a fait arrêter devrait lui-même comparaître

devant la justice. Pourquoi moi, me répétais-je ? Pourquoi cette haine contre moi ?

Avez-vous maintenant une explication ?

C'est avant tout un acte de terreur à l'encontre des intellectuels. J'étais un symbole, et une proie d'autant plus facile que je ne fais partie d'aucune organisation et que je suis une femme. J'ai été relâchée le 29 décembre 2016 sans être disculpée et avec l'interdiction de voyager, malgré les prix et les invitations à l'étranger. Je reste donc à la merci de ce pouvoir qui arrête à tour de bras et se fiche bien du droit.

Qu'allez-vous faire ? Cette expérience traumatisante de la prison conforte-t-elle votre envie de témoigner des atteintes aux droits humains ? Ou vous incite-t-elle à penser en priorité à vous sauver vous-même ?

Ah ! J'oscille en permanence entre ces deux pôles. Un jour, je me réveille en pensant : je n'en ai rien à faire de la Turquie, des Kurdes, et des victimes. Je veux être écrivaine, ou ingénieure, trouver une famille, laisser tomber l'horreur. Et le lendemain, je pense que je n'ai pas le choix de rester silencieuse. Que je dois prendre la plume. Faire entendre les victimes. Que c'est une addiction. Que je suis une vraie écrivaine.

Avoir traversé toutes ces épreuves fait-il de vous quelqu'un de plus fort ?

Pas du tout. Quelque chose en vous meurt chaque fois. Quelque chose survit. Et la littérature est pour moi le seul moyen pour que les deux parties continuent de communiquer. Mais rien ne compensera jamais une heure de torture ou un jour de prison. Rien. Les deux premiers mois après ma libération, je me réveillais plusieurs fois par nuit avec une terrible envie de vomir. Syndrome post-traumatique, m'a-t-on dit. Je fais toutes les nuits des cauchemars et je vis sous médicaments.

Mais voyez-vous, je suis quand même heureuse d'avoir raté mes suicides à 10 ans puis à 22 ans. Ça valait le coup de vivre, malgré tout. Je ne peux toujours pas aimer la vie ou faire la paix avec elle, la condition humaine est décidément trop effroyable. Mais j'accepte désormais l'idée qu'il y a dans la vie quelque chose de sacré. Oui, de sacré.

Dominique Blanc

Phèdre a-t-elle jamais trouvé meilleure interprète ? Impossible d'oublier la performance de Dominique Blanc, en 2003, sous la direction de son maître, de son mentor, de son héros Patrice Chéreau. Mais il est tant de spectacles qu'elle a illuminés de son jeu si puissant, elle dont le parcours solitaire, hors des clous et à rebours de la tradition, l'a conduite tout droit dans la Maison de Molière. L'interviewer est un régal.

Je ne serais pas arrivée là si...

Si, à 15 ans, alors que j'étais une ado timide et mal dans sa peau, je n'avais pris des cours d'expression corporelle avec Orlan. Elle n'était pas du tout connue à l'époque et je n'avais aucune idée qu'elle jouerait un rôle majeur dans l'art contemporain. Mais elle nous invitait à travailler sur notre corps, faire des improvisations ; tout cela, les yeux fermés, extrêmement concentrés. Et j'ai soudain eu le sentiment d'accéder à un monde intérieur, un monde où j'avais enfin le droit d'exister. Les nœuds se dénouaient, les interdits disparaissaient, l'imaginaire se libérait. Moi qui étais si introvertie et si coincée, verrouillée par le regard des autres, je m'évadais et m'épanouissais. Comme un envol. Une prise de liberté.

Avez-vous jamais revu Orlan ?

Non. J'ai suivi de loin ses expériences, son travail de transformation corporelle et son engagement dans l'art moderne. Mais il faudrait que ces retrouvailles aient lieu, certainement. Car c'étaient des heures qui comptaient beaucoup pour moi. J'étais lycéenne, et si complexée...

Pourquoi ?

J'étais encombrée par mon physique, le corps et le visage. Je n'étais pas du tout dans les canons de l'époque, ne me maquillais pas, n'étais pas coquette le moins du monde. J'étais bonne élève, en section mathématiques. Mais je n'avais pas beaucoup d'amis et je parlais très peu. À la maison, où nous avions été cinq enfants, la cellule se resserrait et j'avais l'impression qu'elle se refermait sur moi car les aînés s'étaient envolés et ma petite maman en concevait beaucoup de chagrin. Ah non, l'adolescence ne fut pas drôle du tout ! Une période très noire, beaucoup de tristesse et de douleur.

Quels rêves faisiez-vous pour l'avenir ?

Il était entendu que je ferais de longues et brillantes études et mes parents avaient l'espoir d'une belle carrière. Je ne me reconnaissais pas dans ce plan, mais j'avais envie de leur faire plaisir. Mon père, qui était gynécologue accoucheur, nous avait prévenus : « Si vous voulez faire médecine, sachez que je ne vous aiderai jamais ! J'ai trop souffert de ces fils de mandarins, protégés et arrogants ! Vous vous débrouillerez tout seuls. » Résultat : aucun des cinq enfants n'a choisi cette voie. Et pourtant, moi, j'avais sérieusement pensé à la psychiatrie. Je me sentais une réelle empathie pour la souffrance, la douleur de l'âme humaine. Cela me fascinait. Je lisais beaucoup sur le sujet, notamment le docteur Bruno Bettelheim. Mais, en me disant que c'étaient des études extrêmement longues forcément suivies d'une analyse, mon père m'a découragée. Devenir indépendante à 31 ans me semblait catastrophique ! Alors je me suis dirigée vers l'architecture.

Quel rapport ?

Je m'étais passionnée pour les travaux de Bettelheim avec les enfants autistes aux États-Unis où il se servait notamment de l'architecture. Et il m'a semblé que la filière archi réunissait tout ce qui m'attirait : la création, l'artistique, et le travail au plus près de la souffrance. J'ai vite été déçue. Je me suis retrouvée dans un univers machiste, beaucoup moins ouvert que prévu. Tout était tellement formaté. Je me suis cramponnée pendant deux ans et je suis partie à Paris. Officiellement – pour mes parents – suivre les cours d'une Unité pédagogique engagée, très féministe d'ailleurs. Mais en réalité, je me suis tout de suite inscrite à un cours d'art dramatique. Il fallait que je m'offre ce rêve. La petite lumière allumée par Orlan ne demandait qu'à être ravivée. Et j'ai été happée !

Quelle a été la réaction de vos parents ?

Ils ont été très choqués. Ça ne pouvait pas être un métier. J'ai mis des années à comprendre qu'ils étaient angoissés par la précarité de la profession et cette réputation d'univers à piston et à promotion canapé. Ce fut presque une rupture. « Si tel est ton choix, m'ont-ils dit, tu l'assumes entièrement. On va t'assurer gîte et couvert, comme on l'a fait pour tes frères et sœur ; mais tu te débrouilles pour financer ta formation, on ne veut pas savoir ! » J'ai donc fait tous les boulots possibles pour payer mes cours : femme de service dans un hôpital, gardienne de chiens dans le XVIe, caissière, femme de ménage. J'ai posé nue pour un peintre japonais qui faisait des copies de Renoir pour les vendre dans des supermarchés au Japon. C'étaient des poses très pudiques et j'étais bien payée. Mais le peintre s'est approché d'un peu trop près et il fallut arrêter. Tout cela m'apprenait beaucoup et le théâtre s'imposait dans ma vie.

Quelqu'un croyait-il alors en vous ?

François Florent, dont je suivais les cours. Il continuait à me soutenir tout en me disant : « Tu n'auras jamais le Conservatoire, tu n'auras jamais l'École de la rue Blanche. Mais il faut qu'ils te voient ! »

Pourquoi ce défaitisme ?

Chaque époque a ses critères qui sont à la fois physiques et mystérieux. Et j'ai en effet raté toutes mes auditions. Mais j'ai rencontré Pierre Romans, dont tous les élèves étaient amoureux, et qui avait le talent de transformer ces vilaines chenilles boutonneuses que nous étions en merveilleux papillons. Il avait un tel charisme, une telle gentillesse, un tel amour de notre jeunesse qu'on en devenait invincibles. Et moi, je suis devenue belle pour la première fois. Il m'a tout de suite aimée et donné un rôle dans son spectacle sur Tchekhov qui s'appelait *Les jours et les nuits*. Nous étions terrorisés car toute la profession, agents et directeurs de casting, devait venir. D'ailleurs mes camarades ont tous plus ou moins trouvé des contacts et du boulot. Sauf moi. Jusqu'au jour où sur mon répondeur téléphonique, j'ai entendu le message d'un personnage timide et angoissé qui me proposait un rendez-vous. C'était Patrice Chéreau. Il avait fait un aller-retour entre Bayreuth et Paris pour voir le spectacle de son ami Romans et m'avait remarquée. Je n'arrivais pas à y croire. Je me demande bien qui pourrait produire aujourd'hui le même effet sur une jeune comédienne !

Alors, la rencontre ?

Je suis allée chez lui, un vendredi, au 4 rue de Braque. Il préparait *Peer Gynt* d'Ibsen, un spectacle de huit heures, un truc fou, avec Gérard Desarthe, Maria Casarès et une vingtaine d'autres comédiens. Et pendant deux heures, il m'a parlé de son rêve, du texte et de la mise en scène, exactement comme si j'allais jouer le rôle principal. Au bout de l'entretien, il m'a dit :

« Vous allez lire la pièce, et vous me rappellerez. » J'ai dit : « Non non ! Je suis d'accord ! » Ça l'a fait sourire. Et j'ai le souvenir du premier jour de lecture où nous étions tous réunis autour de la table : comédiens, traducteur, techniciens. J'étais tellement terrorisée que je rougissais jusqu'au bout des oreilles lorsque je devais parler, trop inquiète pour regarder quiconque. Chéreau était alors au sommet de sa création théâtrale. Observer ces gens répéter sans cesse et jouer pendant un an fut une école d'excellence.

De quoi vous rendre difficile, exigeante, pour le reste du parcours.

C'est vrai. J'avais connu le sacro-saint des lieux, le reste risquait de paraître fade. Je savais en tout cas que je voulais faire ma carrière dans le théâtre subventionné. J'avais l'impression que dans le privé, le comédien était peut-être considéré comme une vedette, mais aussi comme un guignol, disons plutôt un amuseur. Qu'on y était moins exigeant en matière de texte, qu'il n'y avait guère de temps pour les répétitions. J'étais très inconsciente à l'époque. J'ai écrit à des tas de gens. Et les rôles se sont peu à peu enchaînés. Chéreau, Romans, Bondy, Vincent, Vitez. Avec de longues attentes, car dans ce métier, il faut chaque fois tout recommencer.

Vous rêviez de faire du cinéma ?

Pas du tout. Une simple figuration dans un film de Godard avait été une expérience odieuse. Mais Régis Varnier m'a vue jouer à Nanterre au moment où il cherchait une actrice pour interpréter une jeune alcoolique dans *La Femme de ma vie*. Il m'a dit que j'étais le sosie de sa sœur, elle-même alcoolique, et il m'a engagée. Forte de l'enseignement de Chéreau, je me suis donc inscrite aux Alcooliques anonymes. J'ai eu un parrain et une marraine, me suis rendue à l'Église américaine où se rencontraient des femmes de toutes les classes sociales, pour l'alcoolisme mondain, ou celui de la femme qui cache ses bouteilles dans le tambour de sa machine à laver et picole dès que les gamins sont partis à l'école. Cela m'a beaucoup aidée et j'ai eu le César du meilleur espoir féminin pour le rôle. Alors dans la foulée, on ne m'a proposé que des rôles d'alcooliques !

Comment évoluait alors la jeune personne qui avait si peu confiance dans la vie ?

Je vivais une métamorphose. Florent avait été mon découvreur. Romans m'avait révélée une dimension sensuelle et érotique que j'ignorais. Et le regard de Chéreau, qui m'avait choisie alors que je n'avais encore rien fait, m'avait libérée. L'aventure avec lui fut si exceptionnelle que j'ai encore du mal à parler de lui sans pleurer. Il avait une capacité d'hypnose. Il parlait à chaque comédien à voix basse, longuement, d'une intimité à une autre. Et on avait l'impression qu'il nous confiait des secrets. Il trouvait les mots, infiniment proche. Et me parlait à moi, la débutante, avec la même attention, la même acuité et la même exigence qu'avec Maria Casarès. On était tous au même niveau. C'est une chance folle d'avoir débuté avec un tel artiste.

Cela donne des armes et de la force pour le reste de la carrière ?

Certainement ! D'autant que nous nous sommes régulièrement retrouvés. Mais je suis quelqu'un qui doutera toujours. La fragilité reste immense. Et dans les mauvais moments, j'ai peur d'être bâtie sur du sable.

À quoi est-ce dû ?

Aux toutes premières années d'enfance je crois. Beaucoup de monde à ce moment-là, pas le temps du regard, pas le temps de ce qu'il faudrait...

Pas la dose d'amour attendue ?

Probablement.

Est-ce donc pour cela qu'on devient comédien ? Pour attirer enfin les regards ?

Non. Pour moi, le désir le plus profond, surtout quand je repense à Orlan, c'est le désir d'être quelqu'un d'autre. Mais de façon forcenée. De se débarrasser de soi pour adhérer à l'autre, défendre l'autre à tout prix, davantage que soi.

Parce que l'autre est plus intéressant que soi ?

Mille fois plus intéressant ! L'autre avec un A majuscule. Et ce goût de l'humain, cette attirance pour la douleur de vivre, les vertiges de la souffrance et les états d'âme les plus sombres me ramènent à la psychiatrie qui m'a tant attirée. J'ai une admiration immense pour les psychiatres qui sont des rédempteurs et nous sauvent de nos folies.

Avez-vous expérimenté vous-même le trou noir?

Oui. Ce métier, vous savez, nous rend très perméables. On endosse bien des douleurs… Et Phèdre, «la lumineuse», m'a emmenée très loin. Très très loin. Mais c'est ce qui m'intéresse: aller aux frontières de l'humain. L'humain dans tous ses égarements, ses errances, ses fragilités. Et chaque personnage est pour moi un continent immense à aborder. Mais que de rencontres étonnantes lors de ces explorations! Récemment, pour jouer le rôle d'une chirurgienne dans le film *Réparer les vivants*, j'ai dû passer deux jours à l'hôpital de la Pitié-Salpêtrière où j'ai assisté à une transplantation cardiaque. Extraordinaire! J'ai vu arriver le cœur dans la glacière, observé le visage du chirurgien qui, pendant six heures, n'a pas failli. J'ai pleuré pendant toute l'opération. Mais j'avais la pêche en sortant!

Et voilà que la Comédie-Française vous réclame et vous accueille comme pensionnaire, en 2016, trente-cinq ans après vos débuts dans Peer Gynt*…*

Oui! Ça vient comme un cadeau et je me sens à la fois intimidée et profondément honorée. Les meilleurs sont là, hommes et femmes confondus. Et j'aime énormément Éric Ruf, son administrateur, qui, depuis que nous avons joué ensemble *Phèdre*, sera mon Hippolyte jusqu'au bout de ma vie. Je vais donc retrouver Racine, les alexandrins et le rôle d'Agrippine, grande femme politique. Quel bonheur !

Delphine Horvilleur

C'est l'une des trois seules femmes rabbins en France. Mariée et mère de trois jeunes enfants, elle défie des siècles de domination masculine de son autorité lumineuse. Auteure, conférencière, elle prône l'ouverture et le dialogue des religions et milite inlassablement pour qu'elles reconsidèrent la place et le rôle des femmes. Elle incarne l'espoir.

Je ne serais pas arrivée là si...

Si je n'étais pas passée par un ailleurs. Si je n'avais pas quitté le lieu de mon enfance et pris plein de virages, vécu en Israël puis aux États-Unis, entrepris des études de médecine puis de journalisme. Si je ne m'étais pas exilée de moi-même. Une phrase juive hassidique affirme qu'il ne faut jamais demander son chemin à quelqu'un qui le connaît, car on risquerait de ne pas se perdre. On dit aussi que c'est en visitant la maison du voisin qu'on comprend l'aménagement de son intérieur. Eh bien, c'est ce qui s'est passé pour moi. Il a fallu que j'aille très loin, dans tous les sens du terme, pour pouvoir explorer, interroger, revisiter mon identité. Mon identité juive.

Était-ce un questionnement fondamental depuis votre enfance ?

Essentiel. Car j'ai grandi avec deux histoires familiales opposées. Du côté de mes grands-parents paternels, originaires d'Alsace-Lorraine, l'identité juive française est ancestrale. Mon grand-père avait une formation rabbinique mais était directeur d'école. La famille, profondément républicaine, était très attachée à la laïcité et à l'histoire de France, reconnaissante à tous ces Justes qui s'étaient mis en danger pour les sauver pendant la Seconde Guerre mondiale. C'était donc un narratif d'ancrage dans ce pays et aussi de confiance à l'égard de l'autre, ce non-juif qui avait été le sauveur.

Du côté maternel, c'était exactement l'inverse. Mes grands-parents, originaires des Carpates, étaient des survivants des camps de concentration, où ils avaient perdu chacun conjoint et enfants. Ils étaient arrivés en France un peu par hasard et avaient trouvé la force d'y construire une famille. Mais ils portaient un narratif de déracinement absolu, de deuil effroyable et d'impossible confiance envers le prochain qui avait assassiné les leurs. C'est entre ces deux histoires irréconciliables que j'ai dû naviguer très jeune. Héritière de deux mondes.

La confiance ou la défiance... Quelle attitude choisir ? En discutiez-vous au sein de la famille ?

Non. C'était un monde de silence. En tout cas chez

mes grands-parents maternels. Ce n'était même pas un refus. C'était une impossibilité. J'ai le souvenir que, lorsqu'on débarquait chez eux, on les réveillait toujours. Ils dormaient. Telles des marmottes. Sans doute un peu shootés par les médicaments. Survivants. Traumatisés. Ils avaient reconstruit une famille sur des pierres tombales. Ou plutôt sur une absence de pierres tombales. Et moi, enfant, je n'avais de cesse de remplir les blancs de leur histoire. Et je m'imaginais que quelque chose passait entre nous, en dépit de leur incapacité à dire et de notre absence de langue commune, puisqu'ils ne parlaient que yiddish. Le lien avec mon métier actuel me frappe d'ailleurs, car l'idée de faire parler le silence du texte est au cœur de l'exégèse rabbinique.

Quelle sorte d'enfant étiez-vous ?

J'étais une petite fille mystique, pleine de questions sur le sens de la vie et sur le transcendant. Un peu ésotérique même, puisque j'étais persuadée de faire de la télépathie avec mes grands-parents silencieux, alors que ma famille était scientifique (père médecin), très rationaliste. Et puis, j'étais obsédée par ce tabou de la Shoah. Je me rappelle piquer des livres dans la bibliothèque de mes parents et lire les ouvrages d'Elie Wiesel à la lampe-torche sous mes draps. Il y avait quelque chose que je devais explorer secrètement.

Je fréquentais la synagogue, mais très tôt j'ai été dérangée par un hiatus entre les valeurs transmises à la maison, notamment l'égalité parfaite entre filles et garçons, et le discours religieux institutionnel. J'étais rebelle au discours normatif. Mais j'ai compris qu'il me faudrait apprendre à vivre avec toutes ces dissonances. C'est évidemment difficile, mais c'est la chose la plus intéressante à faire dans l'existence.

Créer des ponts entre des univers et des pensées discordantes ?

Bien sûr. Je donnais il y a peu une conférence à l'Université hébraïque, en Israël. Et, à l'heure des questions, un étudiant m'a demandé : « Comment pouvez-vous être rabbin et féministe ? » Puis : « Comment avez-vous pu être journaliste et vous intéresser à l'exégèse ? » Enfin : « Pensez-vous qu'un État puisse être à la fois juif et démocratique ? » Là, j'ai dit stop. Vous rendez-vous compte que vous posez en fait la même question ? Comment être à la fois là et là-bas ? Habiter un monde et un autre ? Concilier une conviction et un autre engagement ? Mais c'est ça qui est passionnant dans la vie ! Habiter plusieurs mondes, parler plusieurs langages, tisser des liens entre des univers pas toujours réconciliables. C'est la complexité et la porosité qui me stimulent et m'exaltent. La conscience qu'il y a en moi plein d'altérités. Et le partage permanent entre la foi et le doute. Hélas, l'époque est aux murs, aux frontières, aux certitudes, aux mondes imperméables. Et on inculque aux jeunes l'idée qu'ils ne peuvent habiter qu'un seul univers. C'est faux !

Comment avez-vous trouvé votre voie ?

Je suis partie vivre en Israël après le bac, en 1992. J'avais le sentiment que j'allais y trouver une réponse à ma quête identitaire. J'allais être juive sur une terre où l'on parlait hébreu, où le calendrier était juif... Une « normalisation identitaire » en quelque sorte. Mais lorsque j'ai annoncé à mon grand-père paternel mon projet d'y étudier la médecine, il a observé un long moment de silence avant de dire : « C'est étrange, j'aurais imaginé autre chose pour toi... »

Et cela vous a déstabilisée ?
Cela m'a vexée ! J'ai eu l'impression qu'il piétinait mes rêves de jeune fille. D'autant qu'il ne m'a pas dit ce qu'il avait imaginé pour moi. Pourtant, sa réflexion fut, a posteriori, la plus grande bénédiction qu'il m'ait été donné de recevoir. Et dans les nombreuses circonstances de ma vie où j'ai douté, amorcé un virage, viré de bord, sa phrase m'est revenue, comme si elle m'offrait la possibilité d'un ailleurs. Une autorisation à sortir des sentiers battus et à imaginer pour moi autre chose. Tout m'était permis !

Vous êtes quand même partie pour Israël.
Oui. Le pays était alors en plein processus de paix, j'étais très engagée politiquement, optimiste et fervente, convaincue que les accords d'Oslo allaient marcher. Et puis tout s'est effondré, en 1995, avec l'assassinat du premier ministre Yitzhak Rabin. J'ai été foudroyée. Les attentats se sont multipliés. Toutes les semaines, le bus 18 qui m'amenait à l'université explosait. Et Benyamin Nétanyahou est arrivé au pouvoir. Que la religion ait pu nourrir ce fondamentalisme et cette violence politique a provoqué une profonde

remise en cause de mon engagement. Quelque chose de ce pays m'échappait totalement. Alors, en 1997, je suis rentrée en France souffler un peu.

Et ce fut le premier virage.

C'était une période où je me cherchais beaucoup. Et comme l'écriture avait une place importante dans ma vie, je me suis tournée vers le journalisme. J'ai fait une école et des stages passionnants, y compris en Israël au moment de la deuxième Intifada. Je me suis aussi posée quelques mois au Liban pour apprendre l'arabe. Je tâtonnais, multipliant les explorations dans toutes sortes de directions. C'est à ce moment-là que j'ai découvert la vitalité d'une pensée talmudique créative et féconde. Et que j'ai eu envie de me plonger dans les textes. Il me fallait absolument revenir à l'étude juive.

Tandis que mes collègues de France 2 filaient le soir à leurs cours de danse ou de yoga, moi, je fonçais à mes cours de talmud. Avec une urgence qui me paraissait vitale. Je me suis alors heurtée à un obstacle qui a provoqué un nouveau virage de mon existence : mon genre ! La plupart des centres d'études parisiens auxquels je m'adressais pour faire de l'exégèse rabbinique n'acceptaient pas les femmes. C'était stupéfiant. La preuve que l'érudition féminine reste quelque chose d'extrêmement subversif dans les religions. Une femme qui pense, qui a accès au savoir, a potentiellement accès au pouvoir. C'est une question politique. Alors, on les tient à distance des textes...

Avec quelle explication officielle ?

Apologétique... et parfaitement malhonnête. On vous explique que la femme est déjà tellement élevée, spirituellement, qu'elle n'a pas besoin de cela. N'a-t-elle pas d'ailleurs d'autres choses sacrées et merveilleuses à faire, comme donner la vie ? C'est le même discours dans toutes les religions : on encense le féminin pour mieux enfermer la femme dans le rôle d'épousailles et de maternité. Et cela me désespère d'entendre aujourd'hui des gamines de 20 ans reprendre ces propos.

Comment avez-vous contourné l'obstacle ?

En partant pour New York. Et en découvrant là-bas un autre judaïsme : une pensée religieuse libérale, moderne, ouverte et créative, égalitaire entre hommes et femmes... à l'opposé de la pensée conservatrice qui est la norme en France. Tout à coup, il devenait possible à une jeune femme d'étudier le Talmud, de s'inscrire dans un schéma libéral et même d'envisager la voie rabbinique. Oui ! J'ai soudain pu verbaliser mon envie pour la première fois. « Rabbin ! » Un mot que je n'aurais jamais pu prononcer en France. Mais, à New York, toutes les pièces du puzzle s'emboîtaient, et j'ai compris que c'était ma voie.

Mais rabbin pour quoi faire ?

Enseigner et transmettre. Car j'aime infiniment ce rapport au texte et à l'étude, constamment dans l'échange. Et puis, accompagner les autres dans tous les moments importants du cycle de la vie : naissance, mariage, maladie, mort. Un rôle de pasteur.

Est-ce un métier ? Une mission ? Un sacerdoce ?

Je ne sais pas quel est le mot juste. En tout cas pas un sacerdoce, puisque le judaïsme n'a pas de dogme, et le rabbin ne fait pas vœu de quoi que ce soit. Un métier, sans doute, mais qui ne s'arrête pas aux portes ou horaires de votre bureau. Une fonction, mais sans définition précise. Certains rabbins sont avant tout des pasteurs et des accompagnants. D'autres sont des intellectuels qui continuent d'étudier. Moi, ma passion réside dans un questionnement permanent du texte, qui n'en finit pas de parler, et qui doit le faire de façon inédite par les voix des nouvelles générations.

Un texte inestimable car détenteur de vérité ?

Non ! Il nous guide, il nous verticalise, il nous élève vers plus grand que nous-mêmes. Il incite aux questions sans nécessairement apporter de réponses, mais en vous faisant grandir. Et j'aime qu'on y trouve le reflet de l'humanité, chaque génération apportant une interprétation différente. Ce n'est pas un rapport à la vérité ou à un dogme quelconque. Moi, toute rabbin que je suis, je ne sais pas en quoi je crois ! Ce qui compte, c'est l'action. Et le rite qui se transmet et continue d'être un support pour penser la complexité du monde.

Avez-vous été tentée de rester rabbin à New York ?

J'aurais pu. Mais le vrai défi, c'était de revenir ici,

dans ce pays où le Consistoire, censé être l'organe représentatif des juifs de France, ne reconnaît pas les femmes rabbins. Le Mouvement juif libéral de France m'a accueillie, et j'ai intégré une grande synagogue du XVe arrondissement, en 2008, alors que j'étais enceinte de huit mois. Je me souviens d'avoir alors croisé une personnalité du Consistoire qui m'a lancé : « Bonne installation. Et bon accouchement, parce que c'est ça qui compte dans la vie d'une femme ! » Vous voyez le niveau de misogynie ? On renvoie toujours la femme à son utérus. Welcome back to France !

Il y a trois femmes rabbins aujourd'hui en France.

Oui, et plusieurs autres sont en formation. Hommes et femmes sont mélangés dans ma synagogue, et cela paraît désormais une évidence. Il arrive même que des petits garçons viennent me voir en me disant qu'ils auraient bien aimé être rabbin, mais qu'ils ne peuvent pas car c'est un métier de fille !

Le rabbinat renforce-t-il la connexion avec vos grands-parents ?

Quand j'étudie, quand je prie, j'ai en effet l'impression que le dialogue avec les générations passées est en œuvre. Mais un héritage n'est vivant que si l'on s'en empare pour le transformer. Et je ne me sens jamais autant héritière de la tradition juive et de ma famille que lorsque je fais d'autres lectures que celles qu'elles proposaient. Je souhaite à mes enfants la même liberté. Quand on bénit des enfants dans le judaïsme, on place les mains sur leur tête en appuyant fortement.

Ce geste semble signifier : « Ne bouge pas d'ici. » Mais il dit l'inverse : « Sois suffisamment lesté par ce que je te transmets pour partir au loin. » Et on leur murmure à l'oreille : « Puisses-tu être comme ce personnage de la Bible dont le nom signifie : "oublie et fructifie". » Pour naviguer, un bateau doit lever l'ancre en étant parfaitement lesté. Eh bien, j'ai l'impression que mon travail de rabbin et de maman, c'est du lestage.

C'est aussi donner une boussole ?

D'abord du lestage. Car rien n'est pire dans l'existence que voyager léger. Sans bagage ni transmission. Il y a quelque chose d'une insoutenable légèreté de l'être. Des gens viennent parfois me voir, douloureux : leurs parents, au nom de la liberté, n'ont rien voulu leur imposer et ne leur ont transmis aucune tradition religieuse. Leur bateau n'est pas lesté, ils ne savent pas naviguer. Voilà le paradoxe : il faut donc suffisamment offrir, suffisamment lester, pour permettre de prendre son envol, dans ce que Derrida appelle une « infidèle fidélité ».

Pensez-vous être l'incarnation de ce paradoxe ?

Mes grands-parents m'ont transmis un judaïsme très fort, mais également une histoire désastreuse, une histoire lacrymale, une histoire à hurler. Et je me souviens clairement du jour où, adolescente, je me suis dit que mon judaïsme à moi ne pouvait être un judaïsme de mort. J'étais bel et bien héritière d'Auschwitz, mais je me devais d'être infidèle en inscrivant cet héritage dans du vivant.

Quel moment vous procure le plus grand plaisir dans votre fonction ?

Une fois par mois, j'invite dans ma synagogue tous les petits entre 2 et 6 ans et j'adapte pour eux un office de shabbat, avec des musiciens et des marionnettes. Comme un spectacle. Ils viennent avec parents et grands-parents mais ils s'emparent de la synagogue en un joli bordel. La quintessence du judaïsme de vie ! On prie, bien sûr, mais on imprègne aussi leur identité juive de quelque chose de joyeux et intense qui les nourrira. Ils posent des questions, ils remettent en cause les histoires, ils ont toutes les audaces. C'est une promesse de vie et de renouvellement. Mes deux plus jeunes filles sont là. Et c'est drôle : à quelqu'un qui demandait à la plus jeune, âgée alors de 4 ans, quel métier exerçait sa maman, elle a répondu : chanteuse !

Shirin Ebadi

Son prix Nobel de la paix décerné en 2003 fut une merveilleuse surprise pour l'avocate iranienne, mais il s'est vite révélé un cadeau empoisonné. Le régime des mollahs n'a eu de cesse depuis lors de la réduire au silence, sabordant sa carrière et son mariage, confisquant ses biens, emprisonnant ses proches. Elle n'a cédé en rien. Et continue inlassablement sa lutte pour les droits humains. En exil.

Je ne serais pas arrivée là si...

Si je n'étais pas née dans une famille musulmane iranienne très moderne. Mes parents étaient ouverts et tolérants à l'égard des autres. J'ai appris avec eux à respecter toutes les religions. Et ce sont eux qui m'ont aussi enseigné le féminisme en ne faisant aucune différence entre mon frère et les trois filles de la famille. Il était fondamental que nous fassions tous de bonnes études. Mon père était juge. Je le suis devenue moi-même. Et ma fille le sera !

Était-ce un rêve, la magistrature ?

Quand j'ai commencé à étudier le droit, une femme ne pouvait pas être juge en Iran. Mais dès que ce droit nous a été octroyé, j'ai foncé. J'ai passé le concours pour entrer au Palais et j'ai été reçue lauréate à 22 ans. Puis j'ai été la première femme à présider le tribunal de grande instance de Téhéran. Mon père était très fier de moi.

Vous avez confié un jour avoir rêvé de devenir ministre de la Justice d'Iran...

Je pense que j'ai toujours ressenti, depuis ma plus tendre enfance, le désir d'être remarquée.

Vous voulez dire admirée ?

Remarquée par mon travail. Combien de gens autour de nous consacrent leur vie entière à leur métier, puis prennent leur retraite en laissant le monde inchangé ? Cela ne pouvait pas être mon histoire. Je voulais laisser une trace. Ma fille cadette, qui vient de finir son doctorat à l'université de Londres, ressent ce même besoin.

La révolution islamique de 1979 a coupé court à vos ambitions en déniant soudainement aux femmes le droit d'être juges...

Ce fut une catastrophe. Et je voulais leur prouver qu'ils avaient eu tort. J'ai travaillé comme une forcenée, écrit des articles et des livres, fait des conférences, créé trois ONG. Je me suis investie à fond dans le Centre pour les droits de l'homme et dans une carrière d'avocate essentiellement consacrée à défendre les prisonniers politiques et les droits des femmes et des enfants. Et quand j'ai reçu le prix Nobel de la paix, en 2003, je me suis dit que ce but-là, au moins, était atteint. Qu'en entendant mon discours à Oslo, le ministre iranien de la Justice avait forcément regretté ma destitution. Il est des colères utiles qu'il faut apprendre à canaliser pour le meilleur. J'appelle ça la colère sacrée.

Cette colère ne venait pas que de cette ambition gâchée ?

Elle venait de cette succession de règles profondément injustes pour les femmes instaurées par le nouveau régime. Figurez-vous que, cinq mois après la révolution, avant même que la Constitution ne soit votée et qu'on élise une Assemblée nationale, le Conseil de la Révolution a proclamé une loi selon laquelle un homme pouvait désormais épouser quatre femmes. En cas de divorce, la mère perdait le droit de garde des enfants. J'ai immédiatement écrit un article interpellant les mollahs : « Avez-vous fait la révolution pour pouvoir épouser quatre femmes ? » Mais les mesures discriminatoires n'ont fait que se succéder. Ce n'était pas une révolution islamique, mais bien une révolution machiste.

Pouvez-vous donner quelques exemples de ces lois discriminatoires ?

Des dizaines ! La vie d'une femme vaut la moitié de la vie d'un homme. Si mon frère et moi sommes attaqués dans la rue, les indemnités versées pour la vie de mon frère seront le double des miennes. Un fils reçoit un héritage deux fois supérieur à celui reçu par sa sœur. Dans les affaires judiciaires, le témoignage d'un homme équivaut à celui de deux femmes. Et dans la plupart des cas, le témoignage d'une femme ne vaut rien. Je pourrais continuer !

Le cas de la petite Leila Fathi, dont vous vous êtes occupée, a soulevé beaucoup de réactions...

Cette petite fille de 11 ans avait été violée par trois hommes qui l'ont tabassée avant de jeter son corps dans un ravin. Les trois hommes ont été arrêtés, l'un s'est pendu en prison et les deux autres ont été jugés coupables de viol et de meurtre et donc condamnés à mort. Mais comme la loi accorde deux fois plus de valeur à la vie d'un homme, fût-il violeur et meurtrier, qu'à celui de sa victime féminine, il doit toucher une compensation. Et c'est ainsi que la famille de Leila a été condamnée à indemniser la famille de ses assassins. Comme elle était incapable de le faire, même en ayant vendu tous ses biens, les assassins ont été relâchés. J'ai tout fait pour ébruiter ce cas et faire en sorte que les femmes réalisent que leurs droits avaient été spoliés les uns après les autres. Elles n'en avaient absolument pas conscience.

Il s'agit bien de la charia...

D'une interprétation totalement erronée de la charia sous l'effet du patriarcat. Il y a trente pays musulmans dans le monde. Il n'y en a que trois ou quatre qui l'appliquent de cette façon.

Votre Nobel a-t-il donné aux femmes un surcroît de force ?

Elles étaient des centaines à m'accueillir à l'aéroport après le Nobel ! Et les activistes ont vite fait d'y voir une reconnaissance de leur lutte et un soutien du reste du monde. En juin 2006, une manifestation de femmes contre les lois discriminatoires a été violemment réprimée. Cela a boosté une immense campagne – « Un million de signatures » – pour sensibiliser tout le pays à ces questions. Le pouvoir a alors pris peur et ordonné l'arrestation de dizaines de militantes pour « conspiration contre la sécurité nationale ». J'ai été l'avocate de plusieurs d'entre elles et j'ai détruit à l'audience ce chef d'accusation ridicule : « Pouvez-vous m'expliquer en quoi une femme qui n'accepte pas que son mari prenne une seconde épouse va conduire l'État d'Israël à attaquer l'Iran ? » Elles ont finalement été condamnées pour « atteinte à l'ordre public » mais au moins le débat sur le droit des femmes a-t-il pris une ampleur nationale. Tout a un prix, la prison s'il le faut. Un peuple qui ne veut pas payer le prix de la liberté est voué à supporter des despotes.

L'étau s'est peu à peu resserré sur vous. Menaces et harcèlement n'ont pas cessé après votre Nobel.

Ça avait commencé avant ! J'avais déjà fait trois semaines de prison, été mise sur écoute, et vu mon nom écrit noir sur blanc sur une liste de gens à assassiner. Mais plus ma voix a porté dans le monde, plus l'animosité du gouvernement à mon égard s'est accrue. Les menaces se sont accumulées. Affichées sur la porte de mon domicile : « Arrêtez de calomnier l'Iran ! Vous tuer est pour nous la chose la plus facile à faire. » Envoyées par courrier : « Si vous continuez, on s'occupera de vous et de votre fille Nargess. » Ou proférées par téléphone, en pleine nuit : « Attention ! On s'impatiente ! » La surveillance s'est intensifiée, les pressions se sont multipliées, mes collaborateurs ont été harcelés. Des agents venaient à mon cabinet m'avertir que mes critiques étaient récupérées par les ennemis du régime. Je répondais que je ne disais que la vérité ! En 2009, une centaine d'hommes ont attaqué mon bureau en criant : « À mort, la mercenaire de l'Amérique ! » Quand j'ai appelé la police, celle-ci s'est contentée d'observer. Et on a saisi la caméra d'un voisin qui avait filmé la scène. Ma fille et mon mari ont subi à leur tour des tracasseries. Mais je refusais de m'angoisser. Chacun est responsable de sa vie. Et moi, je faisais mon devoir.

Vous donniez une conférence à Majorque, en 2009, quand ont eu lieu les élections truquées par le clan Ahmadinejad. Qu'avez-vous ressenti lorsqu'on vous a conseillé de ne pas rentrer en Iran ?

Je bouillais, mais j'étais convaincue que ça ne durerait pas longtemps. Et ceux de mes confrères qui n'avaient pas encore été emprisonnés me demandaient d'aller aux Nations unies rapporter les faits. Puis la population s'est insurgée, confrères et amis ont été arrêtés. J'étais plus utile hors d'Iran.

Vint ce moment où votre mari vous avoue, au téléphone, qu'il vous a trompée et que, soumis à un chantage du régime, il a accepté de vous dénoncer comme agent de l'Amérique à la télévision iranienne...

Que vous dire ? Que j'étais en colère ? Mon mari était avant tout une victime, et ma colère était tournée contre le gouvernement iranien. Un gouvernement capable d'emprisonner une femme parce qu'en montrant ses cheveux elle met l'islam en péril, mais qui, dans le même temps, utilise les services d'une prostituée pour piéger un homme, filmer la scène, et l'obliger ensuite à dénoncer publiquement son épouse. C'est l'islam, ça ?

Votre prix Nobel a dynamité votre vie !

J'ai perdu mon métier, mon mari, tous mes biens. Le centre que j'avais créé a été vendu aux enchères. Et, à 69 ans, je me retrouve à Londres, dans un pays étranger avec une culture et une langue que je ne connais pas. Je passe dix mois par an à voyager dans le monde, j'habite dans les avions. Ma vie est démantelée. Mais je ne dévierai pas du chemin que j'ai choisi et je ne ressens pas de culpabilité à l'égard de mes proches. Ce n'est pas moi mais le gouvernement qui les a maltraités. Et ce n'est pas la faute du prix Nobel. L'une de mes meilleures amies et collaboratrice purge actuellement une peine de vingt-deux ans de prison et elle n'a jamais eu le Nobel !

Pas d'amertume ?

Je regarde devant et me concentre sur le travail qui

reste à faire. Ma colère sacrée me donne de l'énergie. Et j'ai beaucoup d'espoir car la société iranienne évolue. Sous la peau de la ville, pour reprendre le titre d'un film, il se passe bien des choses. J'avais l'impression d'être seule en 1980, or il y a aujourd'hui une foule de féministes en Iran. Et si l'on faisait un référendum, 90 % de la population voterait pour une démocratie laïque.

Votre fille est-elle prête à prendre la relève ?

Oui. Et ils ont raison de la craindre, car elle est encore plus active que moi.

Nicole Kidman

Sa peau diaphane et son sourire angélique cachent un tempérament ardent. Élevée en Australie mais vivant aujourd'hui à Nashville avec son mari musicien et ses deux petites filles, elle s'est imposée comme une actrice audacieuse auprès des plus grands metteurs en scène. Mais c'est aussi une femme engagée sur de nombreux terrains. Et le mot « féministe » est loin de lui faire peur.

Je ne serais pas arrivée là si...

Si je n'avais pas été élevée par une mère féministe. Elle fait partie de cette génération de femmes que la vie a contraintes à une foule de renoncements et qui n'ont pas eu la chance de s'accomplir pleinement. Elle avait rêvé d'être médecin, mais elle est devenue infirmière, faute de soutien et d'ouverture. Alors elle était résolue à ce que ses deux filles aient les chances qu'elle n'avait pas eues. En termes d'études, de choix de vie, de liberté. Elle me disait toujours : « N'accepte jamais moins que ce qui serait juste. » Elle a ainsi planté très tôt en moi cette petite graine qui me rend insupportable la différence de traitement entre les hommes et les femmes.

Cela suffit-il à orienter une vie ?

Plus que cela ! Cela fait partie de mes fondations. J'ai grandi sous le regard implacable d'une femme qui me disait : tu dois être intelligente, tu dois être instruite, tu dois toujours mettre la barre très haut et ne jamais te sous-estimer. Cela ne m'a pas empêchée de me débattre, comme tant de jeunes filles, contre une piètre estime de moi, une incapacité à sentir la force de ma voix, et même un souci de conformité lorsque j'étais petite. Mais j'étais imprégnée de ses convictions mille fois répétées. D'autant que mon père, un biochimiste devenu plus tard psychologue pour adolescents, était lui aussi féministe pour ses filles. C'est un mot dont il ne faut pas avoir honte ni peur.

Il effraie pourtant beaucoup d'actrices françaises !

Parce qu'on y met n'importe quoi ! Quand je téléphone à ma mère, en Australie, elle continue de s'insurger contre les injustices faites aux femmes. Et elle me conjure d'utiliser ma voix pour dénoncer. Ah, je vous assure qu'elle est brillante ! Elle remet tout en cause et c'est vraiment stimulant. Récemment, elle m'a suggéré que la meilleure des réponses, lorsqu'on vous lance avec une pointe de mépris : « Mais vous êtes féministe ! », c'est de définir le mot. De quoi s'agit-il ? De stricte égalité entre les sexes, voilà tout. Vous croyez en l'égalité des salaires ? Oui. En l'égalité des droits entre les hommes et les femmes ? Oui. En la nécessité d'une protection de la place des femmes en termes d'éducation et de chances ? Alors vous êtes féministe. Et il ne s'agit en aucune façon de détruire les hommes, quelle ineptie ! Il faut certes respecter les différences de culture. Mais il est un principe intangible, à la base de toute humanité, qui est l'égalité absolue de traitement entre tous les êtres humains.

Vous avez commencé à jouer la comédie à 13 ans. Mais j'imagine que vos parents rêvaient que vous fassiez des études...

Évidemment ! Ils étaient même très exigeants sur la question. Et ils écarquillaient les yeux devant ce mouton noir qui ne rêvait que de jouer la comédie. Je leur disais : « Je vous en supplie ! C'est dans mon sang ! J'aime jouer, raconter des histoires, être entourée de gens qui ne pensent qu'à ça ! » Alors ils ont testé ma motivation : « Tu veux jouer ? Alors donne-toi les moyens ! » Pas question de me conduire en voiture à mon cours de théâtre. J'avais à peine 11 ans et je me levais tôt le samedi matin pour prendre un bus, puis un train, puis un autre bus. Rien ne m'aurait arrêtée. Ça venait du plus profond de moi. Un immense feu intérieur. Il est encore là.

À quand remonte cette passion de la fiction et du jeu ?

Les enfants acteurs sont généralement extravertis, ce qui n'était pas du tout mon cas. Je n'étais pas « spectaculaire ». J'étais très intérieure. Je ressentais et vivais les choses plus que je ne les jouais. J'avais une sorte de maturité pour comprendre la psychologie de personnages qui auraient dû, à cet âge-là, être hors de ma portée. Mais j'avais lu tellement de romans ! Je m'engouffrais dans les personnages, nouais avec eux une relation intense.

On imagine davantage les petits Australiens à la plage ou sur les terrains de sport que reclus dans leur chambre !

Les autres enfants allaient à la plage. Mais le soleil brûle en Australie. Et ma peau était si blanche que ma mère m'empêchait de sortir. Je devais me planquer, désespérée de n'avoir pas la peau bronzée des autres, mais plongée dans les livres.

Et c'est dans ces livres que votre imagination s'est enflammée ?

J'y ai expérimenté tant d'émotions ! Le désir. L'envie. L'aspiration fiévreuse à quelque chose de fort. Être une personne différente. Être embrassée. Vivre à l'autre bout du monde. Cette sensation si intense résume une partie de mon enfance. Ma mère m'avait fait une liste des grands classiques, français, anglais, russes, et je rayais les noms au fil de mes lectures. Flaubert, Dostoïevski, Tolstoï... Puis je me suis cachée du soleil dans des studios et des théâtres. Dès 14 ans, j'ai eu mes premiers rôles professionnels.

Comment vous projetiez-vous dans l'avenir ?

Je n'arrivais pas à imaginer concrètement ce métier, c'était davantage sous forme de rêve. Être dans de grands films. Appartenir à un groupe de gens qui partageraient une ambition commune. Je recherchais des âmes sœurs. Et je le fais encore. Je quête la collaboration étroite avec un metteur en scène et une équipe. La complicité qui fait qu'on se soutient, qu'on s'observe grandir mutuellement, qu'on a des vies reliées les unes aux autres.

Qu'est-ce qui vous intéresse fondamentalement ?

L'exploration de la psyché humaine. Ses ombres, ses tourments, son extraordinaire complexité. Je déteste l'eau de rose ou ce qui paraît lisse et simple. Ce n'est pas ça, la vie ! Relisez *Guerre et Paix* ! On est tous traversés par des peurs et des émotions bien plus tortueuses qu'on ne veut le dire, mais que théâtre et cinéma peuvent mettre en lumière. Certains cinéastes sont les vrais philosophes des temps modernes. C'est cela qui m'intéresse : repousser les frontières, exposer tous les aspects de la nature humaine, et par là encourager le public à mieux comprendre la psychologie des autres, donc à avoir plus de compassion, et donc plus de tolérance. Cela nous relie les uns aux autres et rend le monde plus petit. La création de ce lien fait partie de mon travail.

Vous en parlez comme d'un engagement...

Mes parents étaient des gens profondément engagés et qui prenaient soin des autres. Ils avaient choisi leur métier à dessein. Et j'en ai pris de la graine. C'est une façon globale d'être au monde, et il n'y a rien qui me fasse plus plaisir que de m'occuper des gens. Adolescente, j'ai vu ma mère, et donc notre famille, passer par des moments terribles quand elle a affronté un cancer du sein, et cela m'a paru naturel, dès que j'ai pu, de m'engager à fond pour soutenir le travail d'un grand médecin, ami, qui dirige un département d'oncologie à l'université Stanford consacré aux femmes. Et puis ma mère, encore elle, a entendu parler, à la BBC, d'un formidable programme d'ONU-Femmes, au Cambodge, qui vient en aide aux femmes ayant fait l'objet de trafic. Ça a été le déclic. J'ai appelé cette organisation : « Qu'est-ce que je peux faire ? » Et voilà comment je me suis retrouvée ambassadrice de bonne volonté pour ONU-Femmes, voyageant au Kosovo ou en Haïti, visitant des refuges pour femmes battues aux États-Unis. J'ai rencontré des foules de gens, recueilli des confidences et constaté avec effarement ce que vivent les femmes à travers le monde. Il faudrait une prise de conscience mondiale, adopter des lois pour les protéger. Ne pas se taire surtout. Le silence est l'allié des agresseurs.

Vous êtes même allée devant le Congrès américain, en 2009, pour lancer un cri d'alarme sur ces violences faites aux femmes. Vous vous sentiez à votre place ?

Oui. Je trouvais que c'était un honneur qu'on me permette de défendre la cause de la moitié de l'humanité. J'ai aussi rencontré Ban Ki-moon. Il faut parler ! Parler sans relâche. Ces discriminations que subissent les femmes qui, dans tant de pays, n'ont pas droit à la parole, pas accès à la terre ni au crédit et subissent d'incroyables violences, sont révoltantes.

Ce soutien aux femmes se traduit-il aussi dans votre métier ?

Je m'en fais un devoir. On n'avancera que si les femmes soutiennent aussi les femmes. Et comme j'ai la chance, à 49 ans, d'être aussi productrice, j'essaie d'appuyer les réalisatrices et de donner des rôles aux femmes. Il me semble qu'en Europe vous en offrez bien davantage aux actrices de 40, 50 ou 60 ans. Ce n'est pas le cas aux États-Unis, et il faut prendre l'initiative de leur en écrire. Bien sûr qu'il faut s'engager !

En 2015, vous avez fait un triomphe en incarnant sur la scène d'un théâtre londonien la scientifique Rosalind Franklin dans la pièce **Photograph 51**. *Était-ce révélateur de votre démarche ?*

C'était l'occasion de mettre en avant une chercheuse extraordinaire, qui a joué un rôle essentiel dans la découverte de l'ADN sans en être créditée. Et c'était donc un hommage à toutes ces scientifiques, brimées dans un univers machiste, et dont les contributions massives sont restées dans l'ombre. Que cette pièce ait, de surcroît, été écrite par une jeune femme, talentueuse et peu connue, Anna Ziegler, ne pouvait que me plaire. Et j'étais en pensée avec ce père biochimiste qui me manque et que j'ai souvent vu derrière son microscope.

Comment vous voyez-vous d'ici vingt ou trente ans ?

Avec de longs cheveux blancs et un bouquet de petits-enfants. La satisfaction d'avoir été impliquée par un soutien financier dans l'éradication du cancer. Et la volonté de poursuivre mon travail avec ONU-Femmes. Sur ce sujet, vraiment, j'aimerais avoir apporté une vraie contribution.

Agnès b.

Elle a tant de passions qu'on peine à la définir. Disons styliste, en priorité, puisqu'elle aime ce mot et qu'elle a commencé par faire des vêtements et créer un style devenu celui de milliers de femmes qui fréquentent sa multitude de boutiques à travers le monde. Mais elle est aussi collectionneuse, galeriste, mécène, toujours prête à aider de jeunes artistes. Et pleinement engagée dans l'humanitaire.

Je ne serais pas arrivée là si...

Si je n'avais pas eu la nécessité de gagner ma vie à 21 ans, alors que j'étais toute jeune divorcée, avec deux bébés. Je me suis fiancée à Christian Bourgois à 16 ans, mariée à 17, j'ai eu des jumeaux à 19 et j'ai quitté leur père à 20. J'ai donc dû improviser, mes jumeaux sous le bras. Pas question de rentrer à Versailles, dans ma famille bourgeoise qui m'avait dit : « Débrouille-toi ! » Divorcer au bout de trois ans à peine n'était pas très bien vu. J'ai donc assumé, jonglant entre couches et biberons et m'habillant aux

Puces : bottes de cow-boys, jupons de grand-mère, vestes militaires... C'est cette allure très personnelle qui a attiré l'attention d'une rédactrice en chef mode du journal *Elle*. Elle m'a demandé de composer une panoplie de jeune fille en vacances. J'ai dessiné à l'aquarelle des fiches de vêtements modulables et interchangeables. Et j'ai été engagée. Comme c'est la création qui m'intéressait, je suis partie deux ans plus tard pour devenir styliste. J'aime bien ce mot.

La mode serait donc un hasard ? Quel était le rêve de vos quinze ans ?

Conservateur de musée. Je voulais me rapprocher de l'art, sans trop savoir comment. Et en bonne petite Versaillaise, je pensais faire l'École du Louvre. Ce n'est pas anodin d'avoir été élevée à Versailles. Je suis née à deux cents mètres du parc, puis j'ai habité près du Bassin de Neptune. C'était mon jardin. Mon terrain de rêve et d'exploration. Je voulais tout connaître des mystères du château. Je lisais Saint-Simon, La Palatine, tout me passionnait. J'y allais avec mon école, puis avec les Beaux-Arts, et quand ça n'allait pas, j'allais faire un tour de vélo, larmes aux vents, autour du grand canal. C'est un endroit qui m'apaisait. Je regardais les statues, j'y trouvais de la sérénité.

L'art, pour moi, était essentiel. D'ailleurs, dès que j'ai pu, j'ai collectionné des œuvres et au début des années 80, ouvert une galerie : *La galerie du Jour*. J'entrais dans ce milieu de l'art sur la pointe des pieds. Je voulais découvrir, aider les artistes et donner à voir. Et j'en ai eu un bonheur fou. Tous mes amis sont des artistes. Ils me parlent, ils se racontent, ils évoquent leur enfance. Toujours leur enfance. C'est l'humus du départ.

Et la vôtre ? Comment était cette enfance bourgeoise et versaillaise ?

C'est intéressant de relire sa vie. Et c'est fascinant de sentir qu'on reste celle qu'on était déjà toute petite. Je peux me remettre instantanément dans n'importe quel moment de mon existence, comme si je le vivais. J'ai une mémoire intacte des sentiments et des scènes. Une mémoire cinématographique. Je me vois par exemple à 12 ans, à Florence avec mon père, en train d'admirer les Botticelli alors que des rideaux blancs frémissent devant les fenêtres. Il m'avait emmenée en Italie pour découvrir l'art, j'étais curieuse, je voulais reconnaître les peintres sans regarder leurs noms.

Voyage initiatique avec toute la fratrie, vos deux sœurs et votre petit frère ?

Non. Nous étions partis à deux. Il disait que j'étais sa fille préférée, et ce qui est incroyable, c'est que c'était entendu dans la famille. Et parfaitement accepté. Mes sœurs ont été extraordinairement généreuses de le prendre si bien. En fait, il se reconnaissait en moi plus que dans les autres. Nous étions tellement pareils. Même caractère.

Quel caractère ?

Ses amis l'appelaient le PUMAP : pas une minute à perdre. Et il disait qu'il fallait toujours joindre l'agréable à l'utile. Comme moi. On s'entendait si bien ! Je l'ai quitté pour me marier à 17 ans et il est mort d'une crise cardiaque quand j'en avais 33. Ma première pensée, alors, a été : « J'avais encore tellement de choses à lui dire ! » Il me manquera toujours. Mais je lui parle de temps en temps. Il avait toujours le sourire. Il aimait rigoler comme j'aime rigoler. Il était mélomane et adorait l'art. Mais il était avocat de profession. Deux fois élu bâtonnier. Adoré.

L'avez-vous vu plaider ?

Non. Mais je l'ai vu chanter, car il appartenait à la chorale de l'Opéra de Paris et il m'a un jour cachée parmi les choristes pour que j'aie le privilège de voir le chef d'orchestre de face. C'était la 9ᵉ symphonie de Beethoven au Palais de Chaillot. Et c'était fabuleux de vivre ça, planquée entre ces hommes en noir et ces femmes en jupes longues. Beethoven, vu de l'intérieur du chœur... C'est beau, non, comme idée ? Une autre fois, il m'a emmenée voir la *Rhapsody in Blue* à Monte Carlo, dirigée par Gershwin. Ce sont des choses importantes, qui m'ont vraiment marquée. C'est d'ailleurs avec ce souvenir que j'ai produit un beau film de Douglas Gordon, dans lequel il filme de face un chef d'orchestre sur le visage duquel passent toutes les émotions, tandis que les musiciens jouent la musique de *Vertigo* écrite par Herrmann.

Vous parlait-il de son métier et de ses tourments d'avocat ?

Un jour, je devais avoir 8 ans, il est venu s'agenouiller contre mon lit, vers 6 heures du matin. « Mon agneau, il n'y a qu'à toi que je puisse dire ça. Je viens d'assister à l'exécution de mon client. » C'était bien avant l'abolition de la peine de mort, son client avait été guillotiné sous ses yeux à 5 heures, il était rentré à la maison et il me réveillait pour me dire ça. C'est vous dire comme il avait confiance en moi.

Avez-vous posé des questions ?

Non ! Il était écroulé au pied de mon lit. Et je me suis pris le truc en pleine figure. Je ne l'ai dit ni à mes frère et sœurs, ni à personne, et nous n'en avons plus reparlé. Mais ça m'a travaillée. C'est fou qu'il ait fait ça. Sans doute fallait-il absolument qu'il se confie à quelqu'un.

Pourquoi pas à votre mère ?

Hors de question. Ça n'allait pas entre eux. Ils avaient eu quatre enfants en cinq ans, mais après, je ne les ai jamais vus dans le même lit. Leurs vies personnelles ont divergé, chacun a eu ses histoires… Ils ne sont restés ensemble que pour nous, les enfants, ce qui n'est pas forcément une bonne idée car c'est terrible à vivre, les engueulades des parents. Mais ils ont fait de leur mieux, liés par l'amour de l'art, de la musique, et la volonté de nous donner la meilleure éducation possible.

Vous n'aviez pas, avec votre mère, la même complicité que celle qui vous liait à votre père ?

Oh non ! Aucune complicité avec maman. Quand

j'ai eu 4 ans, elle a d'ailleurs exigé qu'on la vouvoie. Elle trouvait ça plus chic, elle qui était belle, très bien habillée, beaucoup dans l'apparence. Mon père s'est récrié : « Qu'est-ce que c'est que ces conneries ? Moi, vous allez me tutoyer, mes enfants chéris ! » J'ai donc vouvoyé ma mère toute ma vie et je n'ai jamais pu lui dire quelque chose de personnel. J'étais très timide et elle était d'une sévérité et d'une pudeur infernales. Un jour, elle nous emmène, ma grande sœur et moi, sur les Champs-Élysées pour voir *Les Belles de nuit* de René Clair. Quand soudain, surgit le premier baiser sur la bouche entre Gina Lollobrigida et Gérard Philipe. Ma mère se lève d'un bond et nous dit : « Je ne veux pas que vous me voyiez voir ce film. » Je suis estomaquée : ce n'est pas tant le baiser qui lui est insupportable que le fait qu'on la voit, elle, le regarder ! Alors on est sorties. Cette peur panique de l'intimité...

Aucun dialogue ?

Non. J'ai vécu toute mon enfance dans le non-dit et les faux-semblants. On ne pose pas de questions, disait ma mère, fille de général, élevée dans la sévérité de la Légion d'honneur. Et je crois que le poids de cette éducation fait qu'aujourd'hui encore, j'ai du mal à poser des questions. J'essayais toujours d'arranger les choses avec maman, je quêtais l'harmonie. Mais elle sentait en moi quelque chose de rebelle. « Mon agneau n'en fera jamais qu'à sa tête », disait-elle.

À 17 ans, donc, vous vous mariez. Comme une fuite un peu précipitée.

J'étais gamine. Et si naïve. Je croyais que c'était simple : ils se marièrent et eurent beaucoup d'enfants. Mais ce n'était pas comme ça. D'autant qu'un homme, un oncle, m'avait pris mon adolescence. À 11 ans, j'avais des seins, de longs cheveux blonds ; une nymphette, comme c'était la mode. Or on est une proie quand on est une nymphette. Une proie que ma mère n'a pas su protéger, aveuglée ou flattée qu'un bel homme de 45 ans vienne tous les soirs voir sa fille. Il était cultivé, fascinant, plein d'attention. Il me faisait lire, m'habillait d'une autre manière. Mais ses attouchements me révulsaient et quand une autre grande personne a entrepris la même chose, je me suis dit que les adultes étaient décidément d'une grande hypocrisie et je me suis promis de n'en être jamais une.

Quelles conséquences sur votre vie ?

Cela a changé pour toujours mes relations avec les hommes. Je ne supporte pas les hommes mûrs qui m'approchent. Je ne peux pas envisager une relation physique avec eux. Je n'ai pas fait d'analyse, mais il y a douze ans, j'ai écrit en deux jours une histoire d'inceste destinée à devenir un film. J'ai mis un temps fou à pouvoir le tourner. Ce mot fait peur. Mais je l'ai fait dix ans plus tard, écrit, filmé, monté : *Je m'appelle Hmmm...* Comme un exorcisme. Et il a été projeté à la Mostra de Venise. Ce n'était pas exactement mon histoire, j'avais tout transposé. Je peux juste garantir que je sais de quoi ça parle.

À quand datez-vous l'éveil de votre conscience politique ?
À la guerre d'Algérie. Là, j'ai compris de quel côté je me plaçais. Une fille de ma classe de terminale était revenue à l'école habillée de noir, et enceinte. Son jeune mari venait d'être tué en Algérie. Ce fut un électrochoc. J'ai voulu m'informer, comprendre. Plus tard, un de mes copains, appelé lui aussi, a déserté quand on lui a demandé de torturer. J'étais alors fiancée à Christian Bourgois, qui avait dix ans de plus que moi et qui évoluait dans un milieu d'intellectuels de gauche, proche du PSU, tout le contraire de celui de mes parents. Quand j'entendais ma mère dire : « Ma pauvre fille, tu es enjuivée jusqu'au cou ! » parce que j'avais deux copains juifs, ça me rendait folle. J'ai commencé à lire quotidiennement *Le Monde*. Quand j'attendais Christian au Flore, j'apercevais Sartre et Simone de Beauvoir. Et en tant que jeune épouse, j'ai dîné avec des gens comme Jean-François Revel, Simon Nora, André Breton, Giacometti. Je ne disais pas un mot, mais je ne perdais pas une miette. Et très spontanément, j'ai choisi mon camp pour toujours. Je suis de gauche. Et bien sûr féministe.

Et plus tard est advenu Mai 68...
J'étais dans la rue évidemment. Et c'était magnifique. Paris était un terrain de jeux et on portait des petits foulards contre les grenades lacrymo. Affolée, ma mère voulait qu'on vienne se réfugier à Jouy-en-Josas. Mais je répondais : « On va très bien. On est ravis ! » Ce n'était pas une révolution d'enfants gâtés. Dans le mouvement du 22 mars, qui a tout déclen-

ché, il y avait une vraie pensée, une idéologie visant à transformer la société de consommation, la rendre plus généreuse, plus partageuse, plus juste. Et mine de rien, les accords de Grenelle sont des acquis dont on profite encore. Rien à voir avec l'éphémère Nuit Debout.

Mais la mode ? Cet univers qui incite à acheter toujours plus, cher, vite, et pour très peu de temps...

Je n'aime pas la mode. J'aime les gens et les vêtements, c'est différent. Et j'ai toujours voulu faire des vêtements pérennes, hors mode, qui fassent plaisir aux gens et qu'on puisse garder vingt ans. Je recherche le confort, l'harmonie, les choses qui s'accordent aisément et permettent de composer une myriade de tenues. C'est contre la société de consommation, ce que je fais. Je n'ai d'ailleurs jamais voulu faire de publicité. Je suis contre, ce qui n'est pas simple d'ailleurs, car les journaux sont de plus en plus influencés par les annonceurs. Et je me fiche de ce que font les autres créateurs. Mon boulot n'est pas de suivre les tendances du moment, mais de les créer. Je dessine moi-même tout ce que je signe. Quitte à être reprise et copiée. Je gagne de l'argent, oui. Mais je suis heureuse de le partager, de soutenir des causes, d'aider des artistes en achetant leurs œuvres et en épaulant leurs projets.

Vous aimez la politique ?

J'adore la politique. À 75 ans, j'ai une grande famille, cinq enfants, seize petits-enfants, quatre arrière-petits-enfants ; je m'intéresse donc au monde dans lequel je vais les laisser. Et je m'inquiète. Beaucoup de jeunes, sans culture historique, sans espoir de lutte collective, sans idéal, sont tentés par Marine Le Pen...

Je vous ai entendue dire que lorsqu'on avait la foi...
Oui, j'ai la foi.

... il était impossible de voter extrême droite.
Cela me paraît une évidence ! Le message chrétien n'est-il pas « aimez-vous les uns les autres » ? Avoir la foi et être de gauche est donc absolument cohérent. Cela va avec le partage, l'accueil de l'autre, l'acceptation du migrant... Cela m'a toujours parlé, même petite fille. J'allais à la messe avant d'aller à l'école. Et parmi les quatre évangélistes, j'avais choisi saint Jean, parce qu'il racontait les choses simplement, comme un reporter. Ah, la métaphore des Noces de Cana ! C'est trop beau ! Et trop drôle ! Et la douleur de cette mère qui voit son fils sur la croix... Je ne suis pas du tout grenouille de bénitier et je ne vais pas forcément à la messe. Mais ça ne m'empêche pas de prier n'importe où, de remercier, de demander. J'ai mes amis du ciel. Ça aide énormément. Ne serait-ce que par rapport à l'idée de la mort. Je la crains comme tout le monde. Mais quand on a la foi, on sait qu'on a une vie après la mort.

Aucun doute ?
Aucun. C'est étrange, moi qui aime tant le doute

dans la vie. Mais sur ce sujet, je n'ai que tranquille certitude. Je crois à l'âme. Et je sais que je reverrai les gens que j'aime. Et qu'ils me protègent. Je leur parle. Même à sainte Agnès, dont je suis allée voir la stèle dans les catacombes de Rome. Cette toute jeune fille tourmentée par un homme plus âgé et qu'on a voulu faire manger par des lions. Mais voilà qu'ils se sont couchés à ses pieds. Alors on a voulu la brûler. Mais les flammes se sont rabattues sur la foule. Et on lui a finalement coupé la tête. Son histoire a fait écho en moi, sans doute à cause de mon oncle.

Et ce pape, à Rome ?

Ah je l'adore ! Il a pris son nom de saint François d'Assise, ce qui me touche. Il vient d'Amérique du Sud, il sait ce que c'est que la vie, et il essaie de faire le ménage dans le grand cirque du Vatican. L'homosexualité, l'avortement, les migrants… Il avance. Moi, j'attends qu'il me laisse communier. Je n'ai pas pu le faire depuis que j'ai divorcé. Et cela me fait pleurer quand je vois les autres aller communier à la messe.

Optimiste ?

Foncièrement. Comme mon père. Ma mère disait en levant les bras au ciel : « Oh vous, avec votre optimisme ! » Je crois que c'est le goût de la vie qu'il faut transmettre aux enfants. L'idée d'être curieux et d'essayer de comprendre les choses, de les relier. L'attention à porter au choix de leur entourage, et des gens qui peuvent les faire avancer. L'importance du partage bien sûr. La liberté aussi. Mais en les protégeant.

Eve Ensler

Sa pièce Les Monologues du vagin *est devenue un texte culte du mouvement féministe et l'une des pièces contemporaines les plus jouées dans le monde. Mais Eve Ensler, 63 ans et l'âme militante, a surtout mis son texte au service d'un vaste mouvement de lutte contre les violences faites aux femmes. Loin de briser son élan, l'épreuve de son cancer lui a même donné un second souffle. C'est ce qu'elle me confie à l'été 2016, assise sur ses pieds nus, dans son joli appartement de New York.*

Je ne serais pas arrivée là si...

Si je n'avais pas grandi dans les années 1960 et si mon esprit et ma compréhension politique du monde n'avaient pas été modelés dans ce qui fut, aux États-Unis, une époque incroyablement révolutionnaire.

Révolutionnaire ?

Imaginez ! J'ai grandi au cœur du mouvement pour les droits civiques, au cœur du mouvement contre la guerre au Vietnam, au cœur du mouvement des femmes. À une époque où tout était possible. Les horizons s'ouvraient. Malcolm X, Martin Luther King ou l'écrivain James Baldwin nous galvanisaient dans la lutte contre l'oppression des Noirs. Les grandes marches contre la guerre au Vietnam auxquelles je participais, dès mes 16 ans, prouvaient que le peuple pouvait stopper une guerre. Quant au mouvement féministe, il m'a fait comprendre que j'avais le pouvoir de changer mon destin. On découvrait aussi une incroyable liberté sexuelle et les drogues permettant d'accéder à une autre conscience. C'était une période fascinante qui m'a fondée, structurée, et inculqué la plupart de mes valeurs politiques. Je n'ai pas compris quand les mouvements se sont disloqués, et que la plupart des gens sont retournés à leur vie, laissant le néocapitalisme dessiner un avenir terrifiant pour la planète, et le racisme, l'homophobie et la haine des femmes exploser. Moi, j'ai gardé de ces années une foi intacte dans les mouvements populaires, les seuls capables d'impulser de gigantesques changements.

Et de vous permettre de transcender une histoire familiale douloureuse, dans laquelle les viols, les coups, les humiliations que vous a infligés votre père auraient dû vous détruire ?

J'ai grandi dans la tristesse, la colère et la rage. J'ai grandi totalement distanciée d'un corps dans lequel mon père s'était introduit et dont j'ai pris congé. Cette histoire aurait pu m'anéantir, en effet, si les mouvements politiques dont je vous parle ne m'avaient pas permis de replacer mon désespoir personnel dans une histoire beaucoup plus large. Si les débats d'idées, les conférences, les marches solidaires ne m'avaient fait comprendre que je n'étais pas seule, que le combat d'une femme était celui de toutes les femmes et que le «personnel» est aussi «politique». C'est à ce bouillonnement des années 1960 que je dois d'avoir acquis le langage et les outils intellectuels pour connecter mon histoire au système patriarcal dans lequel mon père avait le droit d'être un tyran. Ce n'est qu'à ce moment-là que j'ai pu commencer à poser des mots sur cette expérience. Et à me libérer.

L'écriture des* Monologues du vagin, *en 1996, a dû constituer une étape majeure de ce processus de libération...

Quelle histoire ! En entendant un jour une vieille féministe parler de son vagin en termes méprisants – « il est sec et mort », disait-elle –, j'ai été très choquée. Et j'ai commencé à interroger des femmes sur leur corps, et en particulier sur cet organe dont on prononce rarement le nom, mais qui est à la fois moteur, centre de gravité, force de vie. Probablement un deuxième cœur. La simple question « Que pensez-vous de votre vagin ? » a alors ouvert la boîte de Pandore. Des femmes de toutes sortes m'ont parlé : des jeunes, des vieilles, des mariées, des lesbiennes, des profs, des prostituées, des Blanches, des Noires, des musulmanes, des juives, des chrétiennes. Plus de deux cents femmes, timides au départ, mais dont je ne pouvais plus ensuite arrêter le flot de paroles.

La pièce que vous en avez tirée est produite dans 150 pays, traduite en une cinquantaine de langues. Meryl Streep, Susan Sarandon, Glenn Close, Whoopi Goldberg et tant d'actrices célèbres ont voulu la jouer. Que s'est-il donc passé ?

Du jour où j'ai joué la pièce sur scène, le phénomène s'est répandu comme une boule de feu sur tous les continents. Aujourd'hui encore, j'ai du mal à réaliser. Mais j'ai compris que lorsque vous parlez vrai – OK, cela exige du courage et de prendre une longue respiration –, le propos trouve un écho et les gens s'en emparent. J'ai pris des avions, des trains, des bateaux, des Jeeps, pour accompagner la pièce autour du monde. Je l'ai vu jouée par des députées du Parlement européen et dans une grande banque d'affaires de Londres ; dans un théâtre de Peshawar par des femmes pakistanaises et afghanes, à Kinshasa, devant les membres du gouvernement du Congo, au Kenya, en Bosnie et en Inde. Des femmes ont été arrêtées à Istanbul après avoir joué ce texte. D'autres ont risqué leur vie. Constater leur courage, leur désir de liberté, leur volonté d'entamer une conversation sur ce que vivent vraiment les femmes a été le fait le plus fascinant de toute cette expérience.

En quoi la pièce a-t-elle bouleversé votre vie ?

Eh bien, chaque soir après le spectacle, les femmes m'attendaient en file indienne pour me raconter leur propre histoire. Et ce que j'ai entendu alors était proprement effroyable. Des récits de femmes violées par leur mari, flagellées dans leur burqa, brûlées à l'acide dans leur cuisine, laissées pour mortes sur des parkings. De récits hallucinants recueillis à Jalalabad, à Sarajevo, à Port-au-Prince ou dans l'Alabama. J'ai parcouru des camps de réfugiés, me suis posée dans des cours d'immeuble et des chambres obscures, où les femmes murmuraient leurs histoires en me montrant des traces de fouet, des visages fondus, des brûlures de cigarettes et des lacérations. J'ai perçu des douleurs innommables. Et toutes ces confidences générées par la pièce, ont fini par me pousser à me consacrer entièrement aux violences faites aux femmes. Je ne pouvais plus me contenter de faire circuler mes *Monologues* sachant qu'un milliard de femmes sur la planète – une sur trois – sont battues ou violées au cours de leur vie. Un processus irréversible était enclenché.

Que peut faire une dramaturge pour s'attaquer à un problème si vaste ?

C'est la question que se sont posée des femmes réunies dans mon salon un jour de 1998. Comment nous servir des *Monologues* pour faire avancer les choses ? Nous avons alors sollicité des actrices connues pour jouer la pièce lors d'une grande soirée à New York et lever ainsi des fonds destinés à des refuges et à des lignes téléphoniques d'urgence. L'événement nous a dépassées. Plus de 2 500 personnes ont envahi le théâtre. Et ce fut le lancement du VDay, un mouvement mondial qui va fêter ses 20 ans. Il se sert de la pièce pour impulser des événements sur ce thème de la violence contre les femmes, et a généré, dans près de 140 pays, plus de 100 millions de dollars.

Combien de personnes avez-vous touchées ?
Plus de 300 millions ! Nous avons lancé des campagnes de sensibilisation en Afghanistan, ouvert de premiers refuges en Égypte et en Irak, aidé des organisations locales dans le Maghreb et le Proche-Orient, soutenu des mouvements antiviol en Inde... Des milliers d'événements ont lieu chaque année. Sans compter cet autre mouvement de résistance appelé One Billion Rising qui, depuis cinq ans, au nom de ce milliard de femmes violentées, appelle à utiliser la danse pour investir les espaces publics et porter haut leurs protestations, de Hongkong à Nairobi, de Mexico au Swaziland.

C'est le Congo qui vous a arraché le cœur...
J'avais déjà visité beaucoup de zones de guerre, mais le Congo... De 6 à 8 millions de morts et des centaines de milliers de femmes systématiquement violées. Et avec une barbarie indicible ! La destruction des filles érigée comme tactique militaro-industrielle pour s'assurer des ressources minières utilisées notamment dans nos iPhone. C'était comme la fin de l'humanité. Et ce fut là encore un tournant de ma vie. Parce que dans ce territoire dénué de structures, presque sans électricité, les femmes elles-mêmes ont imaginé un lieu pour reprendre des forces, se soutenir mutuellement, et rebondir. Un lieu qui s'appellerait la Cité de la joie. Mon équipe a décidé de les aider, et j'y

ai mis toutes mes forces jusqu'à ce qu'on me découvre une énorme tumeur à l'utérus.

Un cancer redoutable, qui lui aussi aurait pu vous achever, mais qui, dites-vous, vous a sauvée ?

Je n'ai aucune envie de romancer cette expérience. Ce fut une souffrance terrible. Et le fait que le cancer se manifeste à cet endroit me donnait le sentiment que mon corps avait sculpté cette tumeur pendant des années, et qu'elle n'était qu'une pelote constituée de fragments de douleur, de larmes, de souvenirs, et d'histoires horribles de toutes ces femmes. Il n'empêche qu'il s'est révélé être une expérience lumineuse. Et je ne serais donc pas arrivée là, s'il n'y avait eu aussi ce cancer, qui m'est tombé dessus à 57 ans. Il m'a obligée à réintégrer pleinement ce corps si longtemps laissé pour compte, à considérer la chimio comme une arme de guerre contre mon père, contre les violeurs, contre les criminels, et à m'élever à un autre niveau de conscience.

Que faire alors du second souffle ? De la nouvelle vie ?

Tant de choses sont arrivées ! J'ai écrit un livre, des pièces, des articles. J'ai toujours une joie sans nom quand je rencontre, à la Cité de la joie, des femmes qui deviennent agents de changement et leaders.

Ce monde est miné par les fondamentalistes de toutes sortes, les tyrans, les fascistes, les populistes. Il ne va pas bien. Alors, nous avons un rôle de vigie, nous, les survivantes, qui savons transformer notre douleur en pouvoir, notre haine de nous-même en action, et notre lucidité en résistance. Oui, je vous assure que si cette planète déglinguée parvient à survivre, c'est grâce à toutes ces femmes que leur expérience de la souffrance rend formidablement tenaces et autorise à être révolutionnaires.

Anne Hidalgo

Quand je rencontre Anne Hidalgo, en janvier 2016, dans son vaste bureau de la Mairie de Paris (155 mètres carrés, le plus vaste, dit-on, de la République), la première femme à la tête de la capitale française est encore dans l'émotion des attentats qui ont endeuillé Paris l'année 2015. Elle n'en est que plus « cash », campée sur ses certitudes, et forte de cette confiance en elle-même qui subjugue ses partisans et exaspère ses détracteurs.

Je ne serais pas arrivée là si...

Si mes parents, fuyant l'Espagne franquiste, n'avaient pas immigré en France avec la conviction que l'avenir de leurs deux filles passerait par l'éducation et que tout leur serait un jour possible. À condition de travailler bien sûr. Là-dessus, on ne transigeait pas. Pour mon père, fils d'un républicain espagnol qui s'était réfugié en France pendant la guerre d'Espagne, ce pays avait une dimension mythique : c'était la patrie de Victor Hugo et le pays de l'éducation par excellence. Il avait dû quitter l'école très tôt et travaillait dans les chantiers navals de Cadix. Ma mère était couturière. La vie en Espagne était extrêmement dure. Ils sont venus en France portés par un idéal et le rêve d'une parfaite intégration. La famille n'avait pas beaucoup de moyens, c'était même souvent la dèche, mais c'était joyeux, aimant, et surtout plein d'espoir : « Tout ce que tu voudras faire, tu pourras le faire, si tu t'en donnes les moyens. » Tout est parti de là.

Ça donne des ailes !

Oui. Et j'ai toujours avancé dans la vie très librement. Pas question d'être condamnée à une étiquette ou enfermée dans une case. Une façon intuitive de lutter contre les déterminismes que je pressentais. J'ai toujours été convaincue que je ferais ce que j'aurais envie de faire.

Et aviez-vous très jeune un grand rêve ?

Plein ! D'abord des rêves d'aventures. Car mon père me racontait les voyages qu'il avait faits très jeune, engagé sur des pétroliers de la marine marchande espagnole. J'ai passé des heures à tourner les pages d'un vieil atlas des années 1930 et à rêver sur les cartes du monde. Et j'ai voulu être chanteuse, danseuse, bergère. J'avais de grandes fulgurances et je ne doutais pas un instant que tout serait possible. Quand on n'a rien, à part une base familiale heureuse, l'horizon est infini.

À quel moment se décide l'engagement politique ?

Mon histoire familiale m'a donné l'impression

d'être engagée depuis toujours : mon grand-père était combattant antifranquiste, mon père syndicaliste, profondément de gauche. Mais mon engagement à moi, ce fut dans l'univers du travail. Car dans mon milieu ouvrier, les adultes – parents, oncles, amis – ne parlaient que de ça : leur travail et ce qui se passait autour. Et cela me passionnait. Alors en fac de droit, j'ai très vite opté pour le droit du travail. Puis l'inspection du travail, qui est un corps très sélectif, et que j'ai intégré jeune. Avec la soif d'être utile. Ce secteur m'a passionnée en tant que militante syndicaliste et membre d'une association de juristes du travail très active. Aucune envie, alors, de prendre une carte au Parti socialiste !

C'est pourtant ce que vous faites en 1994.

Oui, après les législatives catastrophiques de 1993. Je me suis dit : c'est trop facile d'être critique quand on n'a pas les mains dans le cambouis. Vas-y ! Mouille le maillot ! Je n'avais pas la moindre velléité de carrière politique, ce sont les questions sociales qui m'intéressaient. Mais les événements se sont enchaînés après la victoire de Lionel Jospin en 1997. Je suis entrée au cabinet de Martine Aubry, ai fait partie des commissions nationales sur l'emploi, sur les femmes, etc. Et puis la loi sur la parité m'a poussée à m'intéresser aux municipales. J'ai été désignée tête de liste dans le XVe arrondissement et Bertrand Delanoë, élu en 2001, a fait de moi sa première adjointe. Voilà. J'étais loin de penser à lui succéder ! Au contraire !

Au contraire ?

Entre 2001 et 2004, je me suis demandé tous les matins : mais qu'est-ce que tu fous là ? Pourquoi est-ce que tu t'embêtes avec ces batailles d'appareil, ces rivalités personnelles, ce machisme insupportable ? Si c'est ça la politique, franchement, cela se fera sans moi ! Car j'avais beau avoir vingt ans de vie professionnelle dans les pattes et acquis dans mon métier une vraie légitimité, certains qui attendaient leur tour depuis longtemps me voyaient comme un ovni et prétendaient que je « n'existais » pas ! Le grand mot en politique. Et puis Bertrand m'a demandé de réfléchir. « Une femme à la mairie de Paris, ce peut être un sacré challenge politique ! Ton destin, c'est Paris. » En effet… J'ai travaillé et j'ai construit.

Votre première épreuve marquante, en tant que maire de Paris, a sans doute été l'attentat contre **Charlie Hebdo**. *Quels souvenirs gardez-vous de ce terrible 7 janvier 2015 ?*

Les douilles sur le sol et la gravité des regards lorsque j'arrive au pied de l'immeuble de *Charlie* sans connaître encore les détails de ce qui s'est passé. Le visage marqué du procureur François Molins qui sort du bâtiment. Les larmes de Patrick Pelloux qui s'accroche à François Hollande en disant : « Charb est mort ! » Et puis ce théâtre dont on ouvre les portes pour accueillir familles et survivants et où je me rends compte, en voyant arriver Véronique Cabut, que c'est tout un monde qui s'est écroulé. Très vite, il me faudra réunir les présidents de tous les groupes politiques car je veux que l'on s'exprime sans clivage partisan, au nom des élus parisiens, et qu'on trouve les mots justes pour parler de notre ville. C'est fondamental.

Ne ressentez-vous pas le vertige du défi personnel ? « J'ai voulu ce poste, je dois être à la hauteur, c'est mon heure de vérité ? »

Ce n'est pas mon heure de vérité, il ne s'agit pas de moi à cet instant. Ce type de pensée ne m'encombre pas. Je suis à 100 % dans mon rôle de Maire de Paris et je reste à ma place, il y a tant à faire. Y compris devant l'HyperCacher, alors que la tension est à son comble, que les familles des otages s'agglutinent et qu'on attend l'assaut. Se soucier des écoles alentour ; aller dans la crèche à côté rassurer la directrice et les enfants ; faire le go-between avec la Préfecture ; calmer les personnalités qui arrivent ; appeler BFM en disant : arrêtez tout de suite les caméras ou je ne vous lâcherai pas s'il y a des morts liés au fait que le terroriste voit vos images en direct. Etc. Etc. Ce n'est vraiment pas le moment de se poser des questions existentielles ! Une ville, c'est un organisme vivant, sensible. Et quand vous en êtes la maire, que vous la ressentez au plus profond de vous-même, alors il faut faire confiance à vos intuitions.

Le 13 novembre, dix mois plus tard, Paris replonge dans un cauchemar.

Quand j'arrive près du Bataclan vers 22 h 45, l'assaut n'a pas été donné mais on sait qu'il y a déjà des dizaines de morts. Des personnes parviennent à s'échapper, en sang, hagardes. La zone n'est pas sécurisée, les secours n'ont pas encore l'accès, alors ce sont les policiers et les pompiers qui évacuent des morts et des blessés sur des barrières Vauban et des palissades de chantier. Des porches d'immeubles sont ouverts où l'on entrepose des corps. Je vois des gens qui meurent. J'appelle Patrick Pelloux au Samu pour lui demander d'envoyer plus d'ambulances. Puis, il y a un mouvement de panique. Un terroriste est peut-être sur le toit. Il faut évacuer la rue et l'on part en courant se réfugier sous un porche. Tout le monde pleure autour, c'est une horreur. Et je vois dans cette jeunesse la tête de nos gamins...

Y a-t-il un moment où vous vous sentez submergée ?

On ne peut pas donner cette victoire à ceux qui ont voulu nous tuer. Il faut prendre sur soi, ravaler ses larmes, être totalement dans le moment pour prendre les décisions qui s'imposent. Faire passer le message sur tous les panneaux de la ville de rester chez soi. Et puis, plus tard, une fois décrété l'État d'urgence, annoncer que demain, toutes les écoles et les équipements publics seront fermés. Il faut organiser des lieux appropriés pour les cellules psychologiques, à l'Hôtel-Dieu et à la mairie du XIe. Appeler la RATP pour prévoir des bus dans la nuit. Contacter des compagnies de taxis. Convoquer une réunion de crise pour le lendemain...

À quelle heure êtes-vous rentrée chez vous ?

Vers 5 heures. Et je n'ai pas pu dormir.

Vous faites partie de ce que les psychiatres appellent les « impliqués », ceux qui ont vécu de très près cet événement traumatisant. Avez-vous ressenti un besoin d'aide ?

Je ne l'ai pas sollicitée. J'aurais pu. Car il y a eu des scènes très marquantes et je ne pourrai plus jamais voir ces lieux comme je les voyais avant. Impossible.

Y a-t-il des choses que l'on apprend sur soi-même lorsqu'on est confronté à un événement d'une telle violence ?

Ça vous fait forcément grandir. Et puis cette confrontation si soudaine, si violente, avec la mort vous oblige à certains ajustements. Elle me donne en tout cas envie, dans ma fonction de maire, d'aller à l'essentiel, de ne pas me perdre devant ce qui n'est qu'artifice ou posture. La fragilité de la vie – et de la ville – vous saute à la figure. Tout peut basculer d'un instant à l'autre. Alors, il faut faire les choses avec profondeur, justesse, authenticité. Jamais par calcul, facilité ou démagogie. Je suis plutôt cash d'habitude. Eh bien ça m'a poussée à l'être davantage. Et à me donner des libertés supplémentaires pour poser un regard lucide sur les choses. La politique nationale m'en est devenue encore plus insupportable. Avec ses élites qui sortent du même moule et ses écoles de marketing politique qui sacralisent le sondage. Il est plus que temps de renouveler la classe politique !

« Deviens ce que tu es »... L'exercice du pouvoir vous a-t-il « révélée » et donné davantage d'assurance ?

Non. J'ai appris, bien sûr. Mais j'ai confiance en moi depuis toujours. Je ne me suis jamais vécue comme quelqu'un de fragile. Maintenant moins que jamais.

Cecilia Bartoli

Elle a peu de temps – quelques heures à Paris – entre deux trains, deux concerts, deux séances de travail. Mais elle est si intense, si présente, si généreuse que la conversation avec la mezzo-soprano italienne, star de la scène lyrique mondiale, va vite à l'essentiel. Elle plante ses prunelles ardentes dans les vôtres, et se raconte avec la simplicité et la volubilité d'une jeune femme italienne débarrassée des atours de la diva.

Je ne serais pas arrivée là si…

Si maman n'avait pas eu l'idée lumineuse de m'inviter à faire des vocalises, un dimanche après-midi où il pleuvait tristement sur Rome. J'étais très jeune, peut-être 13 ou 14 ans, et elle a présenté cela comme un jeu. « Allez viens, Cecilia, on va essayer un truc marrant ! » J'ai dit : « Non non, je n'ai pas envie ! » Mais elle s'est mise joyeusement au piano : « Viens donc ! Juste pour rigoler ! » J'ai traîné des pieds : « C'est votre boulot à toi et papa ; mais ce ne sera pas le mien. » Elle a ri : « Allez ! Viens à côté de moi ! Tu n'as rien d'autre à faire. Il pleut, tu ne vas pas sortir avec tes copines, alors amusons-nous toutes les deux. » Et voilà ! Elle a réussi à m'attirer à son piano. À me faire essayer une note, puis une autre, puis une autre. Je ne serais donc pas arrivée là… s'il avait fait beau ce dimanche-là.

Votre maman aurait attendu l'hiver. Car elle savait très bien ce qu'elle faisait !

C'est vrai. Elle a rusé ! Avec une intelligence et une habileté redoutables. Il était clair depuis le début que j'avais de l'oreille. Mais elle était désormais convaincue que j'avais aussi une voix. Restait à me la faire découvrir. Sans me braquer ! Car je ne rêvais nullement de faire de l'art lyrique. Et mes deux parents, tous les deux chanteurs d'opéra, respectaient trop la personnalité de leurs trois enfants pour leur imposer quoi que ce soit. Tout juste nous avaient-ils incités, très jeunes, à étudier chacun un instrument. Moi, j'avais choisi la trompette, avant de prendre des cours de piano. Et puis voilà que j'ai eu un coup de foudre pour le flamenco. J'ai même rêvé de devenir une grande danseuse. Vous voyez, l'avenir n'était pas dessiné ! J'étais comme le chérubin des *Noces de Figaro* qui papillonne et tournoie, attiré par mille choses.

Mais la musique avait imprégné votre enfance.

C'était mon univers. J'ai grandi avec ça. À 4 ans, je jouais dans les décors d'*Aïda* pendant que mes parents chantaient un peu plus loin sur la scène. Il y avait des pyramides en polystyrène, des palmiers en carton et de vrais éléphants. Tout me paraissait fantastique. À

6 ans, j'avais déjà vu plusieurs spectacles magnifiques. Et à 8 ans, j'avais même joué un petit rôle de berger dans *Tosca*. L'opéra était partout dans ma vie puisque mes parents répétaient à la maison, se donnaient la réplique, se corrigeaient mutuellement. C'était leur truc, je le tenais pour acquis, mais ça ne m'empêchait pas, moi, de m'intéresser aux chanteurs pop et rock. Mon frère aîné adorait la chanteuse Rita Pavone et on chantait ses chansons toute la journée. Et puis il y avait les Pink Floyd, les Rolling Stones... C'est là que maman a joué finement. Un petit exercice par ci, un autre par là. Jamais trop longtemps. Juste de quoi m'intriguer et me mettre au défi. Mine de rien. Quand elle voyait que j'avais accroché, elle refermait le piano : « Fini ! On continuera demain si tu as envie ! » Si bien que c'était moi, le lendemain, qui disais : « Maman, quand tu rentreras du travail, on pourra faire dix minutes de chant ? » Et de jeux en exercices, les dix minutes sont devenues un quart d'heure, une demi-heure, une heure...

Vous mordiez à l'hameçon ?

J'ai surtout commencé à entendre ma voix. Et j'ai été sidérée de ce qui sortait de ma gorge. C'était si proche de mon âme que j'en étais bouleversée. « Ben dis donc... Je ne me savais pas capable de produire un son pareil ! » Maman ne disait presque plus rien, mais elle poussait un peu plus loin les exercices. La leçon devenait quotidienne, le travail méthodique. Je me suis cramponnée et j'ai vite progressé. Je suis entrée au conservatoire Santa Cecilia de Rome. Mais c'est avec ma mère que j'ai continué à travailler toute la technique vocale.

Votre destin tout entier tenait donc dans cette voix…

La voix humaine ne cesse de me fasciner. Comment de simples petites cordes qui vibrent en faisant piti-pitipitipiti parviennent-elles à exprimer l'âme mieux que n'importe quel autre instrument ? Par quel mystère le chant peut-il troubler, émouvoir un autre être humain ? Que dis-je ? Un autre être vivant, puisque même les animaux sont touchés par un chant. Comment expliquer cette puissance qui se double d'une immense fragilité ?

Qu'est-ce, pour vous, une belle voix ?

C'est une voix capable de faire éprouver des émotions. Au-delà des notes.

Et au-delà même de ce que pouvait rêver le compositeur ?

Comment le savoir ? La plus grande partie des compositeurs qu'on chante aujourd'hui ont vécu au XVIIIe ou au XIXe siècle. Et tant de facteurs interviennent ! Parfois, c'est l'alchimie très particulière entre le soliste et l'orchestre. Parfois, c'est la ferveur singulière d'un public. Mais quand survient le moment de grâce, l'instant sacré, c'est prodigieux. Le temps est suspendu. Comme le souffle du public. On est tous transportés. Et c'est encore plus perceptible entre deux mouvements de musique, dans ce qu'on appelle la pause musicale. Public, chanteurs et musiciens sont à l'unisson. Oui, on est tous dans un état de grâce.

Et que permet-il ?
Il permet de dire que Dieu existe.

Vous le pensez ?
J'en suis sûre ! Quand j'écoute la musique de Bach, la musique de Mozart, Dieu existe, c'est très clair.

Parce que cette musique n'est pas « humaine » ?
En effet. Elle est d'une autre dimension. Elle dépasse l'être humain. De même que derrière une peinture de Caravage, il y a forcément une intervention divine…

L'opéra aurait donc une valeur sacrée ?
Mais oui ! L'opéra est lié à la spiritualité. Réfléchissez : on y va comme à l'église, pour partager, dans un même lieu, une expérience singulière. Et ce n'est pas par passion de l'histoire qui nous est contée. On la connaît par cœur ! Il n'y a aucun suspens, si ce n'est celui touchant à l'interprétation de la musique. Et pourtant, on pleure en entendant *La Traviata*. On pleure quand Violetta se meurt, et même avant. Et *Norma* ! Mon Dieu ! On pleure tout le temps avec *Norma* alors qu'on en connaît l'intrigue, le drame, jusqu'à la moindre phrase. Chaque fois, *Norma* secoue, bouleverse, fait accéder à une gamme d'émotions les plus intimes qui soient.

Ce sont ces moments-là que vous chérissez ?

Moi, j'essaie d'être le personnage. Je ne joue pas. Je suis. Et cela veut dire jouir, souffrir, vivre intensément les passions et les tourments de la condition humaine. C'est une chance, pour une cantatrice, que de pouvoir ainsi vivre de nombreuses vies. D'expérimenter la fragilité de l'être, les subtilités de l'âme. J'ai l'impression d'une naissance chaque fois que j'interprète un rôle.

Deviendrait-on meilleure chanteuse en mûrissant ?

J'en suis certaine. On a personnellement été confronté à davantage d'émotions. On peut donc aller plus loin dans la vérité des sentiments humains. Et puis on connaît mieux son instrument, son élasticité, sa force et aussi ses limites. Cela ne s'est pas fait en un jour. Il a fallu beaucoup travailler, apprendre la technique, garante de longévité. Je chante depuis trente ans. On se connaît donc bien, ma voix et moi ! À cela se greffe l'expérience d'avoir travaillé avec Karajan, Barenboim, Harnoncourt, Abbado, Muti… C'est ça qui fait la différence !

Justement, y a-t-il eu une rencontre déterminante au début de votre carrière ?

Oui. Barenboim. Fondamental. C'est même une belle histoire. Figurez-vous qu'en 1987 – j'avais 21 ans – j'ai été invitée à remplacer au pied levé une artiste qui devait chanter à l'opéra Garnier dans une soirée d'hommage à Maria Callas. Le gala était diffusé en direct à la télévision française et présenté par Ève Ruggieri. J'avais un trac fou et j'ai chanté le rondo de

La Cenerentola sous la direction de Georges Prêtre. Or Barenboim était à Paris et répétait à la salle Pleyel. Lorsqu'il est rentré chez lui ce soir-là, sa femme Elena l'a appelé devant l'écran de sa télé. Il n'en avait aucune envie, pressé de dîner et se reposer. Mais elle a insisté. Et le lendemain, il me cherchait partout ! J'ai auditionné pour lui, et c'est grâce à lui que j'ai commencé à étudier et chanter Mozart.

Et Karajan ?

Ah, lui aussi était devant sa télé ! Ce monde est tout petit vous savez, et quand une jeune artiste apparaît, telle une étoile filante, elle est tout de suite dans les radars. Karajan a donc appelé Barenboim pour savoir ce que je valais quand il a appris qu'il m'avait entendue in vivo. Et je me suis rendue à Salzbourg pour une audition avec le Maestro dans la grande salle du Festspielhaus. Quel trac à nouveau ! La scène était immense, la salle plongée dans le noir, et Karajan invisible. Mais sa voix a surgi d'un micro, dans un italien déformé par un fort accent allemand : « Alors, Mademoiselle Bartoli, qu'allez-vous me chanter ? » Oh my God !

Qu'éprouviez-vous alors ? Terreur ? Griserie ?

L'inconscience de la jeunesse, la fraîcheur, la sincérité vous poussent à faire des choses et escalader des montagnes que vous croyiez infranchissables. J'étais terrifiée, mais heureuse. À ma place. Soucieuse de bien faire, d'apprendre, de progresser.

On vous dit perfectionniste. Et vous avez la réputation d'être la dernière à quitter les répétitions et fermer le théâtre avec le gardien.

C'est vrai ! Je suis très travailleuse. Exigeante. Je sais la nécessité d'une discipline vocale intransigeante. Et je veux toujours aller jusqu'au bout des répétitions.

Quelle vie cela donne-t-il ?

Pas du tout une vie facile. Au départ il y a une voix, certes. Mais la médaille a son revers. Il faut aussi avoir le caractère. Et la discipline. Il faut avoir la force. Et le nerf. S'il suffisait de chanter... Mais être cantatrice, ce n'est pas seulement chanter, c'est affronter chaque fois qu'on est sur scène deux mille personnes pleines d'attentes. Il faut tenir psychologiquement. Disposer d'une sacrée force intérieure.

D'où vient la vôtre ?

Franchement ? De mes racines italiennes. Et de ma grand-mère Silvana qui habitait une ferme à 11 kilomètres de Parme et travaillait la terre. Je viens d'une famille simple, qui a connu la guerre et un grand dénuement. Mais dont les femmes ont un tempérament très fort. Il se peut que cette force soit génétique.

Vous avez dit un jour que votre philosophie était résumée dans un très bel air de Haendel: « Lascia la spina, cogli la rosa » (« Laisse l'épine, cueille la rose »).

Oui ! Je fais ce choix. Car la tristesse affleure souvent. Et de plus en plus avec l'âge. On a des souvenirs qu'on essaie de retenir. De moments heureux, d'êtres disparus... Mais dans les moments de tristesse absolue, nous, les musiciens, pouvons toujours nous en sortir avec la musique. Elle nous embrasse. Elle nous dit qu'on peut, qu'on doit continuer à vivre. C'est un grand baume. Pour tous les êtres humains. Les animaux sont aussi d'une grande aide. Ils captent nos émotions comme personne. Ils me fascinent.

Êtes-vous sensible à ce déferlement de paroles de femmes qui, dans tous les domaines, y compris ceux de l'art, dénoncent violence, harcèlement et domination masculine ?

Bien sûr ! Je n'ai pas vécu personnellement de mauvais traitement. L'art lyrique me paraît assez préservé. Mais regardez les orchestres ! C'est impressionnant de voir à quel point ils sont encore composés en très grande majorité d'hommes. Y compris les plus connus comme l'Orchestre philharmonique de Vienne. Le recrutement est essentiellement masculin, parce que, vous comprenez, les femmes sont plus fragiles, les femmes ont des enfants, blabla... Toujours la même histoire. Et je ne parle pas des chefs d'orchestre chez qui la proportion de femmes est infime. Comme tous les postes de direction musicale. Lorsque j'ai été nommée directrice du festival de Pentecôte de Salzbourg en 2012, j'ai succédé à une lignée de chefs d'orchestre hommes, plutôt âgés. Les hommes se cooptent entre eux. C'est hallucinant.

Vous avez un appétit d'expériences que personne ne pourrait freiner !

J'ai besoin d'adrénaline et j'aime tant entreprendre de nouvelles choses ! Je viens par exemple de former un orchestre baroque qui s'appelle Les musiciens du Prince, à Monaco. On a fait une tournée fantastique en Europe. Pour le prochain festival de Salzbourg, je prépare une programmation sur le thème « 1868 », année de la mort de Rossini, mais aussi année de la création des *Maîtres chanteurs de Nuremberg* de Wagner, et de *La Périchole* d'Offenbach. Période foisonnante ! Et je vais inviter des artistes magnifiques. Vous voyez, je me déploie au-delà de mon métier de cantatrice. Mais je viens aussi de faire un disque avec l'incroyable Sol Gabetta qui m'inspire et me donne l'impression de chanter avec son violoncelle.

Que croyez-vous avoir appris au fil du temps qu'il vous semble important de transmettre ?

J'ai appris ma façon à moi de faire de la musique. Et j'ai appris à me faire confiance. Comment vous dire ? Quand je lis la musique d'un compositeur, je sens aussitôt ce qu'il faut en faire, en tout cas ce que moi, je peux en faire. J'écoute les grandes chanteuses du passé bien sûr, je tiens compte de ce qui a été fait, dit, analysé. Mais après, je fais à ma façon. Je suis ma voie. Et je pense que dans un monde globalisé qui tend à l'uniformisation, où la mode et les réseaux sociaux émettent des oukases qui rendent les jeunes si conformistes, il est urgent de résister. De refuser les diktats d'une beauté standardisée. Non, ce n'est pas ça la beauté. C'est en soi-même qu'on la trouve. Il faut être authentique, écouter sa voix intérieure, se fier à sa propre intuition. Voilà ce que j'aimerais dire aux jeunes gens.

Michaëlle Jean

De son enfance à Port-au-Prince sous la dictature des Duvalier, puis de son exil forcé au Canada où elle fut la première femme noire à présenter le journal télévisé, puis à être nommée gouverneure générale du pays, elle a gardé un esprit rebelle et une sensibilité extrême à la situation des migrants. Une histoire et un caractère qui ont inspiré son action au poste de secrétaire générale de la Francophonie qu'elle a occupé de 2014 à 2018. Depuis l'enfance, assure-t-elle d'une voix douce, elle est entrée « en résistance ».

Je ne serais pas arrivée là si…

Si je n'avais eu ce lien si fort, si viscéral, avec l'Afrique. J'y vois même quelque chose de matriciel. L'Afrique m'a faite, même si je suis née à des milliers de kilomètres de ses côtes. L'Afrique était en moi, avant même que je foule son sol. L'Afrique me coule, ou plutôt « me marche dans le sang », selon une expression créole. Et le choc inouï ressenti lors de ma première visite en tant que gouverneure générale du Canada continue de m'ébranler et de m'enchanter. C'est l'intensité de ce lien qui m'a décidée à entrer en campagne pour devenir secrétaire générale de la Francophonie en 2014, parce que je sais que l'avenir de la langue française est en Afrique. Nous étions cinq candidats et j'étais la seule femme. Les quatre autres étaient africains de naissance, moi, africaine de descendance et issue de nombreux métissages.

Votre parcours vous a menée sur tous les continents. Mais c'est en Haïti que vous êtes née et que plongent vos racines.
Oui, bien sûr. Je suis de cette île, qui fut la première république noire à faire la révolution et à rompre avec l'esclavage. De cette île qui a redonné ses lettres de noblesse au mot « nègre » qu'on nous lançait au visage pour nous humilier, en décidant que chez nous, il voudrait dire « homme ». De cette île subversive qui, pour compenser la dépossession de nos noms et de nos origines, s'est approprié les noms les plus célèbres de la civilisation européenne : on se nomme Rousseau, Voltaire, César, Apollon en Haïti, et c'est magnifique. De cette île où les femmes sont fortes, fières, travailleuses, autonomes.

Ma grand-mère maternelle par exemple, personnage phare de ma vie : elle s'était retrouvée veuve très jeune avec cinq enfants et avait fui son village – et l'emprise de ses frères – pour rejoindre Port-au-Prince. Là, elle avait acheté une machine à coudre Singer sur laquelle elle s'était attelée jour et nuit à la fabrication de vêtements, qu'elle allait vendre au marché. Son obsession était que ses enfants, filles et garçons, aillent tous à l'école. L'un de ses fils, René Depestre, est d'ailleurs devenu l'un des grands écrivains de la francophonie. Elle a déjoué le sort et pris en main sa destinée. Et elle m'a transmis l'idée, enfant, que rien n'est impossible à qui rêve, agit, se bat.

Les défis et combats étaient pourtant périlleux, dans cette île où régnait depuis 1958 la dictature de Duvalier.

J'en avais conscience très jeune, car mes parents étaient des militants, démocrates, engagés contre le régime des Duvalier. Ma mère, qui menait des campagnes d'alphabétisation à travers le pays, a été arrêtée, puis heureusement relâchée. Mon père dirigeait une école reconnue pour avoir formé beaucoup d'esprits progressistes. Il a été arrêté, atrocement torturé. Son meilleur ami est mort dans ses bras. Lui a été jeté devant notre portail, méconnaissable, couvert de sang. Des foules de gens autour de nous ont disparu. J'ai vu des exécutions publiques, des cadavres dans les rues, des gens brûlés vifs. Les militaires arrivaient avec les pompiers, parfaitement organisés, mettaient le feu à une maison dans laquelle se trouvait une famille et mitraillaient ceux qui essayaient de sortir. Les Benoit, qui habitaient quelques maisons plus loin que la nôtre, ont ainsi tous péri dans les flammes. Pendant des semaines, ça sentait la chair brûlée. Quant aux Bajeux, en face de chez nous, ils se sont tous volatilisés du jour au lendemain.

Comment réagissait l'enfant que vous étiez ?

J'ai été élevée dans un esprit de combat et avec une interdiction absolue : l'indifférence. Mes parents exigeaient que je sois témoin et consciente de tout. Y compris des pires souffrances. Avec l'idée que lutter est fondamental. Et que je pouvais faire la différence. Je n'ai donc jamais connu l'innocence. Je voyais des cousins, des amis de mon âge, qui étaient protégés dans une bulle. Pas moi. Jamais. Et je ne me souviens pas d'une époque où je ne me suis pas sentie adulte. Même toute petite. C'est lourd mais cela forge un caractère. Je suis un être grave. Et certains mots n'existent pas dans mon vocabulaire : « difficile », « impossible ». Ce n'est pas une question de résilience – je n'aime pas ce mot qui implique une dose de fatalisme – mais bien de résistance.

Comment s'est passé votre départ d'Haïti ?

Mes parents n'avaient guère le choix. À la sortie de prison de mon père, ils ont couru se réfugier à l'ambassade de France, qui les a aussitôt transférés vers celle des États-Unis, laquelle a accepté d'exfiltrer l'homme, mais pas sa femme ni ses enfants. Ma mère, ma sœur et moi avons donc vécu dans la clandestinité pendant un an, tandis que mon père était expédié à Porto Rico. C'est là qu'on l'a informé qu'une province francophone du Canada procédait à la laïcisation de l'éducation – autrefois confiée aux religieux et à l'Église – et qu'on recherchait des enseignants laïcs francophones. Il s'est donc retrouvé au Québec, professeur dans un collège de Thetford Mines, une petite ville minière des cantons de l'est, fameuse pour l'extraction de l'amiante. Et en un an, il est parvenu à nous envoyer suffisamment d'argent pour faire nos papiers et acheter les billets d'avion pour le rejoindre.

À votre tour de prendre la route de l'exil...

Et de faire partie de ceux qu'on appelle les « réfugiés ». Je ne fais d'ailleurs aucune différence entre réfugiés politiques et migrants économiques. Parce que bien souvent, la mal gouvernance produit les deux. En Haïti, le régime prédateur rendait la vie impossible par la terreur et la misère. Et des milliers de gens sont partis, par les airs ou par la mer. C'était bien sûr risqué. Et comme beaucoup de migrants aujourd'hui, pour lesquels j'ai toutes les indulgences, nous avons dû modifier nos papiers. Nous étions sur la liste des personnes recherchées, notamment en raison de la notoriété de mon oncle, René Depestre, qui était communiste et s'exprimait à la radio depuis Cuba. Ma mère a changé sa date de naissance. Moi, j'ai dû m'exercer à répondre au prénom de Michaëlle, et ma petite sœur au prénom de Nadège. « Quand les miliciens te demanderont comment tu t'appelles, il faut que ce soit un réflexe », disait ma mère en nous faisant répéter nos nouveaux prénoms. Et je me suis juré que si j'avais une fille, plus tard, je lui donnerais mon prénom perdu: Éden.

Vient alors le jour du grand départ.

J'ai 10 ans et demi et l'impression de vivre mes funérailles. Car l'exil est une mort. Notre vie est derrière nous, on ne sait rien de ce qui est devant. Et puis le moment du départ est terriblement dangereux. Des migrants, comme nous, ont été rattrapés alors même qu'ils étaient déjà dans l'avion. Alors il faut redoubler de vigilance. Chaque faux pas peut être fatal. Des amis, des membres de notre famille, sont venus à l'aéroport nous dire adieu, mais nous ne pouvions ni nous parler ni nous embrasser. On se regarde sans ciller. Et je me dis qu'on est probablement dans cette situation quand on est mort : on assiste, depuis son cercueil, à la scène de son propre départ sans plus pouvoir communiquer... Lorsque l'avion décolle enfin, tout le monde pleure dans la cabine. J'en ai encore des frissons.

On est en février 1968 et vous partez vers le grand froid.
Mon père nous a prévenues des températures polaires et ma mère nous a cousu des manteaux de feutre. À l'arrivée à l'aéroport de Montréal, l'angoisse surgit devant les officiers de l'immigration. Vont-ils nous déporter ? Mais ils se montrent polis, respectueux dans leurs questions, et nous ouvrent le passage. Nous restons figées. Maman demande : « Je peux vraiment partir ? – Mais oui. Bienvenue au Canada, Madame ! » Elle repose la question, incrédule. « Bienvenue, Madame ! »

Alors nous posons le pied sur un tapis et une porte vitrée s'ouvre toute seule. On n'a jamais vu ça. On recule. Elle se referme. On comprend qu'il nous faut désormais avancer. On franchit la porte. Mon père est là. Nous partons en voiture dans la nuit, fascinées par les lumières et les néons de la grande ville, puis écrasées d'émotions et de fatigue lorsqu'on arrive à Thetford Mines. C'est au petit matin qu'on découvre la neige, alors que nos parents dorment encore. Ma sœur et moi enfilons nos bottes sans chaussettes et partons jouer dans cette matière incongrue et merveilleuse. La première morsure du froid intervient rapidement, nos orteils gèlent. La douleur est terrible. Nous serons tellement traumatisées que nous refuserons de sortir pendant deux semaines !

Comment êtes-vous accueillis dans cette petite ville à population blanche ?

La plupart des habitants de Thetford Mines n'ont jamais vu de Noirs. Alors on nous observe, on nous touche. Et comme ma mère nous couvre excessivement pour aller à l'école, les enfants regardent avec stupéfaction les deux petites négresses qui retirent une à une leurs couches de vêtements avant la classe. Nos bottes en peau de phoque sont fourrées de papier journal ! Et puis la chaleur québécoise nous enveloppe peu à peu et nous sommes adoptés par la famille Côté. Mais ma mère s'inquiète de l'amiante, de cette poussière qui recouvre les vêtements, des maladies respiratoires dont souffrent tant de gens, y compris Monsieur Côté. On déménage rapidement pour Sainte-Hyacinthe, dans la région de Yamaska. Et là, le couple que forment mes parents explose. La torture et les traumatismes endurés par mon père le minent et le font sombrer dans une violence infernale. Il ne parvient plus à aimer ni à être aimé. Ma mère se retrouve devant quelqu'un qu'elle ne reconnaît plus.

Elle a su résister aux « tontons macoutes » de la dictature haïtienne. Mais seule, en terre étrangère, la voilà démunie devant les explosions de violence de mon père, qui surgissent comme des tempêtes. Une nuit, elle me réveille pour m'annoncer que nous allons rentrer toutes les trois en Haïti. « Penses-tu que j'ai raison ? » chuchote-t-elle. J'ai 12 ou 13 ans. « Maman, je te suis ! »

Vous rentrez donc à Port-au-Prince ?
Et on ne tient pas trois mois. Tensions, violences, exactions… Un avion déverse des tracts sur Haïti contre Duvalier. Le dictateur dénonce une initiative de mon oncle René. Nous voici à nouveau pourchassées. Et nous parvenons de justesse à reprendre l'avion pour Montréal.

De quoi vivez-vous alors ?
Ma mère tente de s'en sortir en faisant des remplacements de professeurs dans les écoles, mais c'est insuffisant. Alors elle devient ouvrière dans un atelier de couture et rentre chaque soir avec les histoires incroyables de ses collègues immigrées, italiennes ou portugaises. Le midi, elle entreprend de leur donner des cours de français. Mais un jour, souffrant de sinusite chronique provoquée par la poussière des tissus, elle est contrainte d'arrêter. Elle n'a ni pension alimentaire, ni couverture santé, mais se refuse à demander l'assurance chômage, à laquelle elle a pourtant droit : « Ce pays m'a déjà tant donné ! » Elle supplie les sœurs d'une communauté connue en Haïti de lui

fournir n'importe quel travail dans un hôpital psychiatrique de Montréal, dont elles ont la charge. Et elle se prend d'amour pour les malades mentaux. Un programme de formation lui est bientôt ouvert. Elle retourne à l'école, travaille jour et nuit, et passe son diplôme d'infirmière.

C'est son exemple qui vous conduira très vite à travailler, pendant et après vos études, dans une organisation d'aide aux femmes victimes de violences ?

Je suis formée à être citoyenne depuis mon plus jeune âge. Cela implique devoir et responsabilité. Je n'ai pas le droit d'être indifférente. Alors oui, je tente d'aider et je participe à la création d'un réseau de refuges pour les femmes victimes de violences conjugales. C'est dans la même idée de servir que j'arrive au journalisme. En militante. Et pas pour me montrer à la télé. Passionnée par ce qui se passe en Haïti, après la chute de Duvalier, je retourne sur mon île et travaille à un documentaire sur les premières élections libres de 1987. Mais c'est l'horreur. Des électeurs sont massacrés, des journalistes également pris pour cibles. Quand je rentre au Canada, la télévision publique me remarque et me fait des propositions. J'accepte, à condition de pouvoir traiter tous les sujets, dans toutes les régions, et pas uniquement «les communautés culturelles». Je n'ai pas fait d'école de journalisme et je revendique une sensibilité et un regard particuliers. Et j'ai bien conscience qu'être la première femme noire à présenter le journal télévisé envoie un signe fort au public.

Le signe est encore plus fort lorsque le Premier ministre vous propose en 2005, après dix-huit ans de journalisme, de devenir gouverneure générale du Canada, cheffe de l'État!

Je mets quatre semaines à rendre ma décision. Quand on est militant, on réfléchit. Qu'est-ce que je vais faire là ? D'ailleurs, quand les hommes de son cabinet sont venus me voir, j'ai d'abord écrit sur la nappe en papier une quinzaine de noms. Avez-vous pensé à Untel ? À Unetelle ? Ils ont souri, et m'ont répondu qu'ils avaient fait leur boulot. J'incarnais un Canada riche de sa diversité. Et j'ai accepté, en me disant que j'allais arpenter ce vaste pays, et voyager dans le monde, porteuse de mon histoire, de mon engagement, de mes valeurs.

Les images de votre rencontre avec le président Obama en 2009 semblent refléter une complicité immédiate. Qu'avez-vous ressenti ?

J'avais suivi sa campagne avec passion. Et le jour de son investiture, j'avais fait installer un écran géant dans la salle de réception de la résidence et j'avais invité plein de jeunes, des Noirs bien sûr, mais au-delà «tout l'arc-en-ciel» des origines du Canada, à écouter son discours. C'était un moment historique pour la Terre entière et je buvais chacun de ses mots. Et puis, comme le veut la tradition, son premier voyage officiel a été le Canada, le plus proche voisin. Je l'attends, un peu anxieuse, sur la piste de l'aéroport. Qui était-il vraiment ? Il descend de l'avion, le sourire radieux. «Qui aurait pu imaginer ? me dit-il. La commandante en chef du Canada et le commandant en chef des États-Unis sont tous deux d'ascendance africaine ! N'est-ce pas formidable ? »

Nous marchons tous deux sur le tapis rouge. Et sur les photos, nous arborons un sourire joyeux et complice. J'ai l'impression qu'on ne touche pas terre. On n'arrête pas de parler. Des États-Unis, terre de ségrégation. Du Canada, qui aime se percevoir comme terre de liberté pour les esclaves du Sud fuyant leur condition, mais dont les grandes familles et les communautés religieuses possédaient elles aussi des esclaves. Il y a des Noirs à Montréal qui sont les descendants de ces esclaves. Gouverneure générale noire, j'ai le souci de cette mémoire.

Et forte de cette mémoire, vous consacrez à l'Afrique dix visites d'État en cinq ans.

Bien sûr ! Je commence par le Nord, l'Algérie. Et j'y rends hommage aux femmes qui ont résisté pendant la décennie de sang. Et puis j'arrive au Mali. Et là… Oh mon Dieu ! Je me reconnais dans tout. Je ne connais pas les langues, mais je connais toutes les danses. Mon corps répond ! On communique avec le corps là où les mots manquent. Je l'ai appris avec ma mère et ma grand-mère. Partout, je danse avec les femmes. Cela fait partie de cette diplomatie de proximité que j'aime tant. Le peuple. Le terrain. Et en pays dogon, je comprends que l'humanité est née sur ce sol. Que l'Afrique est la terre de toutes nos origines. Pas seulement des miennes.

Le poste de secrétaire générale de la Francophonie, auquel vous avez postulé en 2014, revenait traditionnellement à un chef d'État africain.

Ce sont les Européens qui semblaient tenir à cette règle non écrite. Et ce sont les chefs d'État africains qui m'ont soutenue. Ils me connaissaient. Ils avaient confiance. Et ils étaient choqués qu'on me prétende non-Africaine. Pour eux, j'incarnais au contraire le concept de l'africanité globale. Et me nommer à ce poste, c'était reconnaître que les Amériques ont été construites par la sueur et le sang des Africains et que la Francophonie aurait besoin de l'énergie d'une femme issue du Nord et du Sud. Car la Francophonie est un idéal d'une modernité extraordinaire ! Elle n'est pas le fruit de la France, mais l'idéal d'une poignée d'hommes du Sud – le Cambodgien Sihanouk, le Sénégalais Senghor, le Tunisien Bourguiba – qui prennent acte de l'effondrement du système colonial et veulent reconstruire un espace commun, uni par la langue, et animé d'une volonté de fraternité, de diversité, de coopération et d'humanisme intégral. Ce n'est pas un avatar du colonialisme ! Ce n'est plus la Françafrique. La France est un État parmi 83 autres, sur cinq continents. Et on se bat sur le développement durable, la sécurité, l'accompagnement des processus électoraux et, bien sûr, la crise migratoire et le scandale du chômage des jeunes dans les pays africains. « Nous sommes assis sur des poudrières », me disent de nombreux chefs d'État. Tant de jeunes sont en danger. Tant de gamins constituent les proies d'organisations criminelles qui, sous la façade de la religion, profitent de leur précarité pour les embrigader et les envoyer sur les sentiers de la mort, pour tuer et être tués. C'est à la source qu'il faut tenter de résoudre la tragédie migratoire.

Perd-on un jour le sentiment d'exil?
Jamais. Je porte mon histoire partout où je vais. Et lorsque je participe à l'ONU à une grande assemblée sur la question des migrants, je peux affirmer haut et fort que pour moi, il ne s'agit pas de statistiques mais d'un chapitre de ma vie. Je suis sans doute la seule cheffe d'État à pouvoir dire cela. À connaître la vulnérabilité du réfugié et le défi de renaître à soi-même.

Votre mère a-t-elle ressenti le besoin de revenir en Haïti?
Sa mémoire était trop douloureuse et trop chargée. Elle est morte d'Alzheimer, sans être jamais retournée en Haïti. Les Duvalier avaient saccagé la tombe de sa mère, une façon de signifier: on vous déracine. Elle ne l'a jamais pardonné. Et la rupture avec mon père, qui était l'homme de sa vie, a été un coup terrible. Mais elle avait émis un souhait: que ses cendres soient ramenées en Haïti. Une partie devait être placée dans le caveau familial; l'autre, jetée à la mer pour remonter le courant et retourner au pays des ancêtres. Alors avec ma fille, Éden, j'ai fait exactement cela. Sur une plage de Jacmel, habillées tout en blanc, nous avons fait une grande cérémonie vaudou. Puis nous sommes montées en pirogue afin de jeter à l'eau les cendres de maman. Le chemin du retour vers l'Afrique.

Marie-Claude Pietragalla

Étoile du ballet de l'Opéra de Paris pendant près d'une décennie, elle a interprété tous les grands rôles du répertoire – Le lac des cygnes, Giselle, La Sylphide, Carmen, La Bayadère… – *s'aventurant également, et avec éclat, dans le ballet contemporain. « Une femme qui danse »*, *dit-elle, préférant cette expression au titre de « danseuse ». Une femme qui crée aussi, chorégraphie et invente son propre univers artistique à l'écart des courants dominants. Silhouette féline. Regard de braise.*

Je ne serais pas arrivée là si…

Si, à 8 ans, je n'avais pas ressenti que la danse allait me sauver d'une timidité maladive. Ce fut une vraie révélation. L'accès soudain à une expression où tout était possible. Où je pourrais oser, rêver, laisser émerger une autre « Pietra », et vivre collectivement des émotions, alors que dans la vie normale, ma timidité me paralysait et m'empêchait d'aller vers les autres enfants. Je voulais m'y jeter à corps perdu.

Comment en avez-vous eu l'intuition ?

En sortant bouleversée d'un spectacle de Maurice Béjart auquel mes parents m'avaient emmenée : *Le Sacre du Printemps*, *L'Oiseau de feu*, *Le Boléro*... J'étais transportée. Et comme passait à ce moment-là à la télévision un feuilleton sur la danse et les aventures d'un petit rat de l'Opéra qui me passionnait – *Les Jours heureux* – je me suis dit que c'était là que je devais étudier. Au palais Garnier, avec son dôme doré, ses lumières, ses costumes, ses couloirs mystérieux et ses toits interdits hérissés de statues. Là et pas ailleurs.

Vos parents ont-ils tout de suite été d'accord ?

Ils étaient sceptiques. Ne connaissant rien au milieu de la danse, ils pensaient qu'on ne prendrait pas une petite élève sans piston. Et puis ils avaient quelques préjugés désuets sur l'opéra, l'image de vieux messieurs donnant rendez-vous aux jeunes danseuses après la représentation... Mon père s'inquiétait aussi pour mes études. Il dirigeait un réseau médical dans un laboratoire, et je crois bien qu'il m'imaginait davantage une carrière de médecin que d'artiste. Car on ne savait rien à l'époque du statut d'artiste. Combien de fois me demandera-t-on plus tard, alors que je gagnais déjà ma vie dans le corps de ballet : « Et à part la danse, qu'est-ce que tu fais ? »

Votre maman vous avait pourtant déjà inscrite à un cours de danse dès 6 ans.

Oui. « Pour canaliser mon énergie », disait-elle.

J'étais une enfant unique, timide et solitaire, qui s'inventait des personnages, des amis, des frères et sœurs. Mais j'avais une énergie débordante. Un bulldozer. Je tournais, courais, bondissais, excessivement intrépide. Ma chance a été de tomber sur une professeure merveilleuse, une artiste dans l'âme, qui adorait le théâtre, jouait du piano, faisait de la peinture, mélangeait tous les arts. C'est drôle : je n'ai appris que bien plus tard qu'elle n'avait jamais dansé. Elle nous montrait les mouvements avec les mains, secondée par une assistante qui, elle, était danseuse. Mais qu'importe : elle nous faisait écouter de la musique et nous demandait d'improviser des mouvements à partir de ce que nous ressentions. Cela m'a marquée pour toujours. La primauté aux sensations, aux émotions, à l'humain. Avant la technique.

Vous souvenez-vous de ce jour où, avec 800 petites filles, vous passez le concours pour entrer à l'école de danse de l'Opéra de Paris ?

Comment l'oublier ! Je me revois à 10 ans dans la cour du palais Garnier faire la queue avec une nuée de petites filles qui attendent avec leurs parents de passer les épreuves. Hélas, ma mère ne connaît rien à rien aux usages et m'a coiffée d'un bandeau alors que les autres filles portent toutes un chignon haut. Pire ! Elles sont toutes en tuniques roses, et moi, en jaune canari. J'ai peur qu'on me punisse. « On a vu arriver une petite fille très jolie, mais alors, pas du tout dans le moule de l'opéra ! » m'a raconté plus tard Claude

Bessy, la directrice de la danse, qui s'en souvenait très bien. Eh bien cela m'a poursuivie. Je n'ai jamais été dans le moule de l'Opéra de Paris. Je me suis toujours sentie atypique.

C'est pourtant une terrible école de rigueur et de discipline que vous intégrez !
En effet, fini l'insouciance ! Un concours détermine chaque année si on passe dans la classe supérieure ou si on est renvoyé. C'est implacable. Alors on travaille, travaille, travaille. La discipline est stricte, on serre les dents quand on se fait mal ou réprimander, on ne répond pas aux professeurs, on fait la révérence quand on croise un adulte dans le couloir. Mais cela ne me déplaît pas. Je me prends au jeu. J'avais connu bien pire à l'école des sœurs où m'avaient mise mes parents, faute de trouver une place à l'école publique – car j'avais un an d'avance. Et puis la magie et le rêve sont à portée de main. Je suis dans le saint des saints. Je ressens toutes les vibrations du théâtre, j'entends les appels de la scène, je me glisse dans les coulisses, je croise les danseurs du corps de ballet, parfois j'aperçois une étoile...

Jamais de révolte ou de découragement ?
Non. Ce n'est pas une vie d'enfant normale, mais c'est le chemin obligatoire pour arriver à ce que je veux faire. Je ne fais pas partie des danseuses qui disent que leur formation était inhumaine. Il va de soi qu'il faut une discipline et une exigence inouïes vis-à-vis de soi-même pour devenir un grand danseur,

exactement comme un sportif de haut niveau. Il faut essayer de tendre vers la perfection et se remettre chaque jour à l'ouvrage. Je l'accepte, en pensant aux générations de danseurs qui ont transpiré et donné toute leur énergie dans ce même lieu. Leurs photos sont affichées dans le foyer de l'opéra, elles sont un phare, elles me stimulent. Et puis j'ai la soupape des vacances en Corse, le plaisir d'y retrouver mes vrais amis et l'état sauvage.

Six ans plus tard, toutes les étapes franchies, vous intégrez enfin le corps de ballet.

Oui, j'ai 16 ans, je reçois mon premier salaire, me voilà professionnelle… mais encore ado. C'est fou ! Je me sens soudain très légère, il y a les premières tournées à l'étranger, au Mexique, c'est le début d'une nouvelle aventure. Mais il faut encore faire ses preuves, prouver qu'on est autrement prometteur qu'un enfant un peu doué qui a juste eu de la chance, passer les concours internes qui permettent de grimper dans la hiérarchie du ballet : quadrille, coryphée, sujet, premier danseur… Je découvre la jungle. Il faut s'imposer sa propre discipline, se contraindre à prendre des cours, entretenir la technique et le corps. Le découragement peut être rapide, une sélection naturelle s'opère entre les batailleurs et ceux qui lâchent. Moi je redouble d'efforts. Je travaille comme une forcenée, samedi, dimanche, solitaire. Je sais qu'il n'y a pas d'acquis, je veux jouer les plus grands rôles.

Et vous côtoyez au quotidien Rudolf Noureev, star de la danse, et déjà légende.

Ah, Noureev ! C'est évidemment l'une des figures qui m'a le plus marquée. Il avait une culture chorégraphique stupéfiante. Et il avait fait une synthèse de toutes les écoles, russe, anglaise, française, italienne, américaine, pour révolutionner la manière de danser. Quand il est arrivé à l'Opéra, en 1983, il a balayé toutes nos certitudes, et nous a imposé, à nous qui étions si jeunes et qui sommes vraiment la génération Noureev, un sens critique, un nouveau style, une esthétique très particulière qui n'avait rien à voir avec l'esthétique française de nos aînés. Le grand style. Quelle chance d'avoir pu faire ce virage-là ! Je l'observais beaucoup dans les coulisses parce que je voulais voir comment était l'animal. Comment il se présentait sur scène, comment il prenait la lumière, comment il se permettait toutes les folies, toutes les audaces. Brûlant, passionné, torturé, instinctif.

Redoutable !

Ah certes, il n'était pas simple ! Je crois même qu'un tel caractère ne passerait plus de nos jours. Il pouvait hurler des injures, en russe, pour un pied mal placé, lancer à travers le studio tout ce qui lui tombait sous la main sous le coup d'une colère. Il était imprévisible, avec des failles qu'il redoutait qu'on creuse. Pas très à l'aise avec les femmes je crois, presque sur la défensive, même s'il avait cet amour pour Margot Fonteyn avec qui il a croisé sa vie artistique. Je ris, aujourd'hui, à quelques souvenirs loufoques. Mais quelle chance incroyable d'avoir pu travailler plus de six ans avec cet homme visionnaire, d'avoir pu discuter, partir en tournée avec lui en Asie, en Amérique, etc.

Et Béjart ? Autre monstre sacré au regard laser...

Tellement impressionnant ! J'avais dansé une variation de son ballet *Bhakti III* lors d'un concours qui m'avait permis de passer de quadrille à coryphée. Du coup, il m'a confié le rôle et fait venir répéter chez lui, à Bruxelles, au Ballet du XXe siècle. Sa compagnie était alors une légende. Elle représentait la modernité absolue, un souffle de liberté avec des danseurs atypiques, des hommes portant les cheveux longs, une nouvelle esthétique. Alors quand j'ai dû danser devant lui et tous ses danseurs alignés, dos à la glace, je peux vous dire que la pression était maximale !

Qu'appréciez-vous chez lui par-dessus tout ?

Un engagement mystique que je ressentais dans son travail et qui m'accompagne au quotidien. Cette idée que la danse est sacrée. Qu'il y a un mystère autour de l'être qui danse et qui s'élève. Qu'il y a dans sa quête quelque chose de spirituel – non pas religieux, je n'ai pas de croyance –, une volonté de s'extraire du monde réel et un désir fou de transcendance. Je retrouve cela aussi chez Carolyn Carlson ou même dans les écrits d'Isadora Duncan.

« On entre au studio comme on entre au temple, à la mosquée, à l'église, à la synagogue, pour se retrouver, se relier, s'unifier », écrit Béjart.

C'est exactement ça. Et c'est ce que j'essaie moi-même d'inculquer aux danseurs dans mes ateliers et master-classes. Nous ne sommes pas que des artistes qui savons bien danser. Il y a quelque chose qui va bien au-delà de ça. Sinon à quoi bon ce travail et cet acharnement à se dépasser ? Il faut que l'esprit s'élève, il faut un supplément d'âme. Il y a une dimension cosmique dans cette histoire. Et puis le spectacle vivant est l'un des derniers lieux de communication intense et mystérieux entre le public et les artistes. Dans les spectacles de Béjart, on entrait tous en communion.

Quand êtes-vous nommée danseuse étoile ?

Un soir de décembre 1990, à l'issue d'une représentation de *Don Quichotte* dans la version de Noureev. J'avais une déchirure au mollet et je ne savais pas, en entrant sur scène, si je pourrais terminer le ballet. À l'entracte, je me suis massée en me répétant : ça va aller, ça va aller. Et puis à la tombée du rideau, m'avançant au milieu de mes partenaires pour les saluts, j'ai vu Patrick Dupond et le directeur de l'opéra Jean-Albert Cartier entrer en scène et annoncer au public qu'on me nommait danseuse étoile. Quelle émotion ! Mes parents étaient là, eux qui m'avaient tellement portée dans l'aventure et avaient fait beaucoup de sacrifices. C'était le début d'une belle histoire avec Patrick Dupond, qui venait d'arriver à la direction de la danse, mais avait déjà marqué tous les danseurs par sa fougue, son animalité sur scène, sa gentillesse exquise.

Vous évoquez la douleur. Fait-elle vraiment partie du quotidien ? Je vous ai entendue dire : « De toute façon, au sortir du lit, le corps fait toujours mal. » Cela m'a sidérée.

Mais c'est vrai ! Vous ne seriez pas surprise d'entendre la phrase dans la bouche d'un boxeur ou d'un footballeur, alors pourquoi le seriez-vous pour un danseur ? On pousse le corps à l'extrême ! On le soumet à des épreuves insensées, on tire sur les articulations, on multiplie les mouvements antinaturels. Êtes-vous déjà montée sur des pointes ? La douleur est intégrée dans notre vie. C'est un choix accepté depuis l'enfance, une compagne tout au long de notre chemin d'artiste. Et parfois, il y a une réelle satisfaction à dépasser la souffrance et à la sublimer. C'est le fameux mystère évoqué plus haut. La quête personnelle du danseur, son désir d'absolu... Nous ne sommes pas maso. Si la douleur n'était pas compensée par quelque chose de beaucoup plus grand, il vaudrait mieux arrêter !

Pourquoi quittez-vous prématurément l'Opéra, à 35 ans, après avoir dansé tous les grands rôles, Kitri, Carmen, Giselle, la Sylphide, la Bayadère et travaillé aussi avec de grands chorégraphes contemporains ?

C'est vrai qu'il fallait du courage pour partir. L'Opéra de Paris est une bulle protectrice, un cocon délicieux. Mais j'ai soudain senti que ma route était ailleurs. « Le temps brûle », comme dirait Aragon.

Il faut saisir sa chance. Et j'avais envie de travailler mon propre univers chorégraphique et de créer. J'avais besoin de regarder le monde et de m'exprimer en toute liberté. Et puis je me rendais compte qu'à l'Opéra de Paris, on vous apprend à être des danseurs... de l'Opéra de Paris. Avec une esthétique que j'aime, mais un état d'esprit qui exalte la compétition et la rivalité et m'a toujours indisposée. Je pense que chaque artiste est unique, certainement pas interchangeable.

Partir diriger le Ballet de Marseille voulait dire commander aussi une nouvelle institution et un groupe humain...

Oui. Forcer ma timidité, fendre l'armure, trouver les moyens de me faire comprendre autrement qu'en dansant. Pas facile. Il y a eu beaucoup d'incompréhension et je crois que je n'ai jamais réussi à expliquer qui j'étais et ce dont je rêvais. Ma retenue m'a fait passer pour hautaine, inaccessible ; on m'a trouvée trop exigeante. Je me suis pourtant donnée à fond dans mon travail de création, j'ai bousculé beaucoup de choses. Le public a suivi. Pas la troupe. J'ai cru à tort que mon travail serait le seul élément pris en considération. Et j'ai été confrontée au sexisme. Une femme dirigeant une compagnie ? « Allons, ma petite, qu'est-ce que tu y connais ? » Je suis vite devenue la femme à abattre et j'ai pris de sacrés coups, malhabile et trop peu politique. Ça fait mal. Mais j'assume mes erreurs car je les ai commises en sincérité, et pour ne pas me trahir. Toutes les épreuves nous fortifient.

Vraiment ? Elles ne nous font pas plutôt perdre fraîcheur, idéal, confiance ?

On perd une innocence. On perd l'enfance. Mais il ne faut ni s'enfermer ni s'endurcir. Il faut à tout prix garder la capacité de découvrir et d'apprendre. La vie nous force sans cesse à grandir.

Même confronté au deuil ?

Sans doute. Il fait partie de la vie et du processus pour devenir adulte. J'ai été confrontée à la mort de mon père il y a des années, et c'est toujours aussi douloureux d'en parler. Je le fais très rarement. À son décès, j'avais été très forte parce qu'il fallait soutenir ma maman. Mais un an après, je me suis écroulée… Aujourd'hui, je sais que les gens aimés nous accompagnent en permanence. Je le sens très fortement, même sur scène, surtout sur scène. C'est la magie de cet endroit sacré, presque mystique, dont parle Béjart. Il disait qu'on y ressent des émotions et des accompagnements. Qu'il est même tellement sacré qu'il nous renvoie au fondamental et au tripal. Eh bien quand je monte sur scène, je pense toujours à mon père. Il est présent.

Et cela vous oblige ?

Cela m'oblige à être fidèle à ses valeurs, à sa droiture, et à continuer ma route dans cet art pour lequel je me sens faite. Car j'ai toujours su que j'allais être une femme qui danse. Et «Le théâtre du corps», la compagnie que j'ai créée en 2004 avec Julien Derouault, mon compagnon, me donne désormais une totale liberté pour explorer tous les thèmes qui me passionnent : la vie, la mort, l'engagement, l'éphémère et l'éternité, l'inconscient, le déséquilibre, l'enfermement, le destin... Autrefois, je n'étais pas très intéressée par le monde autour de moi. Aujourd'hui, c'est le contraire. Je brûle de l'observer, le questionner, le bousculer. En artiste militante. Et c'est vertigineux.

Travail en couple ? Lien fusionnel ?

Oui. Un double regard sur la création. Et la sensation d'écrire une partition à quatre mains. C'est un mode de vie, avec des discussions et une ébullition permanentes. L'un a une idée qui accroche l'autre, lequel va renchérir, rebondir, être moteur de l'autre. On se regarde et on s'emballe. On va au bout de notre rêve. S'il n'était les contraintes économiques, l'obligation d'autofinancer la petite structure dans laquelle on fait tout, on créerait beaucoup plus de spectacles par an tant nos idées se bousculent ! En mêlant tous les arts, en cassant les codes et les barrières. Dans notre création *Être ou paraître*, Julien dit et danse sur scène des textes d'Aragon et de Shakespeare.

Le geste amplifie le mot ?

Bien sûr ! La danse sert le texte. Elle est puissante et peut réveiller l'inconscient. Raviver une histoire inscrite dans notre chair. Car le corps a une mémoire ! Le corps hérite d'une histoire, d'une éducation, d'une famille, d'une culture, d'une géographie, de schémas complexes inscrits par des générations. Et le geste du danseur peut soudain faire rejaillir un souvenir ou une émotion enfouie avec plus de force que n'importe quelle parole. C'est le défi et le miracle de la danse. Sade disait: «Il n'y a pas de corps sans idées ni d'idées sans corps.» Tout cela ne fait qu'un. C'est ce que nous explorons avec jubilation, Julien et moi.

Ce serait finalement intéressant de vieillir?

Mais oui! On perçoit souvent cela comme une diminution et un rétrécissement. Moi je trouve que c'est une richesse. Ce vécu qui nous accompagne et doit être une force. Toutes ces multiples questions qu'on ne se posait pas à 20 ans... J'ai cette chance, c'est vrai, que mon physique me permette encore d'être sur scène, car arrêter serait évidemment douloureux. Mais nos spectacles ouvrent désormais sur tant de champs...

Qu'est-ce qui a donné à la petite fille timide la force d'aller au bout de son rêve?

Mon père avait affiché sur la cheminée de ma chambre une maxime de Napoléon, gravée sur une souche d'olivier: «Quand on veut constamment, fortement, on réussit toujours». J'ai vu cette phrase tous les jours, pendant des années, sans trop y réfléchir. Je crois cependant qu'elle a fini par m'imprégner.

Elle est galvanisante. Elle peut aussi être écrasante.

La barre est placée haut. Mais les réussites peuvent être de tous ordres. Ce qui est certain, c'est que je n'ai jamais accepté que quelqu'un d'autre décide de ce que je devais faire, ni ne me détourne du chemin que je m'étais fixé.

Marianne Faithfull

Fille d'un officier britannique et d'une aristocrate autrichienne, la muse du Swinging London des sixties, égérie des Stones, a décidé de poser ses valises à Paris. Définitivement. Fatiguée des voyages, abîmée par la drogue et d'innombrables excès, cabossée et bourrue. Survivante ! Fière d'avoir gagné le combat de sa vie en devenant sobre. Avide d'écrire et de remonter sur scène, entourée de rockers. Fût-ce une canne à la main.

Je ne serais pas arrivée là si...
Si Mick Jagger et Keith Richard n'avaient pas composé pour moi, qui n'avais alors que 17 ans, la chanson *As Tears Go By*. C'est la toute première chanson qu'ils ont écrite ensemble. Nous étions en 1964 et ce fut le début de l'aventure.

Que faisiez-vous à cette époque ?
Je sortais d'un pensionnat religieux et les possibilités qui s'ouvraient à moi étaient multiples : aller à

l'université étudier la littérature anglaise, la philosophie et l'étude comparée des religions ; m'inscrire à un cours d'art dramatique, ou bien intégrer une école de musique. Car j'avais un joli filet de voix. Une voix à la Mozart. Je n'avais encore rien décidé mais j'étais ambitieuse. Et puis voilà que cette chanson a connu un énorme succès et ma vie en a été bouleversée. Je suis tombée dans la marmite.

Rien ne vous prédestinait à entrer dans cette marmite artistique ?

On m'avait enseigné le chant et la musique au couvent. Et ma mère m'avait appris à danser. Elle avait été danseuse dans le corps de ballet de la compagnie viennoise Max Reinhardt avant que monsieur Hitler ne fasse voler tout cela en éclats, car ma grand-mère était juive. Mais c'est une autre histoire ! Une histoire dont je porte l'héritage, et que je raconterai un jour dans un livre.

Cela n'explique pas comment une lycéenne, élevée dans un pensionnat catholique très strict du Berkshire, se retrouve propulsée, du jour au lendemain, dans l'univers des Rolling Stones.

Je me suis rendue à une fête où Andrew Oldham, le manager des Rolling Stones, m'a remarquée. Il m'a tout de suite proposé de faire un disque, de devenir mon producteur et, en l'espace de quelques jours, il a fait s'asseoir à une même table Mick et Keith pour qu'ils m'écrivent cette chanson. C'est aussi simple que cela. Je suis devenue une chanteuse pop, sans plan, sans modèle, sans référence. Dans une totale improvisation et avec une créativité merveilleusement spontanée.

Et vous êtes tombée amoureuse des Stones.

Ah non ! J'étais amoureuse de John Dunbar, qui étudiait les beaux-arts à Cambridge et que j'ai épousé à 18 ans avant de donner naissance à mon fils Nicolas. C'était un homme parfait pour moi, j'en suis convaincue. Et nous aurions pu mener une très belle vie ensemble si... Mick Jagger n'avait pas débarqué et ne m'avait voulue à tout prix. Je ne comprenais pas bien ce qui m'arrivait. J'étais si jeune, vous savez ! Je crois que j'étais flattée...

Et attirée par lui quand même ?

Non, pas vraiment. En tout cas pas encore. C'est plus tard que je suis tombée amoureuse de Mick. Au début, je pense que c'est le glamour qui m'a attirée. Tout ce truc autour de lui. Il était bien sûr très charmant, très sexy, etc. Mais passons ! Ce n'est pas mon sujet de prédilection. Je suis sur la route depuis 53 ans et ma période Mick n'en a duré que quatre !

Une période somme toute déterminante ?

Allons donc ! On colle toujours son nom au mien, mais j'aurais pu faire sans lui ! Et j'aurais eu du succès quoi que je fasse, j'en suis certaine. J'étais intelligente et il y avait quelque chose de très fort en moi. Il n'a pas été la seule chance de ma vie, sinon je ne serais pas encore là.

Ces quatre années ont pourtant été marquées par votre rencontre avec la drogue et une dégringolade infernale, dont vous n'êtes sortie que vingt ans plus tard.
C'est vrai. Tout le monde alors prenait de la drogue, Mick aussi, sans savoir à quel point c'était dangereux. Je n'avais pas du tout l'intention de me détruire, et je pensais que je m'en sortirais. Nous étions nombreux à le penser. Mais quand je suis passée aux drogues dures, le piège s'est refermé. Soudain, je ne voyais plus aucune issue. Ces années 1960 et 1970 furent très dures.

Vous avez curieusement déclaré un jour : « Je pense que si je n'avais pas pris de l'héroïne, je serais morte. » Mais c'est elle qui a failli vous tuer !
La source se trouve dans mon enfance difficile. Mais je ne peux pas vous en dire plus, car je chemine encore pour comprendre ce qui s'est passé. La drogue agit comme un aseptique dont on use pour éviter quelque chose de pire. Le suicide, par exemple. En fait, j'ai longtemps été comme une feuille morte ballottée par le vent. Jusqu'à ce que je dise : stop, ça suffit ce bordel. Et que je décide : je ne suis pas une victime ; c'est moi, uniquement moi, qui contrôle mon destin. Cette décision a changé ma vie. C'était en 1985, j'ai entrepris une cure de désintoxication à la clinique Hazelden, dans le Minnesota. Avec un sevrage pour le

moins violent, mais efficace. Et je suis devenue sobre. Je me suis redressée. J'ai trouvé ma vraie voix, si différente de celle de mes 17 ans, façonnée par la vie que j'avais vécue, et je me suis investie à fond dans mon travail. Je savais que j'aurais du succès.

Le fait d'avoir un fils a-t-il aidé à prendre cette décision ?

Ah ! Nicolas, que j'ai eu à 19 ans, est certainement la plus belle chose qui me soit arrivée. Le fils idéal pour moi. Mais vous savez, je n'ai pas la fibre maternelle. Le pauvre Mick qui voulait plein d'enfants n'a rien pu y faire : j'avais décidé que j'avais déjà accompli mon devoir génétique et que je n'en aurais pas d'autres. C'était assez ! Jerry Hall, qui est vraiment une gentille fille, était parfaite pour ça !

Vos parents ont-ils été d'un secours quelconque pendant ces deux décennies difficiles ?

Ils se sont séparés quand j'avais 6 ans, et après ma rupture avec Mick, je suis retournée vivre chez ma mère avec Nicolas. Mais elle ne comprenait rien à ce que je faisais. Elle était née en 1904 et aurait compris si j'étais devenue chanteuse d'opéra. Mais une chanteuse pop ! Mon mode de vie l'horrifiait.

Et votre père ?

Il adorait ma voix des premières années et le son un peu folk. Il était beaucoup plus tolérant. Mais toutes les histoires de drogue colportées par la presse l'ont énormément blessé.

Et lorsque vous êtes devenue sobre ?

Eh bien ce fut difficile pour ma mère qui, elle, buvait énormément. Elle regrettait – mais c'est classique – que je ne puisse plus boire avec elle. Du genre : tu étais tellement plus drôle quand tu buvais ! Mon père, lui, qui n'avait jamais beaucoup bu, s'est carrément arrêté lorsque je l'ai fait. C'était un type super.

Vous ont-ils vue sur scène ?

Ma mère est finalement venue, oui. Et elle était fière. Elle a peut-être fini par comprendre. Mais ce qui est merveilleux, c'est cette lettre que j'ai reçue de mon père, le major Faithfull, après qu'il a reçu mon premier livre. Regardez, je l'ai encadrée !

« Ma très chère Marianne... Je te remercie pour l'exemplaire de ton livre que j'ai reçu aujourd'hui. C'est une lecture très intéressante pour quiconque, mais tout spécialement pour moi. »

Mon dieu, je vais me mettre à pleurer. Lisez-la pour vous-même.

Il évoque ce « mariage de temps de guerre entre deux personnes difficiles qui t'a produite » et il conclut : « Je me sens fier, non seulement de ta carrière pleine de succès mais de ta réussite à grandir en une personne si formidable et si mature. »

C'est un rêve de recevoir une lettre comme ça de la part de son père. Elle est en permanence devant moi sur ma table d'écriture.

Comment réagissiez-vous au fait qu'on vous ait longtemps présentée comme une muse des Stones, plutôt que comme une musicienne à part entière ?

J'essayais de ne pas m'énerver quand je lisais de telles conneries. Muse est le pire job du monde ! Je savais bien, moi, que je faisais bien plus qu'inspirer. Mais je n'ai jamais rien dit. Me rebeller contre ce sexisme n'aurait servi à rien. Les femmes ont toujours plus de mal à être prises au sérieux. Tout est plus dur pour elles. Les livres de Germaine Greer me l'ont confirmé. Peut-être m'aurait-on regardée différemment si j'avais joué d'un instrument ? Mais je travaillais dur sur mes chansons, et il a fallu des années pour qu'on me reconnaisse en tant qu'artiste majeure.

Vous vous êtes donc remise à écrire après 1985 ?

Je n'ai jamais arrêté. On peut être créatif en étant défoncé ! C'est même plus difficile quand vous ne l'êtes pas. Disons qu'il faut travailler davantage. Mais le fait est que mes plus belles chansons ont été écrites après être devenue sobre. Et je continue. J'écris tout le temps. Des pages et des pages. Il y a comme une petite étincelle qui me jette sur le papier. Et quand je me rends compte que les chansons se ressemblent un peu trop, je fais une pause. J'attends. Jusqu'à ce que de nouvelles idées surgissent.

Qu'est-ce qui vous a inspirée récemment ?

Les événements de novembre 2015 à Paris, et le massacre de tous ces jeunes, m'ont inspiré une chanson. Elle s'appelle *They Come at Night*. Je la chanterai pour la première fois à la réouverture du Bataclan, et l'enregistrerai ensuite.

Vous étiez donc à Paris, cette terrible nuit du 13 novembre ?

Oui. J'étais chez moi, dans la banalité de mon quotidien. Je m'étais fait à manger, m'étais couchée et j'avais lu. Je n'ai appris la nouvelle que le lendemain et, totalement choquée, j'ai écrit la chanson. Que pouvais-je faire d'autre ? Il va en falloir, du temps, pour que le traumatisme des attentats se dissipe. Certains prétendent que les nazis reviennent tous les 70 ans. J'en suis aussi convaincue. Notre époque voit resurgir des démons terrifiants. Qu'il s'agisse des islamistes ou des radicaux et extrémistes de toutes sortes qui pervertissent les valeurs et idéaux de pays comme les États-Unis ou Israël.

Et la France ?

Je suis socialiste.

Rares sont les Anglais qui se définissent comme tels.

Mais je ne suis pas anglaise ! Ma mère était austro-hongroise et mon père gallois. Je n'ai donc pas de sang anglais, même si j'ai été élevée en Angleterre. Et je ne pourrais jamais retourner y vivre. Trop de mauvais souvenirs. J'y ai pourtant mon fils, sa femme et mes petits-enfants que j'aime, mais je préfère qu'ils viennent me voir à Paris. Et ils adorent. J'ai aussi un pied à terre en Irlande. En fait, je me sens fondamentalement européenne et citoyenne du monde, même si ma santé m'impose désormais un mode de vie très sédentaire.

Quels liens entretenez-vous avec le judaïsme ?

Je ne suis qu'un quart juive, si l'on considère mes différents ascendants. Mais la mère de ma mère étant juive, je suis juive selon la tradition du judaïsme. Je ne me sens pas comme telle, tout en étant fière de cette part enfouie en moi. Je pense qu'elle est pour quelque chose dans mon talent. C'est ainsi : la majorité des personnes les plus brillantes sont juives, comme le compositeur Kurt Weill, que je vénère.

Que considérez-vous comme votre plus belle réussite ?

À part mon fils ? Devenir sobre ! Ça, c'est un sacré exploit. La plus grande bataille de ma vie. Et il m'a aussi fallu apprendre à me libérer du regard des autres. Qu'ils aillent se faire voir !

Vous êtes désormais une icône du rock.

Beurk ! Je suis une artiste qui travaille. Rien d'autre. J'ai presque 70 ans et je suis handicapée. Je me suis cassé le dos, puis une hanche, puis une autre, puis un pied. J'ai développé une infection des os qui m'a mise à l'agonie. Je suis très abîmée. Mais je me soigne. Et je travaille ! J'ai beaucoup de chance d'être en vie. Et je continue à adorer monter sur scène.

Protégez-vous votre voix ?

J'ai toujours peur de la perdre. Il faudrait que j'arrête de fumer. Quant à mon caractère, je tâche de l'améliorer. J'ai travaillé sur la notion de pardon, par exemple, avec laquelle j'ai toujours eu beaucoup de mal. Je médite et je continue de participer à un groupe de parole avec des personnes alcooliques ou dépendantes. Cela m'aide beaucoup.

Un regret ?

Ne pas avoir été gentille avec ma mère.

Une crainte ?

Affronter le deuil. J'arrive à un âge où beaucoup d'êtres aimés vont mourir.

Qu'est-ce qui peut alors réconforter ?

Certainement pas l'espoir d'une autre vie. Une seule, c'est bien suffisant ! Je ne suis pas du tout religieuse. Pour moi, les religions ont été le plus grand tourment sur cette terre. Mais je crois en Dieu. Il m'aurait été impossible, si je n'avais cru à une force plus grande que moi-même, de me sevrer et de me libérer des drogues. Il fallait connaître l'humilité.

Hiam Abbass

Palestinienne née en Israël, près de Nazareth, en 1960, la comédienne refuse de se laisser enfermer dans une case et revendique une identité multiple. « Citoyenne du monde », comme le montre sa carrière qui affiche 54 films dans différents pays, et des incursions dans la mise en scène théâtrale. Elle ne se revendique d'aucune cause, mais ses choix artistiques traduisent un engagement humaniste et une sensibilité extrême à la souffrance des femmes.

Je ne serais pas arrivée là si...

Si je n'avais pas eu mon père.

Ce père-là.

Mon père ! Qui est décédé il y a peu de temps. C'est drôle que votre question surgisse à ce moment précis de ma vie. Je ne suis pas quelqu'un qui ressasse, mais cette mort m'a obligée à repenser à tout ce que je lui devais. J'ai raté ses funérailles. Je ne suis arrivée que le lendemain dans notre village, tout près de

Nazareth. J'avais envie d'aller le voir pendant qu'il était encore frais dans sa tombe. Et cela m'a anéantie. Que cet homme, pyramide de bonté envers les autres, de dureté envers ses enfants, se réduise à cela... J'ai dit à mes sœurs qui m'entouraient : Laissez-moi seule. J'avais besoin d'un peu de temps avec lui. Je n'ai pas prononcé un mot, mais je lui ai envoyé une foule de pensées. Ce que j'avais aimé et pas aimé chez lui. Ce qu'il m'avait donné et ce qu'il ne m'avait pas donné. Toutes ces contradictions dans lesquelles il m'a fait exister et qui m'ont poussée à faire ce que je fais aujourd'hui. Oui, avec certitude, là où je suis arrivée, c'est grâce à lui ou à cause de ce qu'il était.

Bonté, dureté... Ces mots s'entrechoquent. Pourriez-vous mieux le décrire ?

Sa bonté était viscérale. C'est d'elle dont il faut d'abord parler car il a beaucoup donné. Nous tous, en famille, avons d'ailleurs été surpris de l'ampleur de l'hommage qui lui a été rendu. Des témoignages sont arrivés du monde entier. Ce n'était pourtant pas un homme politique ni quelqu'un de connu. C'était un simple professeur, vice-directeur de l'école du village. Mais il avait rendu service à tout le monde et marqué, par son exigence, des générations d'enfants. On le considérait comme un sage et il participait aux négociations des mariages mixtes ou des unions suscitant la guerre entre deux familles. C'est ce qui m'avait fait penser, à 22 ans, qu'il ne s'opposerait jamais à mon projet de mariage avec mon amoureux anglais. Il n'était, certes, ni arabe-Palestinien, ni même musulman comme mes parents, mais la logique voulait que mon père me soutienne, étant donné son expérience de conciliateur. Eh bien non. Il s'est opposé. Brutalement. Obstinément. Il était habitué à mes rébellions depuis l'adolescence, mais là, je dépassais toutes les limites de l'acceptable. Il était blessé dans son orgueil.

Alors vous avez rusé.

Je l'ai pris à son propre jeu. J'ai fait intercéder des gens respectés par la communauté comme il l'avait fait lui-même tant de fois. Et j'ai dit : « Tu fais comme tu veux, cela ne changera rien à mon amour pour toi. Mais si tu ne consens pas à cette union, dans ta maison, sous ta protection, je passerai outre. Quoi qu'il arrive ! » En fait, il n'avait plus le choix. Et j'ai gagné. On a fait le contrat de mariage à la maison.

Pourquoi était-ce si important d'avoir sa bénédiction ?

Ah ! Quand on est une femme et qu'on vit là-bas, on a beau vouloir échapper à la tradition, et se convaincre qu'on ne fait de mal à personne en y dérogeant, on a quand même besoin de respect. Besoin que cette différence que l'on revendique soit pleinement acceptée. Je sais, c'est un peu contradictoire et particulièrement compliqué. Mais une fille non mariée est toujours sous l'emprise de papa. Et si papa la désapprouve, je vous jure que c'est accablant. Même si elle vit seule, même si elle agit comme bon lui semble derrière son dos. C'est comme si une corde la rattachait à lui et se tendait au moindre écart. Imaginer son œil réprobateur vous vaut des nuits d'angoisse. Des nœuds de réflexion. L'emprise est toujours là. Le père, dans une famille arabe, pardon, mais c'est immense ! Le père. Le père !

Pouviez-vous dialoguer ?

Je n'ai cessé d'essayer. Je voulais qu'il fende l'armure, qu'il laisse parler son cœur. Mais cet homme si beau, si charismatique, ne s'autorisait pas à exprimer ses émotions. Alors je le provoquais, le harcelais de questions, au point que lorsque j'étais ado, il m'avait surnommée Aristote, puis Pluton, indiquant ainsi que mes questionnements relevaient de la philosophie et n'avaient pas lieu d'être dans une société comme la nôtre. Sur dix enfants dont huit filles, j'étais la première à sortir de la norme et à ne pas m'inscrire dans la lignée de sa pensée. Et cette originalité était à la fois pour lui motif de fierté et source d'angoisse. Pas simple de naviguer là-dedans !

La réussite scolaire lui importait ?

Elle était fondamentale, pour les filles autant que pour les garçons. Ma mère étant également institutrice, vous imaginez le niveau d'exigence ? On ne tolérait pas la fainéantise. Et mieux valait être premier de la classe. La lecture faisait partie de l'éducation. J'ai le souvenir de mon père revenant un jour à la maison avec un camion rempli de cartons de livres. J'avais 7 ou 8 ans. Il les a sortis un à un, rangés sur des étagères qui couvraient tout un mur et il nous a appelés en disant : « C'est à vous ! » Depuis, je n'imagine pas une maison sans livres. J'en ai partout. J'en achète, j'accumule, je ne sais pas si je lirai tout un jour, mais ils sont là et c'est rassurant.

Comment vous projetiez-vous dans l'avenir ?

Comme une femme active, c'était une évidence. On n'étudiait pas pour rester une femme au foyer. Ma mère avait donné l'exemple. Mais elle avait fait plus que cela. En nourrissant avec mon père une relation basée sur l'amour et le respect, et en nous offrant ainsi un socle on ne peut plus solide, elle décourageait toute velléité de sortir de la norme. Je n'avais pas le droit de ne pas réussir ma vie de couple ! Eh bien même cette obligation, je l'ai envoyée en l'air ! Vous imaginez la culpabilité ?

Cette situation familiale s'inscrivait aussi dans un contexte politique et historique.

Et quel contexte ! Je suis née à Nazareth, en Galilée, pas très loin de la frontière du Liban. Ma mère était de Tibériade, plus à l'est, mais la guerre avec les Juifs a contraint sa famille à fuir. Et peu après, ce fut la déclaration de l'État d'Israël. Ayant perdu tous ses biens, sa maison et ses terres, mon grand-père maternel a entraîné tout le monde en exode vers le nord, avant de se raviser et de comprendre que s'il franchissait une ligne, il n'y aurait plus de retour. Alors ils ont erré pendant des mois avant de s'installer dans un village proche de celui où j'ai grandi. Mais mon grand-père a perdu la tête et est mort, inconsolable de toutes ses pertes. Sa femme, ma grand-mère maternelle, qui avait sept enfants, était totalement perdue et s'est remariée, provoquant la colère de son plus grand fils qui lui en a voulu pendant des années. Tout cela, je vous assure, provoque un pêle-mêle d'émotions qui s'enregistrent dans votre mémoire d'enfant. Quant à ma grand-mère paternelle, qui était originaire d'un village sur la frontière mais était venue vivre dans celui de son mari, la guerre l'a définitivement séparée de toute sa famille qui avait fui au Liban et sur laquelle les frontières s'étaient refermées. Elle a joué pour nous le rôle de seconde maman puisqu'elle s'occupait de nous quand mes parents travaillaient. Mais je l'ai vue, jusqu'à sa mort, porter la douleur de ce déchirement familial. Voilà. J'ai vécu là-dedans. Avec une foule de « pourquoi » refoulés ou restés sans réponse. Avec des rêves de liberté suscités par les livres. Avec des désirs croissants d'abolir les frontières et de m'envoler au loin. Mais quand on s'envole, ça fait mal. À ceux qu'on quitte. Et à soi-même. Il y a toujours déchirement.

À quel moment avez-vous découvert le plaisir de jouer la comédie ?

Très tôt ! J'aimais toutes les activités extrascolaires, la chorale, le scoutisme, le théâtre. Et la première fois que j'ai joué une pièce devant l'école et mon village, à 8 ans, j'interprétais le rôle d'une mère qui perdait son enfant. Cela me fait rire quand j'y pense aujourd'hui, car je tenais dans mes bras, éplorée, un gamin qui avait mon âge. Au moment de saluer, j'ai vu que tout le monde pleurait et cherchait des mouchoirs. Je me suis dit : waouh ! Ça marche ! Et ce plaisir s'est ancré en moi pour longtemps. Mais quand j'ai terminé le lycée, mes parents me rêvaient docteur ou avocate, alors je me suis inscrite en école de médecine.

La rebelle ne parvenait donc pas à exprimer ses rêves ?

Impossible. Mais en cours d'année j'ai secrètement ripé vers un cours de photo. « C'est une question de vie ou de mort », ai-je affirmé en exigeant de rencontrer le directeur. Puis, je l'ai imploré : « C'est à vous de m'aider. Sinon, je serai malheureuse toute ma vie. » Il m'a aussitôt inscrite. Et quand je suis retournée le voir un peu plus tard, faute d'argent pour acheter mon appareil photo, il m'a dit que la seule possibilité était de faire le ménage dans les classes. C'est ainsi que j'ai gagné ma vie. Avant de devenir photographe dans un magazine de Jérusalem puis à l'université de Beir Zeit, au centre de la Cisjordanie. Expérience intéressante : moi, la Palestinienne d'Israël, j'entrais enfin dans le cœur de ce qu'on appelait la Palestine. Comme si j'avais besoin d'explorer l'élément palestinien en moi. C'est après que j'ai doucement glissé vers le théâtre. À Jérusalem. Puis à Haïfa. Et puis à Londres parce que je commençais à étouffer. Avant de m'établir à Paris où j'ai redémarré à zéro. À 28 ans.

Quelle est donc votre identité ?

Multiple ! Et bien plus complexe que ce qu'indique mon passeport qui n'est qu'une permission de passer les frontières. J'ai toujours refusé les boîtes dans lesquelles on aurait voulu m'enfermer. J'y étouffe et je n'ai cessé de me battre, à chaque étape de ma vie, pour le droit d'être libre et différente. Je suis née sur une terre de conflit. Un conflit compliqué, à multiples facettes. Je déteste donc la facilité et les visions simplistes. Le noir ou blanc ne m'intéresse pas.

L'actrice Ronit Elkabetz, que vous connaissiez bien, déclarait : « Je ne pourrais être qui je suis sans Israël en moi. » Diriez-vous la même chose de la Palestine ?

Non ! Ce serait bien trop réducteur. En moi il y a bien sûr la Palestine, mais aussi Israël, et la France où je vis désormais, et puis mon père, ma mère, mes filles, mon ex-mari, Jean-Baptiste Sastre avec qui j'ai monté de beaux projets, les compagnons d'Emmaüs qui y ont été associés… Et tout ce qui continue de m'alimenter et de me densifier. Y compris mes rôles et tous ces personnages que je porte dont les identités prennent le pas sur la mienne.

Vous ne vous sentez pas l'obligation d'être une sorte de porte-parole de la Palestine ?

Je ne porte pas la moindre casquette et ne suis porte-parole de rien ni de personne ! C'est trop lourd la Palestine ! Un proverbe arabe affirme : « On ne porte jamais l'échelle à l'horizontale. » Sinon, ça bloque. Eh bien la Palestine, c'est l'échelle à l'horizontale. Et je la laisse. Ou alors je la saisis, la redresse à la verticale et passe où je veux. Mais c'est moi qui la maîtrise alors. Pas l'inverse.

Votre père a-t-il fini par accepter tous vos choix ?

Je n'en savais rien jusqu'à ce jour de 2004 où

quelqu'un, faisant le making-of du film *La Fiancée syrienne*, a voulu me filmer avec mes parents. Je les ai donc prévenus de notre arrivée et nous avons débarqué ensemble au village. Il a sorti sa caméra et, dans une mise en scène un brin sordide, m'a placée entre mon père et ma mère avant de s'adresser à mon père : « Que pensez-vous du métier de votre fille ? » Malin, celui-ci a d'abord tenté l'esquive : « Posez-lui la question ! » Mais l'homme a insisté : « C'est votre opinion à vous que je souhaite. » Alors mon père s'est lancé. « Je suis un homme âgé. Mais je suis surtout un homme religieux, croyant et pratiquant. Le métier de ma fille va donc à l'encontre de toutes mes convictions. Seulement voilà : c'est ma fille. Et je l'aime. Ses choix lui appartiennent. Je ne suis pas la personne qui fera les comptes. C'est elle, à la fin, qui fera face à son Dieu. »

Instantanément je suis devenue petite, toute petite, en réalisant que mon père disait là, en quelques phrases, tout ce qu'il n'avait jamais réussi à exprimer en une vie. Amour. Tolérance. Comme j'avais été bête ! Comme je n'avais jusque-là rien compris à ce père ! Je suis sortie sur le balcon et j'ai pleuré. Comme une gamine.

Véronique Sanson

Elle est repartie sur les routes, avec son piano de combat. Chanter lui fait du bien. Chanter la sauve de ses tourments. Chanter lui est si naturel. Elle passe en un éclair du rire aux larmes, les échardes sont visibles, mais le sourire l'emporte. Et le vibrato de Bahia *donne toujours la chair de poule.*

Je ne serais pas arrivée là si...

Si je n'avais pas eu des parents musiciens. Pas des professionnels, de vrais mélomanes. Papa jouait du piano, maman de la guitare. Et lorsqu'on partait en vacances dans notre vieille 403, tassés sous les valises, on chantait, on chantait ! Des comptines, une foule de chansons populaires que maman connaissait, de grands airs classiques, un concerto brandebourgeois à quatre voix, vachement beau. Papa voyageait beaucoup pour son travail et rapportait des disques de partout. Il rentrait du Pérou ? « Venez écouter ça, les filles ! », disait-il avec gourmandise. Et on accourait découvrir ensemble des musiques du monde. Et du jazz, et du Gershwin, et du classique... C'était joyeux, naturel, délicieux.

Et un jour, ils vous ont mise au piano...
Le piano, c'était l'affaire de papa. Il avait formé un petit groupe inspiré de l'orchestre de Ray Ventura quand il était encore au lycée. Alors dès que j'ai eu 3 ou 4 ans, il m'a initiée. Il me prenait sur ses genoux et il guidait ma menotte pour des morceaux de jazz et *Sentimental Journey*. Pas évident, les touches noires, quand on a une toute petite main ! Puis j'ai pris des cours avec une prof et une répétitrice. Et comme j'ai beaucoup d'oreille, j'ai pu jouer très vite tout ce que j'entendais. À vrai dire, je ne me souviens pas d'une époque de ma vie où je ne jouais pas de piano. En revanche, la guitare est venue beaucoup plus tard. Quand j'ai découvert Brassens et eu envie de le chanter à la guitare. J'ai alors demandé à maman, qui jouait du classique, de bien vouloir m'apprendre. Et très patiemment, sur sa vieille guitare espagnole, elle m'a appris comment faire un la mineur, un mi mineur, un fa, un sol, des septièmes...

Leur annoncer que vous vouliez consacrer votre vie à la musique a donc été facile ?
Mon père m'a dit : « D'accord, mais dans ce cas, tu devras être la première ! » Encore fallait-il que j'ai ce qu'il appelait un « bagage » et que je passe le bac. Il y en avait deux à l'époque. J'ai eu le premier mais j'ai raté le second, alors que nous étions pourtant en 1968, que c'était la chienlit, et qu'il n'y

avait que l'oral ! Mais je me fichais bien de la philo. Michel Berger, avec qui je faisais déjà de la musique, me donnait des cours tout en me disant : « Mais qu'est-ce qu'on s'en fout de Bergson ! » Et puis, grâce à des amis de mes parents, j'avais déjà enregistré un 45 tours au sein d'un trio éphémère, les Roche Martin, formé avec ma sœur Violaine et François Bernheim. Les deux sont partis en fac de droit, moi, je ne rêvais que de musique. Et la rencontre avec Michel, qui travaillait chez Pathé Marconi, a été déterminante. On ne s'en souvenait pas, mais nous nous étions croisés, très jeunes, dans des goûters d'enfants. Nos parents se connaissaient. Mon père avait même emmené Annette, sa mère, dans des bals très chics de l'époque.

Vous veniez donc d'un milieu bourgeois.

Très ! La famille de maman était extrêmement modeste et elle avait fait son droit grâce à des bourses, se payant même le luxe de passer de surcroît une petite licence de maths. C'était une éponge, maman. Elle lisait vite, retenait tout, avide d'apprendre. Une véritable encyclopédie ! Papa, lui, était issu de la grande bourgeoisie, notamment par la lignée hollandaise de sa mère, faite de banquiers archi à l'aise. Il était avocat, puis député UNR du XIIIe arrondissement pendant longtemps, rapporteur du budget... Et j'ai vu défiler à la maison le gratin des hommes politiques de l'époque. Il ne concevait pas qu'on puisse ne pas s'intéresser à la politique. « C'est une philosophie de la vie, nous disait-il quand on était petites. Cela impacte vos libertés, votre façon de vivre. » Et quand on a été en âge de voter, il essayait de nous décrypter avec la plus grande impartialité possible la classe politique : « Celui-là, tu vois, c'est avant tout un rusé. Et celui-là, bien qu'il soit de gauche, eh bien c'est le plus intelligent. » Il n'avait pas d'œillères et il était formidablement intègre.

Michel Berger, au fond, vous ressemblait.

Nous étions comme des jumeaux, même milieu, même bouillonnement, même envie créative. On s'aimait autant qu'on s'admirait. Il n'a jamais écrit pour moi, mais il me disait : « On se voit demain ? J'aurai deux chansons. Et toi ? » J'essayais de m'aligner et ce fut une période incroyablement féconde ! On n'arrêtait pas. Et on a fait deux albums ensemble, coup sur coup, avant que je parte très brusquement aux États-Unis, happée par Stephen Stills... J'ai alors habité un ranch perché à 3 000 mètres d'altitude dans le Colorado. Je perdais tous mes repères, je ne connaissais personne, il fallait tout réapprendre. Ce fut rude. Mais si je n'étais pas partie là-bas, je ne serais pas non plus celle que je suis aujourd'hui.

Votre père parlait de « bagage ». En dehors de la musique, de quoi était-il fait ?

D'une joie de vivre incroyable qui avait régné à la maison. Et de valeurs fortes que mes parents incarnaient et avaient eu à cœur de nous transmettre, à ma sœur et moi. La liberté avant tout. Et donc l'esprit de rébellion et de résistance. On ne doit subir le joug de qui ou de quoi que ce soit, travail ou compagnon. On ne courbe pas l'échine, et l'on garde la tête haute, menton relevé. Quant aux passions, il serait fou d'y renoncer. Il faut parvenir à les assouvir et aller jusqu'au bout de ses rêves. Les regrets, c'est pour la tombe !

Tous deux avaient été des figures de la Résistance.

Ah oui ! C'est là qu'ils se sont connus au début de la guerre et c'est une belle histoire. Ils faisaient partie du fameux réseau du Musée de l'Homme. Papa était dans le renseignement et maman décodait les messages et faisait du sabotage. Elle était experte en explosifs et a fait sauter quelques trains, et aussi un bateau. Ils se sont hélas fait dénoncer et ont été incarcérés en France pendant deux ans et demi, gardés et torturés par des Français. Papa s'est évadé grâce à des faux papiers fabriqués au camp. Maman, elle, c'était Bruce Willis, et son évasion est digne d'un film d'aventures. On l'avait d'abord mise neuf mois au secret, enfermée dans le noir, nourrie tous les quatre jours. Puis elle avait connu l'horreur dans l'ancien couvent des Présentines, à Marseille. Et puis un jour, apprenant que sa déportation à Ravensbrück était imminente, elle s'était enfuie avec une copine. Grâce à une seringue d'eau, elles avaient fait sauter l'électricité du camp, assommé un gardien, marché des kilomètres dans un torrent, afin de rejoindre leur réseau et continuer la lutte. Ce qui est drôle, c'est qu'après s'être retrouvés sous leurs noms d'emprunt, mes parents ont continué à se vouvoyer jusqu'à la fin de leur vie. Pas par snobisme, mais par habitude. Même quand ils s'engueulaient. « Vous n'êtes qu'une buse ! », entendait-on alors.

Vous avez chanté votre vie sur scène, vos amours, vos désirs, vos souffrances. Mais votre famille apparaît aussi dans plusieurs chansons.

Bien sûr ! Dans *5e étage*, j'évoquais ma sœur, ma nounou, mon père (« Tu m'as donné toutes les chances »), ma mère (« sans qui je n'aurais rien créé »). Bien avant qu'elle meure, j'avais aussi dédié à maman la chanson intitulée *Pour celle que j'aime*. J'y confessais ma peur qu'elle s'en aille : « Quand tu seras sous terre, je ne saurai plus quoi faire, il faut vraiment que tu reviennes, que tu m'appelles... » Et j'avais un mal fou à la chanter quand je la savais dans la salle de concert. J'avais les larmes aux yeux, elle était bouleversée. Je voulais dire : « Même six pieds sous terre, on ne s'abandonnera pas, je serai toujours avec toi... » Mais elle est partie il y a dix ans, on m'a enlevé ma mère, c'est un cambriolage, le vide est monstrueux. J'ai passé des années à faire semblant de rien, et puis ça m'est retombé dessus d'un seul coup. Elle est morte ici, dans ma maison, à l'étage. Je voyais bien qu'elle souffrait et qu'elle était au bout du rouleau. Elle me disait : « Franchement ma chérie, j'en ai marre. J'ai eu une vie merveilleuse, tellement remplie, quelle chance. Mais vois-tu, papa est mort, tous mes amis sont morts, je ne peux plus marcher et j'ai mal partout. Maintenant j'en ai assez. Aide-moi. »

***Dix ans après, vous écrivez* Et je l'appelle encore...**

Oui. Le lien était si fort. À toutes les époques. Quand j'étais aux États-Unis, il n'y a pas un jour où je ne l'ai pas appelée au téléphone. Pas un ! Je me déchargeais sur elle. C'était ma poubelle, maman. Comme les psys sur lesquels on déverse sa vie. Et sans elle, comme dit la chanson, je n'aurais pas su résister aux griffures de l'existence, aux déceptions, aux souffrances, à ceux qui « ont tué mon innocence ». Elle me rassurait, temporisait, dédramatisait. Et elle me faisait rire. Vous n'imaginez pas comme on a pu rire ensemble ! Elle m'a transmis la passion des puzzles (je dois en avoir plus de mille) et celle des mots croisés. Les plus durs et les plus astucieux. Je continue sans elle. Mais j'ai toujours l'impulsion de l'appeler. Papa aussi d'ailleurs. Comme il me manque ! Et comme j'aimerais son éclairage – pardonnez-moi – sur cette élection présidentielle de merde !

Vous êtes croyante ?

Je ne suis pas sûre qu'on puisse retrouver un jour les êtres qu'on a aimés. Mais je crois qu'il existe une puissance supérieure, quel que soit le nom qu'on lui donne. Et qu'on n'est jamais seul, même quand on est à terre, et même plus bas que terre. Sans cet ange gardien, je serais morte depuis belle lurette.

***Vous vous moquez allègrement des religions dans la chanson* Dignes, dingues, donc...**

Je les trouve toutes liberticides. Et j'ai l'impression qu'elles nous prennent pour des cons. Tous ces discours punitifs et culpabilisants, les stupidités du créationnisme, les fastes ridicules du Vatican… C'est une philosophie d'amour qu'il faudrait enseigner, comme le fait le pape François. Ah, celui-là, je lui tire ma mitre ! Je l'aime infiniment.

On ne le sent pas dans la chanson !
Parce que mon texte est ancien et que je ne le connaissais pas encore. Sinon, je l'aurais cité. Il est bon, tolérant, rassembleur et il fait tout ce qu'il peut pour que les gens puissent vivre heureux ensemble. Je n'ai qu'une peur, c'est qu'on l'assassine, comme ce fut sans doute le cas pour Jean-Paul Ier, qui voulait agir contre la corruption au Vatican et à qui on a fait boire un bouillon d'onze heures.

La chanson Docteur Jedi et Mr. Kill *met en scène une femme battue par son compagnon, qu'elle finit par poignarder. Est-ce une référence à Jacqueline Sauvage, pour laquelle vous avez signé des pétitions, ou à votre expérience personnelle ?*
C'est une référence à toutes les femmes violentées qui, légitimement, souhaitent faire passer l'arme à gauche à leur tortionnaire. Je sais de quoi je parle car à une période de ma vie, j'ai eu un compagnon très violent. Mais quand j'ai écrit le texte, je ne pensais ni à moi, ni à Jacqueline Sauvage, à laquelle j'aurais pourtant aimé dédier la chanson. J'avais en tête une belle jeune femme, pleine de patience, qui, à force de se prendre des coups, saisit un jour un couteau et tue

son bourreau. Sans regrets et sans états d'âme. Simplement : toi, c'est fini. Au revoir.

Vous avez éprouvé un jour cette envie de meurtre ?

De nombreuses fois ! C'était en Amérique, et je ne savais pas comment faire. Je déteste les armes à feu. Donc l'arme blanche ? Il était tellement plus fort que moi qu'il aurait pu me l'arracher en deux secondes. Alors le pousser d'une falaise lors d'une randonnée à cheval dans le Colorado ? Ou le jeter du bateau ? J'ai tout imaginé sans penser une seconde que c'était le père de mon fils. Je n'en pouvais plus, c'est tout. Et dans mon désarroi, j'ai demandé à l'un de mes musiciens : « Tu crois que ça coûterait combien de mettre un contrat sur sa tête ? » Il m'a répondu : « Je peux te le dire parce que je me suis renseigné pour ma femme et figure-toi que c'est moins cher de se débarrasser d'un homme. À moi, cela me coûterait 15 000 dollars, à toi seulement 9 000. » Ce n'était rien pour en finir en deux secondes... Mais j'ai imaginé qu'on pourrait ensuite me faire chanter, que tout ça était en fait très compliqué...

On n'entend pas assez la détresse des femmes ?

On ne les écoute pas ! Quand elles vont dans un commissariat rapporter les violences subies avec une trouille bleue des représailles de leur mec qui pourraient être mortelles, les flics ne prennent pas la mesure du drame. Personne ne les écoute. C'est injuste. C'est insupportable. Alors j'ai écrit pour toutes celles qui subissent cela. Ce n'est pas une incitation à tuer. Mais l'expression d'une compassion pour les femmes et une supplique aux hommes, flics, voisins, amis, pour qu'ils entendent enfin et ne laissent pas repartir chez elle une femme couverte de bleus.

Vanessa Redgrave

Qualifiée de « meilleure actrice de notre temps » par Tennessee Williams, Vanessa Redgrave brûle encore les planches du théâtre britannique en interprétant les grands rôles de Shakespeare. C'est d'ailleurs entre deux répétitions de Richard III *en juin 2016 qu'elle m'accorde, impériale, un bref entretien. Fidèle à sa légende de pasionaria, elle continue aussi, à 80 ans, de promener sa longue silhouette dans les camps de réfugiés et n'hésite pas à se saisir des haut-parleurs pour dénoncer les atteintes aux droits humains.*

Je ne serais pas arrivée là si…

Impossible de poursuivre une telle phrase. Je ne réfléchis jamais dans ces termes, et je n'aime pas les spéculations. Comment savoir ? Quelqu'un peut avoir joué un rôle dans votre vie à un moment donné, un autre avoir sauvé une certaine situation…

Vous appartenez à une famille prestigieuse d'acteurs. Votre naissance a été annoncée sur une scène de théâtre

londonienne par Laurence Olivier qui jouait Hamlet *avec votre père, Michael Redgrave : « Mesdames et messieurs, ce soir, une grande actrice est née. » Une telle intronisation a de quoi influencer un destin !*

J'imagine que oui. Ma famille et son environnement artistique sont forcément pour beaucoup dans mon choix de carrière. C'est pourtant la guerre qui me vient à l'esprit. Car je suis avant tout une enfant de la guerre. C'est cela qui a le plus déterminé ma trajectoire de vie. C'est cela qui a fait que pendant toute mon existence, j'ai été obsédée par l'idée que cette cohorte d'horreurs ne devrait plus jamais se produire et que j'ai tenté d'y contribuer.

Vous n'aviez que 3 ans quand la guerre a commencé…

Et 8 quand elle s'est terminée. Je vous assure que cela forge des réflexes viscéraux pour toute une vie. La guerre en Angleterre n'avait rien de commun avec ce qui s'est passé dans la France occupée où des atrocités ont été perpétrées par des nazis allemands, mais aussi par des nazis français, disons des fascistes. Une amie juive a raconté dans un livre comment elle avait été raflée par la police française et emmenée au Vél d'Hiv avec sa mère. Et j'ai tenu à l'inviter à une conférence que j'organisais en Allemagne en 1993, alors même qu'une vague de persécutions contre les familles turques déferlait sur ce pays. Le thème était : « Plus jamais ça ! », soixante ans après l'arrivée d'Hitler au pouvoir. Je pense que le rappel de l'histoire est plus que jamais nécessaire au moment où les réfugiés sont si malmenés en Europe ! Mais j'ai aussi des souvenirs personnels de la guerre. L'Angleterre a été bombardée dès le début du conflit. Et ces premiers bombardements de 1940 ont forcé beaucoup de familles à fuir Londres. J'ai donc rapidement été évacuée à la campagne, chez des cousins. Et j'ai vu la ville de Coventry en flammes, le ciel rouge comme du feu.

Vous en conservez les images ?

Mais oui ! J'avais conscience qu'il se passait quelque chose de terrible. Et c'est resté un traumatisme que je n'ai compris qu'à l'occasion d'une mission de l'Unicef à Sarajevo, où je travaillais avec des psychologues spécialistes des enfants. C'était donc ça, me suis-je dit, l'explication de tant de cauchemars que j'ai faits toutes ces années ! Je voyais le feu se rapprocher, un peu plus près, encore un peu plus près... cela me terrifiait. Et je me rappelle l'émotion que j'ai ressentie, en décembre 1948, lorsque j'ai entendu à la radio la Déclaration universelle des droits de l'homme. J'avais 11 ans, j'étais hantée par la question « est-ce que tout ça pourrait recommencer un jour ? », et j'ai compris que les auteurs de ce texte l'avaient justement écrit pour que ce soit désormais impossible.

Une confrontation précoce avec les événements du monde...

Oui, très tôt, la conscience du monde. Nous savions qu'il s'agissait d'une guerre « mondiale ». Que les hommes de la famille étaient dans la Royal Navy et donc se battaient quelque part sur un océan. Un oncle, frère de ma mère, a d'ailleurs été tué dans le Pacifique. Tous les soirs, solennellement, nous écoutions les nouvelles à la radio, et notamment les bulletins météo de la BBC : « Attention all shipping ! » S'ensuivait une litanie de noms exotiques, des latitudes et des longitudes. Bien sûr, les hommes en mer n'avaient pas le droit de communiquer à leur famille la moindre indication sur la zone où ils se trouvaient pour ne pas risquer d'informer l'ennemi. Mais nous écoutions avec une attention religieuse en essayant de deviner si c'était plutôt de bon ou de mauvais augure. Toute l'Angleterre suivait ces bulletins météo. Et chacun se sentait le devoir de faire quelque chose pour le pays. Nous-mêmes, les enfants, ne rêvions que d'aider.

Que pouvait bien faire une petite de 4 ans ?

4 ans et demi ! Je ne savais pas écrire, mais je savais lire. Or dans la maison de ce cousin se trouvait un garçon de 6 ans, lui aussi réfugié. Ses parents étaient des professeurs d'Oxford et il adorait le théâtre. Il avait fabriqué un théâtre de poche et découpé des mini-personnages en carton qu'il animait. Je le trouvais merveilleux. Je n'avais pas encore compris que mes parents étaient acteurs ; ce n'est qu'entre deux vagues de bombardements à Londres qu'on m'a emmenée voir mon père jouer. Bref, ce garçon a écrit une pièce, et j'étais son actrice. L'histoire se passait dans une île déserte, je portais une longue robe et un sac à main. Et je devais dire un monologue effrayant. C'était la première fois que ma mémoire était ainsi

testée ! Le public était composé d'une douzaine de personnes qui devaient payer une pièce d'un demi-penny sur laquelle figurait un bateau. Car l'idée était de transmettre notre recette à la marine marchande qui permettait à la Grande-Bretagne d'être alimentée, malgré les sous-marins ennemis.

Votre contribution à l'effort de guerre !

Les adultes faisaient de leur mieux pour dédramatiser. Lorsque nous descendions à la cave, lors des premiers bombardements de Londres, maman chantait les airs de ses spectacles, mon petit frère endormi dans ses bras. Mais les enfants perçoivent tout et n'ont de cesse de vouloir se rendre utiles. Combien de gosses des rues en Italie n'ont-ils pas été tués parce qu'ils aidaient les résistants ? Et combien d'enfants actuellement sur les routes de l'exil ne font-ils pas tout ce qu'ils peuvent pour aider leurs parents ?

C'est donc de ces moments intenses que date votre intérêt pour la politique ?

Cela m'a donné un sens du monde et de l'engagement. Mais c'était une ambiance générale dans l'entourage de mes parents. La meilleure amie de ma mère, l'actrice Peggy Ashcroft, se battait notamment pour obtenir des visas pour des artistes juifs réfugiés, peintres, musiciens, acteurs. C'était hélas quasiment impossible jusqu'à la fin de 1938. Un groupe de collègues et d'amis tentait de lever des fonds pour les réfugiés et les hôpitaux. Évidemment, ils étaient tous fichés par le FBI et le KGB pendant la guerre. Et les châtiments sont venus après.

La politique a accompagné toute votre vie de comédienne. Vous souvenez-vous d'un premier engagement ?

1956. J'étais étudiante en deuxième année à l'école d'art dramatique quand est survenue la révolution hongroise. J'ai aussitôt quitté l'école pour venir en aide à des réfugiés accueillis dans un centre. On suivait d'heure en heure ce qui se passait à Budapest, il y avait des meetings chaque jour.

Et la dernière fois ?

Voyons ! Comment se taire devant une échéance aussi fondamentale que le référendum sur le Brexit ! Tout le monde, en Grande-Bretagne, déteste le gouvernement européen, c'est un fait. Et pour toutes sortes de raisons. Mais enfin, comment voter sur une simple impulsion personnelle ou en se référant à des politiciens menteurs qui évitaient les sujets fondamentaux ? Comment se fier à une presse démagogue, obsédée par les petites phrases et les personnes, et jouant sur la peur des étrangers ? Le débat était pourri. Le seul critère qui m'importait était celui des droits de l'homme. Et je sais que quitter l'Europe va nous faire terriblement régresser.

Vous interprétez chaque soir la reine Margaret dans Richard III, *de Shakespeare, sur la scène de l'Almeida*

Theatre. Mais pas un jour vous ne relâchez votre attention sur l'actualité du monde ?

Jamais sur cette question des droits de l'homme. Je prépare un documentaire sur les réfugiés conçu comme un requiem pour les enfants morts sur la route, en essayant de trouver un asile. Cette cause me bouleverse et me mobilise en permanence. Je suis allée à Athènes pour visiter des centres de migrants. Médecins sans Frontières y fait un travail fabuleux, ainsi que beaucoup de petites organisations. Mais je suis effarée de voir que le Haut Commissariat aux réfugiés, qui peut intervenir à grande échelle, n'a plus aucun moyen. Comme je suis écœurée par cet accord passé entre Bruxelles et la Turquie pour renvoyer les migrants. Ils ont foulé aux pieds les valeurs de l'Europe et violé la règle numéro un de la convention pour la protection des réfugiés ! Il n'y a que Merkel qui, depuis le début, se soit montrée digne et courageuse. Leur histoire sombre a obligé les Allemands à inscrire le droit d'asile dans leur Constitution et Merkel est une femme de principes. Quel contraste avec la Grande-Bretagne, où le financement de la principale organisation chargée de coordonner l'accueil des migrants a été amputé de 60 % ! Ce sont de toutes petites associations qui se mobilisent localement. Mais c'est encore plus difficile qu'à l'époque des nazis !

Vous pensez qu'en raison de leur notoriété les artistes ont l'obligation de s'impliquer ?

Non, je ne parle jamais en termes de moralité. Mais

je sais que si on s'adresse aux gens de manière claire, ils sont toujours prêts à aider.

Avez-vous eu la tentation d'abandonner le métier d'actrice au profit de vos engagements humanitaires ou politiques ?

Cela m'a traversé l'esprit à plusieurs moments de ma vie. Mais quand je m'en suis ouverte à un metteur en scène que je respectais infiniment, il m'a répondu : « N'abandonne pas ce métier. C'est un don. Ce serait un péché de ne pas t'en servir. » Oui, il a bien parlé de « péché ». Alors, que pouvais-je faire ?

Angélique Kidjo

Originaire du Bénin, elle a chanté dans les salles de concert les plus prestigieuses du monde mais aussi dans des stades, des places publiques, d'immenses manifestations. Le magazine Time *l'a qualifiée de «première diva d'Afrique» et la BBC l'a incluse dans sa liste des 50 icônes du continent. C'est peu dire que c'est une star et que ses hits planétaires font danser les foules. Une petite sœur de Miriam Makeba, généreuse et dynamique, engagée dans de multiples combats.*

Je ne serais pas arrivée là si...

Si mon père n'avait pas mis ses trois filles à l'école. Lui si calme, si digne, si pince-sans-rire, pouvait se transformer en lion furieux sur la question de l'éducation. Zéro tolérance pour la connerie humaine et ses manifestations comme le racisme ou l'antisémitisme ! Alors il tenait à ce que ses filles soient scolarisées, au même titre que ses sept fils. Pour comprendre la complexité du monde et penser en liberté. Il me disait : «J'ai un petit salaire ; et ta mère déploie des talents d'ingéniosité pour que vous puissiez manger trois repas par jour et que votre scolarité, vos livres, vos uniformes soient payés. Car la seule richesse que je peux vous donner, c'est une éducation. Ce que vous en ferez après, ce sera votre choix. Mais je veux faire de vous des hommes et des femmes de raison. »

Il faisait partie de ces gens éclairés...

C'était un sage. J'aimerais que toutes les filles d'Afrique aient ma chance et que leurs pères comprennent qu'elles peuvent accomplir des choses extraordinaires si on leur donne la possibilité de déployer leurs ailes. Papa avait décrété que notre maison de Cotonou était une zone de liberté. Il ne se souciait pas de ce que nous faisions en dehors des repas, pourvu que nos devoirs soient faits avant d'aller nous coucher. Seule contrainte : se retrouver tous ensemble au petit déjeuner, au déjeuner et au dîner. Car autour de la grande table, on discutait. Et je vous assure que c'était vivant, il y avait de ces pugilats ! Tous les sujets étaient abordés : la religion, la drogue, la sexualité. Mon père nous encourageait à débattre et mon frère Yves ne se gênait pas, toujours dans la contestation. Papa le laissait faire. « Tant que c'est logique et qu'on parle dans le respect les uns des autres, vas-y ! disait-il. Envoie tes arguments ! » On riait. C'était joyeux et libre.

Une smala de dix enfants ne devait pas être facile à gérer !

C'est la question que j'ai posée à maman il y a peu :

mais comment as-tu fait avec dix gosses ? « Je ne réfléchissais pas », m'a-t-elle dit. Les journées étaient structurées par les repas et l'école. Et pendant les vacances, tout le monde mettait la main à la pâte et prenait son tour de cuisine. Garçons et filles. De vieilles tantes s'alarmaient : « Tu vas faire de tes garçons des filles ! » Ma mère tenait bon : « Il n'est écrit nulle part qu'une femme doive être l'esclave d'un homme. » Et elle nous expliquait : « Quand j'ai épousé votre père, il ne savait même pas faire bouillir de l'eau ! Combien de fois n'a-t-il pas failli mettre le feu à la maison alors que je lui demandais un service ? Je ne veux pas qu'une seule de mes belles-filles vive le cauchemar que j'ai enduré. Mes garçons devront savoir tout faire ! » C'est le cas. Mes frères savent faire le marché, cuisiner, coudre, couper les cheveux... Croyez-moi, ce n'est pas si fréquent au Bénin.

C'était là un discours féministe.

Bien sûr ! Maman était très moderne. Elle faisait partie d'un groupe destiné à promouvoir le droit de vote des femmes, le droit de choisir son partenaire, le droit à l'avortement. Je me souviens que la présidente de ce groupe m'avait appelée un jour pour que je chante avec elles un air de la grande chanteuse Miriam Makeba sur lequel elles avaient mis leurs propres paroles : « Ne faites pas de mal aux femmes, ne les maltraitez pas. Vous devez les respecter parce qu'une femme est un trésor. » J'avais 8 ans et chanter avec elles, qui étaient si belles dans leurs boubous et leurs coiffes colorés, me donnait une formidable impression de force. Toute ma vie, j'ai continué d'associer la musique avec l'émancipation des femmes.

Le patriarcat était particulièrement oppressant dans cette société.

Comme partout ! Maman avait d'ailleurs créé une association des enfants uniques, Akogo, parce qu'elle avait vu la solitude dans laquelle s'étaient retrouvées sa mère, et même sa belle-mère, à cause de ce patriarcat. Mes deux grands-mères sont en effet devenues veuves à 35 ans. Dans une telle situation, la tradition exigeait que la femme épouse le frère ou le cousin du défunt. Or les deux ont refusé : « OK avec l'idée qu'épouser un homme, c'est aussi épouser sa famille. Mais pas question de coucher dans un lit avec son parent ! » À partir de ce moment-là, elles ont perdu tout soutien. À elles de se débrouiller toutes seules avec leurs enfants. C'est ce qu'elles ont fait en ouvrant des commerces. Les femmes sont fortes dans ma famille.

Vous n'avez rien à leur envier !

Moi, petite, j'étais une pile électrique. Un derviche tourneur. « Tu me donnes le tournis ! », disait maman. J'avais une énergie vitale dingue, convaincue, jusqu'à mes 12 ans, que j'étais un garçon. Les robes, les chaussures vernies et les socquettes blanches, quelle horreur ! C'est nu pieds que je me sentais bien. Pour grimper aux arbres, jouer au foot, suivre mes frères. Quant aux poupées, je détestais. Il y avait tant d'autres jeux plus passionnants. J'étais d'une telle curiosité qu'on m'avait surnommée «quandquoicomment». Qu'est-ce que c'est que ça? Pourquoi on a dit ça? Comment on fait ça? Quand j'arrivais au village avec toutes mes questions, mes oncles et mes tantes devenaient fous. Il n'y avait que mon oncle Koussa pour s'émerveiller que je sois si curieuse de nos traditions. C'était pourtant normal! Rien n'est écrit chez nous. Si tu ne poses pas de questions, tu ne connais rien!

Et puis vous chantiez!

Depuis toujours. Avant même d'avoir prononcé ma première phrase, assurait mon père. Quand j'entendais de la musique quelque part, je laissais tout en plan et hop! Je courais. Il fallait que je trouve d'où ça venait. Rien ne pouvait m'arrêter.

Une tradition de famille? Un don particulier?

Quand ma mère est tombée enceinte de moi, elle a prié tous les dieux pour que je sois une fille. Mon père disait: «Pourquoi tu me regardes? C'est pas moi qui décide!» Mais elle lui répétait: «Je veux une fille!» Mon père se moquait: «Tu n'aimes pas les mecs?» Et ma mère s'énervait: «Attends! Combien de mecs je t'ai déjà faits? Cinq!» Or c'est à ce moment-là qu'une tante, qu'on appelait Rossignol, et qui était détentrice des chansons traditionnelles de la famille, a été contrainte, pour des raisons de santé, de venir séjourner chez nous à Cotonou. Et tous les jours, elle chantait, la bouche collée contre le ventre arrondi de maman, en disant: «Tu auras une fille, et elle chantera.» Eh bien ses chansons me sont mystérieusement entrées dans la tête. Quand je les chantais, fillette, tout le monde était sidéré : mais comment tu connais ça ? Je répondais : « Je ne sais pas… »

Quand avez-vous compris que vous alliez en faire votre métier ? Plus qu'un métier d'ailleurs, un mode de vie, un engagement ?

J'avais appris à 9 ans l'existence de l'esclavage. Et à 15 ans, celle de l'apartheid en Afrique du Sud. C'était sur une chaîne de télévision nigériane qu'on avait réussi à capter et sur laquelle Winnie Mandela parlait de son mari et de sa lutte contre le régime raciste. Ce fut un choc incroyable. Comme si le monde et les valeurs dans lesquels m'avaient élevée mes parents s'écroulaient. J'ai ressenti une angoisse et une douleur immenses. Quelle injustice, me disais-je ! Il faudrait avoir honte ou peur à cause de la couleur de sa peau ? C'était inconcevable !

J'ai tout de suite écrit une chanson qui s'appelait *Azan Nan Kpé*, « le jour viendra » en langage fon. Mon père l'a écoutée et m'a regardée dans les yeux : « Je comprends ce que tu ressens. Mais la haine et la violence n'ont pas de place dans cette maison. Ton rôle, en tant qu'artiste, n'est pas de mettre de l'huile sur le feu mais d'unir les gens. Alors, soit tu réécris ta chanson et tu tires quelque chose de positif de la douleur que je vois dans tes yeux, soit tu ne chanteras plus jamais. » Je suis repartie et j'ai changé complètement ma chanson. Ce fut le début d'une prise de conscience sur la responsabilité des artistes qui a influencé toute ma vie.

Vous vous donniez déjà une mission ?

L'injustice est ce qui me révulse le plus depuis que je suis gamine. Elle m'est insupportable. À la maternelle, je pouvais me battre si un enfant prenait le jouet d'un autre. Et au fil des années, toutes les bagarres auxquelles j'ai été mêlée étaient liées à cette notion. Et puis mon père m'a fait comprendre qu'utiliser mes poings était un signe de défaite absolue. C'est avec son cerveau qu'il faut se battre. Et de façon pacifique. Alors j'ai mûri l'idée de devenir avocate spécialiste des droits de l'homme. Ou alors chanteuse, comme Miriam Makeba, dont les chansons avaient une force et un sens très politiques.

Vous avez commencé à vous produire très jeune sur les scènes du Bénin. À 19 ans, vous aviez même déjà sorti un disque.

Enregistré en une nuit ! Le portrait de la pochette avait été pris par mon frère Alfred dans le studio photo de mon père, la robe dessinée par ma mère. Ce disque a tellement tourné sur toutes les radios d'Afrique de l'Ouest qu'un tourneur très renommé a accepté d'organiser un grand concert au Togo, avant de se rétracter deux mois avant la date : « Franck, je suis désolé, a-t-il dit à mon père. J'adore la voix de ta gamine. Mais elle est vraiment trop petite, personne ne la verra sur scène. Je ne veux pas investir. » Mon père est devenu fou : « Tu te rends compte de la bêtise de tes propos ? Où as-tu appris que les artistes devaient être grands ? C'est à la taille que tu mesures le talent ? » Eh bien lui, qui était postier et ne connaissait rien à la promotion musicale, a relevé le défi. Et toute la famille a fait corps. Il a fait fabriquer des T-shirts, refait les invitations, modifié de sa main toutes les affiches du concert, investi ses économies. Le concert a bien eu lieu, déclenchant un énorme bouche-à-oreille qui a lancé ma carrière en Afrique.

Et pourtant, vous avez décidé de partir.

Je n'avais plus le choix. Le régime marxiste avait anéanti toute liberté d'expression et la dictature avait transformé chaque citoyen en espion potentiel. La suspicion était partout, même au sein des familles. Quant aux artistes, ils étaient réquisitionnés pour écrire et chanter les louanges de la révolution. J'ai dit non. Impossible. Il fallait donc que je parte. Alors la famille s'est organisée pour m'extrader vers Paris, dans le plus grand secret. C'était le 10 septembre 1983. J'avais 23 ans.

Vous débarquiez du Bénin mais vous étiez française !

Oui. J'étais née deux semaines avant que le Bénin n'obtienne son indépendance et donc, légalement, j'étais aussi française que ces Parisiens qui ne répondaient pas à mes sourires dans le métro et ne concevaient pas qu'une Noire ait la même nationalité qu'eux. Les débuts furent difficiles. J'ai eu faim et froid. J'ai fait une multitude de petits boulots. Mais j'ai eu la chance d'être beaucoup sur scène grâce à un pianiste de jazz hollandais et génial, amoureux de musique africaine, tout en suivant les cours d'une école de jazz. C'est là que j'ai rencontré Jean, philosophe et musicien, avec qui j'ai chanté, un soir de Fête de la musique.

Et avec qui vous êtes mariée depuis trente ans.

La passion que nous éprouvions l'un pour l'autre se confondait avec celle, dévorante, que nous avions pour la musique. On parlait, on jouait et on créait ensemble, sans cesse. On partageait tout. Et nos familles n'étaient finalement pas si différentes qu'elles en avaient l'air. Ses parents, profs et gauchistes, étaient aussi ouverts et généreux les miens et se fichaient bien de ma couleur.

Et puis, notre couple s'est fondé sur quatre principes : 1) l'amour sans respect absolu de l'autre, ça ne marche pas. 2) ne jamais se coucher fâchés, on règle les problèmes avant d'éteindre la lumière. 3) on ne demande pas à l'autre de choisir entre sa famille et ses amis. 4) constamment révérer la liberté de l'autre et prendre le temps de s'asseoir et discuter du moindre problème. Je ne me serais jamais engagée dans une relation sans avoir posé des bases. Après c'est trop tard.

Vous avez rapidement été invitée à faire la première partie de votre maman musicale, Miriam Makeba, à l'Olympia, un label de disque prestigieux vous a signée, et les rencontres avec des musiciens stars se sont enchaînées : James Brown, Peter Gabriel, Carlos Santana, Celia Cruz, Alicia Keys...

On me demande parfois pourquoi je suis généreuse dans mon métier et pourquoi j'invite tant de gens sur ma scène. Mais c'est parce que j'ai de la mémoire ! Je me souviens que des gens m'ont tendu la main à mes débuts. Je n'ai pas été élevée dans la culture du «prendre prendre prendre». Ma grand-mère me disait toujours : « Quand tu donnes, tu reçois plus ! » C'est tellement vrai. Et certaines rencontres nourrissent. Celles avec des artistes restés humbles malgré leur talent, et avec une intégrité, une parole, des valeurs. Celles avec d'immenses personnages comme Nelson Mandela et Desmond Tutu, qui ont toujours parlé avec leur cœur et leurs tripes, et me font me sentir si petite.

Quels sont les thèmes que vous avez le plus à cœur de chanter ?

Les droits des êtres humains. Le premier article de la Déclaration universelle des droits de l'homme proclame que tous les êtres naissent libres et égaux en droits. Mais cet article est sans cesse bafoué. Et cela me révolte. Le patriarcat dénie aux femmes des droits essentiels, alors même que les pires machos ont un coup de sang dès qu'on touche à leur mère. Quelle schizophrénie ! Mes chansons évoquent les mariages précoces, les unions forcées, les violences conjugales. Mais aussi l'amitié et la solidarité qui nous lient. Je parle aussi des enfants, de la liberté d'expression, de justice politique pour les opposants d'un régime... Chanter avec un message donne du sens à ma vie.

Et presque à chaque concert vous évoquez l'esclavage.

Parce qu'on n'en a pas fini avec cette histoire ! Et

qu'elle n'a jamais été correctement racontée. Un crime a été commis contre les Africains, qu'on accentue encore en déniant à ce peuple le droit à sa propre histoire. On ne vit pas, en Afrique. On survit. C'est pour cela qu'en allant chercher ma récompense, sur la scène des Grammy Awards, en 2007, je me devais de rappeler à tous que l'Afrique est le berceau de l'humanité.

L'année suivante, Barack Obama était élu président des États-Unis et vous étiez invitée à chanter le soir de son investiture…

Avec quelle allégresse ! Quel optimisme ! J'avais l'impression que le monde bougeait enfin dans la bonne direction. Ce couple avait la grâce. Et Michelle Obama, que j'ai rencontrée à la Maison Blanche après son discours sur les jeunes filles kidnappées par Boko Haram, m'a bouleversée. On a beaucoup parlé ensemble de ce qu'il est possible de faire pour faciliter l'éducation des jeunes filles dans les différentes communautés. Car c'est au fond ce qui me tient le plus à cœur avec ma fondation, Batonga, qui délivre des centaines de bourses à des écolières pour les faire accéder à l'enseignement secondaire. Il faut qu'elles deviennent leaders, qu'elles influent sur le sort de l'Afrique. Les femmes sont la colonne vertébrale de ce continent.

Et l'élection de Donald Trump ?

Cette fois, c'est de chanter le lendemain de son investiture qui m'a fait du bien. C'était le 21 janvier 2017, à la grande marche de protestation des femmes, et ce fut cathartique, car depuis l'élection du mois de novembre, Jean et moi étions sonnés. Dans une douleur corrosive et dans une incrédulité qui nous rendait impuissants. Et puis il y a eu cette marche organisée à Washington. Ces femmes qui arrivaient de Minneapolis, de Seattle, de La Nouvelle-Orléans, de tous les coins des États-Unis, afin de marcher ensemble et d'exprimer à la fois peur et formidable détermination. C'était radieux et c'était fou. Il y avait Angela Davis, Gloria Steinem, Alicia Keys, Cher, Madonna, plusieurs générations de militantes et d'artistes, vibrantes et solidaires. Quand je suis montée sur scène et que j'ai entamé la chanson de Sam Cooke *A Change is Gonna Come*, j'ai senti une onde qui traversait la foule, dont je ne voyais même pas la fin. Il a fallu que je me retienne pour ne pas pleurer. Je me suis dit que s'il y avait un bon Dieu, c'était ça, sa manifestation. Parce qu'il y avait de l'amour, de la foi, de la solidarité. Et que ce moment était tout simplement génial.

On fait des choix dans la vie. Certains peuvent être désastreux en termes de carrière, mais on ne peut pas ne pas les faire. Je reste fidèle aux valeurs de mon père, dont le souvenir m'accompagne. Et j'aime ce proverbe américain, si difficile à traduire en français : « If you don't stand for something, you will fall for anything. »

Laura Flessel

Elle a tout connu du sport et remporté, en escrime, « tous les titres et tous les métaux ». Dix-huit fois championne de France, sextuple championne du monde, quintuple médaillée olympique... Une fine lame surnommée « la guêpe » pour sa capacité à piquer ses adversaires aux pieds, devenue ministre des Sports entre mai 2017 et septembre 2018.

Je ne serais pas arrivée là si...

Si trois femmes magnifiques, en Guadeloupe, n'avaient influencé ma vie : Esther, ma grand-mère, Marie-Eva, ma mère et Pascale, ma sœur aînée. Pascale n'a que trois ans de plus que moi, mais c'est un peu mon mentor. Sa détermination et son franc-parler m'ont toujours fascinée. Elle voyait tout en grand, ignorait obstacles et difficultés, hyper-féminine – alors que j'étais garçon manqué – avec une âme de globe-trotter. Tout lui semblait possible. L'Amérique et la Caraïbe anglo-saxonne l'attiraient. Elle a d'ailleurs tout de suite parlé anglais. Et quand son école a fait un échange de quinze jours avec les États-Unis, elle est rentrée à la maison en disant à ma mère : « je vais vivre là-bas », alors qu'à 18 ans, tous les jeunes allaient en métropole. Deux semaines plus tard, elle était partie ! Elle vit là-bas depuis 34 ans, travaille dans la finance et a trois beaux enfants. Nous sommes fusionnelles.

Et votre mère ?

Une poigne de fer dans un gant de velours. Un courage, une vivacité, une énergie ! Elle a renoncé à enseigner à l'université pour redescendre à la base : l'école primaire. « C'est là que ça se passe », disait-elle. Du coup, atypique et transgressive, elle a demandé à garder ses élèves pendant deux années, CM1 et CM2. Et ses quatre enfants sont passés par sa classe en l'appelant « maman » à la maison et « Madame » à l'école. C'est qu'on ne plaisantait pas avec l'éducation ! Je crois même que j'étais notée plus sévèrement que les autres élèves pour qu'il n'y ait pas de soupçon de favoritisme. Elle prenait tellement son métier à cœur, se démenait pour trouver de l'argent afin d'emmener ses élèves en métropole et leur montrer les grandes institutions comme l'Assemblée nationale. Et nous, deux filles et deux garçons, elle nous fourrait le week-end dans sa voiture pour nous faire découvrir tous les recoins de la Guadeloupe. Elle avait divorcé, ce qui n'était ni simple ni bien vu à l'époque. Mais elle assumait son métier et ses quatre enfants avec allant. Aujourd'hui encore, bien qu'à la retraite, elle donne des cours à des séniors ou à des étrangers vulnérables venus des autres îles. Elle est constamment dans l'entraide, va à l'église, chante à la chorale, s'occupe des petits-enfants. Pas besoin d'aller très loin pour comprendre qui je suis : je viens de ma mère !

Mais alors, cette grand-mère Esther ?

Très peu de temps après ma naissance, ma mère se promenait avec sa poussette sur la place de la Victoire à Pointe-à-Pitre, toute de blanc vêtue, quand elle a été assaillie par une vague rouge, une terrible hémorragie qui lui a valu d'être hospitalisée plusieurs semaines. C'est donc ma grand-mère qui vivait au Moule, un joli village de pêcheurs, qui s'est occupée de moi pendant ces semaines cruciales de la prime enfance. Et ce temps initial nous a – inconsciemment – liées pour la vie. Toutes mes vacances se déroulaient chez elle. J'y fonçais avec bonheur, ignorant mes frères qui m'accusaient d'être la chouchoute. Mon grand-père était contremaître dans une usine et elle donnait des cours à la maison pour aider des jeunes. En 1989, hélas, elle a eu une double ablation du sein et était en rémission lorsque son cœur a lâché au déferlement du cyclone Hugo sur la Guadeloupe. Elle m'a vue faire des compétitions, mais elle ne m'aura connue ni championne, ni maman, ni ministre.

Quelles étaient les valeurs inculquées par ces trois piliers de votre vie ?

On partait de l'idée que la vie est toujours mouvementée et l'avenir imprédictible. Qu'il faut donc très vite s'aguerrir, de façon à toujours se tenir droites, capables d'affronter toutes les éventualités. Les filles ne devaient rien attendre des hommes (ils étaient d'ailleurs peu nombreux dans la famille) mais se responsabiliser et être indépendantes financièrement. L'éducation était une valeur fondamentale. La volonté. La solidarité.

L'égalité hommes-femmes allait de soi ?

Oui. Même éducation, mêmes droits. Mes frères faisaient la cuisine, mon grand-frère Fabrice a d'ailleurs fait beaucoup de pâtisserie. Et mon père, bien que né en 1933, a toujours assumé parfaitement son statut de papa, quitte à se faire railler par ses collègues lorsqu'il se promenait seul avec trois petits et une poussette.

Quelle était la place de la religion ?

Voyons ! Nous sommes aux Antilles ! La religion catholique y est essentielle et j'ai fait partie, enfant, du mouvement « Cœurs vaillants, âmes vaillantes ». Toute une éducation ! Ma mère et ma sœur n'ont eu de cesse, depuis, de me reprocher de ne pas aller davantage à la messe, mais je leur disais : Priez pour moi quand vous y êtes ! Moi, je le fais dans mon lit, dans mes déplacements, même dans les compétitions. Je n'ai pas besoin d'un lieu spécifique pour rencontrer la spiritualité. Et puis vous savez, depuis le temps que je voyage, j'ai côtoyé des tas de religions et je me suis sentie partout chez moi, que ce soit dans une église russe, une mosquée ou une synagogue. La vie spirituelle fait partie de mon équilibre et influence toutes mes actions.

Comment l'escrime, ce sport réputé élitiste... et blanc, a-t-il surgi dans la vie d'une petite Guadeloupéenne ?

Par un vrai coup de foudre. À l'âge de 5 ans et demi. J'étais fascinée par les films de cape et d'épée. Et avec mes deux frères, entre deux parties de billes ou d'escalade dans les arbres, je simulais des duels, armée de brindilles. On s'appropriait les rôles des différents héros, j'adorais cela. Ma mère a vite voulu corriger ce côté garçon manqué qui me collait à la peau en m'inscrivant à un cours de danse classique et en m'achetant un tutu rose. Vous imaginez ? Moi qui ne mettais de robe que pour aller à la messe ! Grotesque. Je voyais mes frères aller jouer au foot, en bleu, et moi, j'aurais dû m'affubler de rose comme toutes les petites filles ? Pas question. Alors j'ai fait une contre-proposition. En blanc.

Vous connaissiez l'escrime ?

Non. Mais ma mère nous permettait de voir les dessins animés à la télévision à condition que nous regardions aussi le journal télévisé. À la fin des informations, il y avait toujours la séquence du sport, que nous attendions avec impatience. Or voilà qu'un jour, est apparu sur l'écran l'image furtive d'un match de sabre. Deux hommes en blanc s'affrontaient sur une piste encadrés par des assesseurs. J'ai été frappée par la foudre. Ce n'était pas un film de cape et d'épée nous projetant dans un passé imaginaire, c'était bien notre époque, et la réalité. J'ai bondi : « Maman, je veux faire ça ! »

Le lendemain, nous avons découvert des prospectus indiquant qu'il existait un cours d'escrime dans la ville de Petit-Bourg et nous nous sommes aussitôt rendus dans la salle, ma mère, mes frères et moi. C'est moi-même qui me suis présentée au professeur : « Bonjour, je suis Laura, je veux faire du sabre. » Le sabre n'existait pas pour les filles, mais Joël, qui est devenu mon entraîneur par la suite, a dit : « D'accord, tu vas faire de l'escrime. » Et il m'a orientée sur le fleuret. Après le premier entraînement, j'étais tellement crevée, moi, dont l'énergie était débordante, que ma mère a pensé : c'est parfait ! On continue !

Vous souvenez-vous de votre première compétition ?
J'avais hâte. Jouer pour jouer, c'était sympa, mais je voulais passer aux choses sérieuses et m'affronter aux autres. Alors, à 7 ans, mon prof m'a emmenée à ma première compétition. Et j'ai terminé quatrième ! Je regardais le podium auquel je n'avais pas droit, les T-shirts et bandeaux remis aux trois vainqueurs et les visages des adultes qui me souriaient avec indulgence : ce sera pour la prochaine fois ma petite. Et j'ai pleuré toutes les larmes de mon corps. On ne m'a pas beaucoup vue pleurer au cours de ma carrière, mais ce jour-là ce fut un déluge… J'étais humiliée et incrédule. J'ai regardé mon entraîneur et je lui ai dit : « On va travailler, hein ? » Et il a aimé. À la compétition suivante, j'étais sur le podium. Le maître d'armes a dit : « Tu vois ? Tu as écouté. » J'ai répondu : « Oui, mais j'ai pas gagné ! » Je n'étais que deuxième. Et j'ai tout de suite pensé : Bon, après, qu'est-ce qu'on fait ? Il faut continuer ! Aller plus loin ! C'est parti comme ça !

De podium en podium, sur les circuits caribéens, centraméricains et panaméricains jusqu'à ce que la Fédération d'escrime vous « détecte » à l'âge de 14 ans et vous propose de venir vous entraîner en métropole ?

Oui. Mais je ne me sentais pas prête à me déraciner et affronter les hivers parisiens. J'ai préféré préparer mon bac en Guadeloupe, même si conjuguer études et compétitions était alors très compliqué. Mais une fois le bac en poche, ce fut le grand départ. Je suis entrée à l'INSEP près de Paris, autant dire dans la jungle du sport. Quel changement radical, de rythme, d'environnement, de compétitivité. Je me retrouvais avec des sportifs qui allaient aux championnats du monde et je n'étais pas la bienvenue. Ce fut très difficile. Mais les trois fortes personnalités qui m'avaient éduquée n'auraient pas compris que je jette l'éponge. Alors j'ai serré les dents. Parce que je devais honorer mon sport, ma famille, ma Guadeloupe.

Avez-vous connu le racisme ?

Au quotidien ! Je n'en parlais pas, je ne suis pas quelqu'un qui se plaint. Et je restais confiante : le dernier mot est à celui qui a la victoire, non ? Alors je me disais : gagne ! Montre tes valeurs. Et on va t'accepter. On ne t'aimera peut-être pas, mais on va t'accepter. Le parcours a été rude. Mon matériel disparaissait, l'agenda ne m'était pas communiqué, les insultes pleuvaient. Elles n'ont d'ailleurs pas cessé avec la victoire. En 1996, alors même que je venais d'être sacrée double championne olympique, j'ai reçu des menaces et dû faire une main courante. « Sale Black rentre chez toi », « Comment oses-tu porter le maillot de la France ? », « Fais gaffe à tes arrières ». Plus tard, on me conseillera même de protéger ma fille, et même de la cacher. Mais je n'ai jamais cédé à l'angoisse et j'ai continué de voir le verre à moitié plein. En gagnant. Et puis j'ai utilisé le quart d'heure médiatique des podiums pour explorer d'autres univers et exister hors escrime. Aux trois P qui constituaient ma règle : Pression, Plaisir, Performance, j'en ai alors rajouté un quatrième : Partage. Des associations et ONG sont venues à moi. Et j'ai trouvé fantastique de pouvoir m'investir sur le terrain de l'éducation des enfants, du droit et de la santé des femmes, de la lutte contre les discriminations. J'ai voyagé au Sri Lanka, en Haïti, au Sénégal, marraine ou ambassadrice d'organisations dont j'ai ainsi compris rouages et fonctionnements. J'ai passé cinq ans au Conseil économique, social et environnemental. Et j'ai moi-même créé un club d'escrime, à Clichy. Avec des gens et un encadrement qui partagent ma vision. Et avec un grand volet solidarité : enfants, handicapés, orphelins, malades du cancer... Le sport offre toutes les inclusions et toutes les renaissances.

Avez-vous des modèles ? Des gens qui demeurent pour vous une inspiration ?

Nelson Mandela qui a tant souffert pour ses idées et qui, sortant de prison après tant d'années, n'a eu qu'une idée en tête : rassembler. Maryse Condé, cette écrivaine guadeloupéenne que les Américains vénèrent et dont l'ouvrage *Moi, Tituba, sorcière noire de Salem* a été mon livre de chevet. Les athlètes américains Carl Lewis et Mike Powell, incarnations au moment de mon adolescence des « Noirs qui gagnent », moi qui pratiquais un sport où il n'y en avait pas. Et puis Christian d'Oriola, le plus grand champion d'escrime de tous les temps. D'un charisme et d'une classe folle. Il nous parlait avec douceur et je me disais : écoute-le. Il a tout gagné en son temps. Toi aussi tu peux y arriver. Et sa gentillesse me montrait que tous les champions d'escrime n'étaient pas aussi mauvais que j'en avais parfois l'impression.

L'image de Tommie Smith brandissant son poing ganté sur le podium de Mexico vous parle-t-elle ?

Et comment ! Heureusement qu'il l'a fait ! C'était une transgression incroyable, mais il a réveillé des consciences. Et on aurait tort de croire que le racisme a disparu. Oui, cette image figure dans mon panthéon personnel.

Devenir ministre était-il une hypothèse imaginable dans votre parcours ?

Combien de fois mes amis m'ont-ils appelée en riant « Madame la ministre » pour chambrer mon rythme de vie effréné qui m'empêchait de les voir autant qu'on l'aurait voulu ! « Au fait, Madame la ministre, tu es où en ce moment ? » Je rigolais en disant : « N'importe quoi ! Arrêtez de dire ça. » Et puis voilà que l'un d'eux m'a proposé de rencontrer Emmanuel Macron avant les élections. « Tu as des tas d'idées, disait-il, une vraie pensée sur le sport, un pied dans l'entreprise, l'humanitaire, la santé. Exprime-toi ! » Le hasard a fait que mon rendez-vous est tombé le jour où François Bayrou annonçait son ralliement. Je m'attendais donc à devoir synthétiser ma pensée en 15 ou 8 minutes. Mais non. Le candidat a pris tout son temps en me montrant à quel point le sport n'était pas pour lui la cinquième roue du carrosse. Et je me suis immédiatement sentie en harmonie.

Mais quel était votre message ? Votre credo ?

Le sport est en souffrance, ses valeurs ne sont plus respectées. Nous n'avons pas de diplomatie sportive, pas d'image, pas de discours. Le sport, pourtant, est un formidable facteur d'inclusion sociale. Il doit jouer un rôle dans l'éducation, dans l'entreprise, dans la lutte contre toutes les discriminations. Il est aussi partie prenante de la santé. Cet axe santé me tient particulièrement à cœur et j'ai créé en Guadeloupe une association de réathlétisation qui va permettre de lutter contre l'obésité. Et puis bien sûr, il va y avoir les JO à Paris en 2024. C'est un projet qui mobilisera toute la jeunesse française et au-delà, toute la population. J'étais loin de penser alors qu'on me nommerait ministre ! J'étais prête à collaborer, conseiller, développer mes idées. Mais ministre ! Et d'un vrai ministère des Sports à part entière ! C'était génial !

Vous sentiez-vous à un niveau de compétence adéquat ?

Oui. J'ai tout connu du sport. J'avais reçu tous les titres et tous les métaux : or, argent, bronze et même la médaille en chocolat pour la quatrième place, celle qui fait si mal lorsqu'on a travaillé pendant quatre ou huit ans. J'avais porté le drapeau de l'équipe de France aux JO de Londres, capitaine de toutes les joies et de toutes les larmes, fière d'être quadragénaire, femme, noire, maman. Mon parcours était en soi un message à l'égard de la jeunesse en perte de rêve.

Brigitte Bardot

Un mythe bien sûr. Et sans aucun doute la Française la plus connue au monde. Elle me reçoit à La Garrigue, sa petite ferme de Saint-Tropez située au-dessus de La Madrague, à l'occasion de la sortie de Larmes de combat, *un livre qu'elle décrit comme « testamentaire ». Un feu craque dans la grande cheminée, une chatte ronronne sur les coussins disposés alentour. Les chiens entrent et sortent librement. On dirait la maison de Blanche Neige. Habillée de noir, car elle porte continuellement le deuil des animaux massacrés, la maîtresse des lieux est superbe, avec son chignon blanc mousseux, ses quelques rides et ses yeux charbonneux. « Café ou champagne ? » propose-t-elle en ouvrant grand sa porte.*

Je ne serais pas arrivée là si...

Si je n'avais pas pris conscience de la souffrance qu'endurent les animaux sur terre, et si je n'avais pas brusquement arrêté le cinéma pour m'occuper d'eux. Fini la futilité, et ce monde de faux-semblants qui m'avait rendue si malheureuse pendant toutes ces années. Stop ! Certains ont cru à un caprice, d'autres m'ont prise pour une cinglée. Je m'en foutais. Ma décision était irréversible. À 38 ans, j'ai tout quitté pour les animaux. C'est la plus belle décision de ma vie.

De quand date ce lien si fort avec les animaux ?
Depuis toujours je pense. Je me sens animal. Et je rejette l'espèce humaine. Elle m'a toujours fait peur. Et la vie m'a montré que ma frayeur était fondée. C'est une espèce arrogante et sanguinaire qui m'a fait beaucoup de mal. J'étais toute petite lorsque j'ai vu le film *Blanche Neige*, les yeux émerveillés, et je crois que ce rêve n'a cessé de me porter. Vivre dans une petite maison, nichée dans la forêt, au milieu d'une multitude d'animaux... Au fond, c'est un peu ce que je fais aujourd'hui.

Mais vous rappelez-vous d'un moment charnière ? D'un point de bascule dans votre deuxième vie ?
Oui. Le dernier film que j'ai tourné s'appelait *L'histoire très bonne et très joyeuse de Colinot Trousse-Chemise*. L'action se passait au Moyen Âge, il y avait des cavalcades, des duels, des joutes entre cavaliers sur la place d'un village. Et parmi les figurants, une vieille dame avec sa chèvre. J'allais les voir, dans ma robe et mes jupons moyenâgeux, dès que j'avais une pause. Mais la dame me dit un jour : « J'espère que le film sera terminé dimanche. C'est la communion de mon petit-fils, on fera un grand méchoui avec la chèvre. » J'ai été horrifiée ! Et j'ai immédiatement acheté la chèvre. Je suis rentrée avec elle dans mon hôtel

4 étoiles, elle a dormi dans ma chambre, et même dans mon lit avec ma petite chienne. Ce fut le déclic. Je l'avais sauvée, elle. Il en restait tant d'autres à protéger. Adieu le cinéma.

Vous l'avez pourtant aimé ?

Non ! Jamais ! Ce n'est que superficialité et frivolité. Tout y est faux. Les décors, les situations, les sentiments, et la plupart des gens. Sans parler de ce nombrilisme qui fait croire aux acteurs qu'ils sont le centre du monde ! Je déteste le culte de la personnalité. Il fallait que mon imprésario me botte le cul pour que j'aille aux premières de films et dans les cocktails. J'en avais horreur. La simple lecture d'un scénario m'angoissait, et pendant la vingtaine d'années où j'ai enchaîné les films, j'avais le ventre noué et je développais un herpès au début de chaque tournage. Avec toujours ce même sentiment de vacuité.

Vous avez tout de même eu de belles rencontres et des moments de plaisir !

Bien sûr que la vie d'artiste m'a valu des expériences exceptionnelles. Et j'ai vécu certains moments intenses. Mais c'était dans le privé. Jamais dans «l'officiel». On s'est tellement moqué de moi à mes débuts ! On a dit que j'étais une ravissante idiote, que je parlais mal, que je jouais comme un pied. Si vous saviez le mépris auquel j'ai été confrontée, parallèlement d'ailleurs à une adoration sans limite. Cela m'a blessée. C'était injuste et j'ai voulu montrer que j'étais bien au-dessus de ça, et que ce mépris, je le leur renvoyais. J'ai un principe de vie : quand on entreprend quelque chose, il faut le faire bien, et aller jusqu'au bout. Je l'ai appliqué au cinéma. Je n'ai rien fait en dilettante.

Et vous avez eu le sentiment de n'être pas reconnue à votre juste valeur ?

En effet. La reconnaissance n'est venue qu'après. Longtemps après ! Bien sûr, j'avais le statut de star : bien payée, entourée, célébrée sur les tapis rouges, dotée de belles voitures, de coiffeurs, de maquilleuses, tout le fourbi. Mais tout était fou et faux. Et je me suis prise pêle-mêle dans la figure mesquineries et gestes d'adoration sans mesure, mensonges, humiliations, salissures. C'était la contrepartie de la lumière qu'on braquait sans cesse sur moi. Cette lumière que certains envient et qui a failli me tuer. Car je suis vite devenue une proie pour journalistes et paparazzi. Ils étaient partout, même collés aux fenêtres de ma maison. Je n'avais plus de refuge. C'était une horreur. Et c'était effrayant. Pire qu'une condamnation à perpétuité. La traque, comme un animal. Avec ce que cela implique : le stress, l'angoisse, la dépendance aux somnifères. La perte de l'envie de vivre.

Vous citez souvent Madame de Staël...

« La gloire est le deuil éclatant du bonheur. » Oui, personne ne sait à quel point la célébrité est toxique et destructrice. Elle fausse les amours, et empêche de vivre. C'est un poison. Combien de grandes actrices ont connu une fin tragique ? Lorsque j'ai quitté le cinéma, au printemps 1973, j'ai espéré trouver la paix. Impossible. Cela fait bientôt 45 ans, et je ne peux toujours pas m'installer sur une terrasse, faire des courses dans un magasin ou déambuler sur le port. Il suffit qu'un connard se pointe avec un téléphone, et hop ! Photo ! Je ne le supporte plus. Du coup, je ne sors plus, pas même au restaurant où Bernard, mon mari qui me comprend si bien, voudrait parfois m'emmener. Je ne veux pas voir les gens. Moi qui étais déjà d'une nature si timide...

Vraiment ? Même très jeune, vous donniez l'impression d'être d'une assurance à toute épreuve.

J'ai pris sur moi pour m'imposer. Je préférais dominer qu'être dominée. Mais je n'ai jamais été sûre de moi. Jamais été certaine de plaire. Enfant, j'étais même convaincue d'être très laide.

Voyons ! Les photos montrent une enfant ravissante !

Non, je vous assure. À un moment, j'ai porté des lunettes, un appareil dentaire, une coiffure ridicule, j'étais réellement disgracieuse. Je me souviens de m'être longuement examinée dans une glace, un jour, et de m'être dit : « Bon, moi qui rêvais d'être belle, c'est raté ; je suis moche, il vaut mieux que je l'accepte. » Ce sentiment m'a poursuivie toute ma vie.

Le regard de vos parents n'était-il pas rassurant ?

Ah non ! Mes parents ne me donnaient pas confiance en moi. Je voyais qu'ils n'étaient pas fiers et j'avais un sentiment d'abandon, de solitude, souvent même de désespoir. Vous voulez une anecdote révélatrice du climat familial ? Un jour que je chahutais en riant avec ma sœur, nous avons fait tomber une potiche chinoise qui s'est brisée. Ma mère a été folle de rage. Elle a décrété qu'à partir de ce jour-là, nous devrions lui dire « vous » ainsi qu'à papa, car nous n'étions plus ses filles mais des étrangères. L'effet a été immédiat. Un doute terrifiant s'est emparé de moi. Je ne savais plus si j'étais chez moi et si notre maison était la mienne ou pas. C'est ce qui explique que, dès que j'ai été plus grande, j'ai eu besoin d'acheter de vraies maisons, chaleureuses, qui m'ont enfin donné l'impression d'être chez moi. La Madrague, Bazoches, La Garrigue...

Une enfance pleine de doutes et de questionnements...

De doutes abyssaux, et de questionnements sans fin. Je me rappelle avoir demandé un jour à papa qui m'accompagnait à l'école : « Pourquoi je vis ? » Il a répondu : « Pour faire mon bonheur ! » J'avais 10 ans, mais la question m'a hantée toute ma vie. Qui suis-je ? Pourquoi je vis ? Quel est le sens de ma vie ? À une époque je sais que j'ai symbolisé l'image de la frivolité. Mais je ne m'amusais pas. Le fond n'était que gravité. Ce sont les animaux qui m'ont sauvée.

Sauvée de quoi ?

Sans eux je me serais suicidée. Ma vie ne me plaisait pas. Ces mondanités auxquelles j'étais conviée m'apparaissaient grotesques et surtout inutiles. Sans but, la vie est insupportable. Car elle est injuste et cruelle.

La vouer aux animaux a tout changé. Eux ne m'ont jamais déçue. Ils donnent leur cœur et leur confiance sans jamais les reprendre. Ils ne possèdent rien d'autre que leur vie et être à leur contact revient à se concentrer sur l'essentiel : l'amour. Ils m'ont soudain donné un but. Un moteur. J'étais là pour les défendre et pas pour aller me bronzer sur un yacht ou une plage des Seychelles avec un milliardaire.

Ça va cinq minutes...

Même pas ! Ça va trois secondes quand on est jeune. Mais ça ne donne aucune raison de se tenir droite, aucun ressort pour affronter la vie. Non seulement les animaux ont donné un sens à ma vie, mais ils m'ont aussi permis de vieillir sereinement. Sans paniquer devant mes rides et ma dégradation physique. Je m'en fous ! Mes animaux me voient vieille, et ça ne les gêne pas !

Beaucoup d'actrices ont recours à la chirurgie et moult stratagèmes pour retenir leur beauté et stopper la course du temps.

Je trouve ça triste à mourir. Un visage, c'est toute une histoire. On peut se faire tirer tout ce qu'on veut, sauf le cœur et l'âme qui sont lestés du poids de notre vie, de ses expériences, de toutes ses épreuves. Un visage privé de ses rides est donc en total contraste avec ce qu'on porte à l'intérieur. L'ensemble sonne faux ! La jeunesse est belle parce qu'elle est vraie. La fausse jeunesse est hideuse.

Claquer la porte du cinéma ne vous offrait pas une voie toute tracée dans la défense des bêtes. Comment avez-vous fait ?

Je ne savais pas comment m'y prendre ! J'ai commencé par faire des stages à la SPA, fréquenter des refuges, sauver un maximum d'animaux, profiter de ma notoriété pour dénoncer dans les médias les scandales de la condition animale. Mais mon combat le plus symbolique a été celui pour les bébés phoques en 1977. Là, j'ai vraiment risqué ma vie. En toute conscience. J'avais même fait un testament, à 42 ans, tant affluaient les menaces de mort provenant des tueurs de phoques. Je me suis rendue sur place au Canada en prenant un petit avion et un hélico. L'accueil a été odieux. J'ai été moquée, ridiculisée, insultée. Mais cette photo où je serre dans mes bras sur la banquise un petit blanchon, que les chasseurs cherchaient à dépecer vivant pour en extraire le pelage, a fait le tour du monde et a ancré mon combat. Giscard a fait interdire l'importation de fourrures de blanchons en France. L'Union européenne a suivi, en 1983. Mais il m'a fallu me battre encore trente ans pour qu'un règlement européen interdise l'importation et le commerce des produits issus des phoques. Ça valait le coup, non ? 350 000 vies sont épargnées chaque année !

Ce qui est incroyable, c'est que Marguerite Yourcenar vous avait écrit, neuf ans avant votre voyage au Canada, en vous demandant d'utiliser votre notoriété pour

condamner le massacre des phoques et le port de leur fourrure !

Et je ne le savais pas ! Sa lettre du 24 février 1968 ne m'était jamais parvenue. N'est-ce pas inouï ?

Elle a donc cru que c'était elle qui vous avait incitée à aller sur la banquise ?

Oui ! Elle pensait même que j'avais mis du temps à réagir ! Mais j'ai une histoire merveilleuse avec Marguerite Yourcenar. Figurez-vous que lorsqu'elle a été élue à l'Académie française en 1980, on lui a demandé qui elle aimerait rencontrer. « Brigitte Bardot », a-t-elle répondu. Alors on m'a téléphoné à La Madrague : « Marguerite Yourcenar voudrait vous voir. » Je ne la connaissais pas, je me suis dit que c'était encore une de ces mondanités à la con que je fuyais, et j'ai décliné l'invitation à Paris. Et puis quelque temps après, un soir de tempête hivernale, tandis que je rentrais toute crottée de ma petite ferme vers La Madrague, entourée de mes chiens, mon gardien m'a appelée : « Il y a une dame, au portail, qui voudrait vous voir. » Une visite ? Sous cette pluie et alors qu'il fait nuit ? Qui est-ce ? « Elle a dit : Madame Yourcenar. » Eh bien écoutez, nous avons passé un moment extraordinaire ! Je l'ai fait entrer, aussi trempée et crottée que moi, on s'est réchauffées devant un bon feu de cheminée, avec un petit coup de champagne. Et on a parlé, parlé, parlé, comme si on se connaissait depuis toujours. Elle avait surgi sans prévenir, pour que je ne puisse pas refuser de la voir, et elle avait eu raison !

Avez-vous gardé un lien ?

Mais oui ! Nous avons entretenu une correspondance jusqu'à la fin de sa vie. Elle m'avait dit qu'elle m'enverrait des livres, en précisant : « Il y en a qui sont très barbants ! Mais je veillerai à vous en choisir de charmants que vous allez très bien comprendre. Surtout ne lisez pas *Mémoires d'Hadrien*. C'est trop compliqué, vous n'aimerez pas. » C'est vrai, les trucs trop intellectuels, ça m'ennuie, et elle l'admettait parfaitement. Elle m'a notamment envoyé *Le Temps, ce grand sculpteur*. Superbe.

Comment s'est faite la Fondation Brigitte Bardot ?

J'ai d'abord eu une petite structure associative, très artisanale. Mais j'étais noyée dans la paperasserie administrative. Un ami m'a présenté Charles Pasqua, alors ministre de l'Intérieur, qui m'a expliqué qu'une fondation disposait d'une force de frappe bien supérieure. Encore fallait-il réunir un capital de 3 millions de francs, que je n'avais pas. J'ai donc organisé la vente aux enchères de tout ce que je possédais de valeur : les bijoux offerts par Gunter Sachs, les meubles provenant de mes parents, ma guitare et ma robe de mariée avec Vadim, la première Marianne à mon effigie… J'ai ainsi vu s'envoler des morceaux de vie et un peu de mon âme. Mais j'ai réuni mes 3 millions ! Et en 1988, naissait ma fondation dont Liliane Sujanszky, qui avait quitté la SPA, a pris la direction. Puis dans un deuxième temps, pour qu'elle soit reconnue d'utilité publique et puisse se porter partie civile dans tous les procès concernant les animaux, j'ai donné La

Madrague à la fondation. Là, vraiment, j'étais devenue guerrière !

En mission ?

Oui. C'est exactement ça : en mission. Une mission confiée par très haut. Par l'au-delà. Par une force, une puissance indéfinissable, qui confère un sens à nos vies. Ma première vie a été comme un brouillon, la deuxième est un accomplissement. Car je sais pourquoi je suis sur terre. Et pourquoi j'ai bénéficié d'une protection merveilleuse. Sans quoi je n'aurais jamais survécu à mes désespoirs ni à mes suicides. Il y avait un dessein. C'est assez mystique, hein ? Mais je le suis. Et je décris mon engagement comme un sacerdoce.

Avec l'idée de sacrifice ?

Oui. Car je donne tout. Mon énergie, ma santé, mon temps, ma vie. Aujourd'hui elle ne vaut peut-être plus très cher, parce que je suis vieille. Mais plus jeune, je l'aurais offerte à ma cause sans aucun regret. C'est le choix d'un destin altruiste. On s'oublie totalement. Les petits bobos du quotidien ou mes problèmes de hanche ne pèsent rien face à ce qu'endurent les animaux.

Pour vous, la cause animale est une cause humaniste ?

Évidemment ! Sur terre, il y a des êtres animaux et des êtres humains. Le mot « être » vaut pour les deux espèces. Et les premiers méritent respect et compassion de la part des seconds. Ils ont une autre manière d'exprimer leur intelligence ou leur souffrance, mais ils sont aussi légitimes que les seconds. Au nom de quoi les humains, qui continuent de proliférer et se prennent pour Dieu, s'arrogeraient-ils le droit de vie ou de mort sur les autres ? Le droit d'en faire leurs esclaves et de les jeter comme des kleenex ? Moi je place l'animal au même rang qu'un enfant. Sans défense, sans érudition, sans paroles. Les secourir devrait être un devoir. Les martyriser est une abomination. Les chasseurs sont des lâches !

Vous avez souvent eu maille à partir avec eux.
Je les déteste. Un jour, au cours d'une battue près de ma maison, un sanglier passe devant chez moi et je lui ouvre le portail. Un chasseur me lance : « Je le veux, celui-là ! » Je réponds : « Non, il est chez moi. » Et je n'ouvre pas. Le type me dit : « J'ai deux cartouches. Ou vous me laissez rentrer, ou il y en a une pour vous et une pour lui. » Je dis : « Alors tirez ! » Mais j'ai aussi été menacée par des bouchers qui sont arrivés un jour à Bazoches, couteaux à la main et tabliers pleins de sang, parce qu'à la télévision, j'avais imploré les gens de ne plus manger de viande de cheval et que la consommation avait baissé de 30 %. C'est un de mes grands combats depuis la fin des années 70. Je veux qu'on abolisse l'hippophagie avant ma mort ! Comme je veux qu'on interdise la chasse à courre, ce plaisir sadique, pratiqué par des idiots friqués et une aristocratie décadente ! Hélas, les politiques ont un portefeuille et un fichier d'électeurs à la place du cœur.

Tous ? Ils vous ont tous déçue ?

Tous ! Même Nicolas Hulot en qui j'avais mis tant d'espoirs et dont la première décision de ministre a été d'autoriser l'abattage de 40 loups. Cela m'a plongée dans une détresse indicible ! Je lui ai écrit en le traitant de tous les noms. Du coup, il m'a téléphoné un soir à La Madrague, m'expliquant qu'il n'avait pas eu le choix, que la décision avait été prise avant son arrivée, blabla. J'ai dit : « C'est dégueulasse, Nicolas. On ne fait pas de compromis. On démissionne ! »

Récusez-vous cette étiquette de « frontiste » qui a entaché votre image ?

Je vais vous dire : je juge les politiques à l'aune de ce qu'ils proposent pour la cause animale. C'est aussi simple que ça ! Et j'ai donc navigué. J'ai soutenu Giscard qui a toujours été super ; Chirac, puis Jospin contre Chirac, puis Sarko. J'ai eu un espoir insensé quand le FN a fait des propositions concrètes pour réduire la souffrance animale. Mais j'ai aussi sollicité Mélenchon en le félicitant d'être végétarien et d'avoir un projet contre les abattoirs. Si demain un communiste reprend les propositions de ma fondation, j'applaudis et je vote. Mais je n'accorderai plus mon soutien à personne !

Vos propos fustigeant l'abattage rituel des animaux, notamment lors de la fête de l'Aïd-el-Kebir, vous ont valu plusieurs condamnations pour incitation à la haine raciale...

Je reste horrifiée par cette pratique ! Chaque année,

quand le calendrier m'indique l'arrivée de l'Aïd et sa cohorte d'égorgements, je suis malade. Je ne supporte pas cette cruauté ni l'agonie des bêtes qui se débattent, épouvantées, en se vidant de leur sang ! Ça n'a rien de raciste ! Je me fiche bien de la religion ou de l'origine de ceux qui pratiquent cette barbarie ! Je n'exige même pas l'interdiction du rituel religieux. Je demande simplement l'étourdissement préalable de l'animal, comme le permet l'électronarcose, afin qu'il ne souffre pas au moment de la saignée. Je l'ai expliqué en larmes, en 2004, au recteur et au grand mufti de la Mosquée de Paris. Ils en ont accepté le principe. Il ne restait plus qu'à légiférer. Sarkozy m'a alors fait mille promesses. Rien n'a bougé ! Notre pays laïc est l'un des derniers États européens à permettre l'égorgement rituel des animaux en toute conscience. C'est écœurant.

Votre fondation n'a cessé de croître et est désormais présente sur tous les terrains, au service d'une multitude d'espèces.

C'est ce dont je suis la plus fière. On mène des combats sur tous les continents. On porte la voix des animaux auprès des instances nationales et internationales. On tente de protéger les espèces, éviter des massacres. Et on continue de sauver le maximum d'animaux en France. Mes maisons deviennent les leurs. J'ai même racheté un jour toutes les bêtes d'un zoo qui dépérissaient. Mais comment faire plus ? La barbarie est omniprésente. Pendant que nous parlons toutes les deux, des millions d'animaux sont égorgés dans les abattoirs de France. Trois millions par jour ! Vous entendez ? Cela me bouleverse. Et je ne vous parle pas des trafics opérés par les animaleries, du gazage des volailles ou du gavage des oies. Le foie gras est une maladie dont les cons se régalent ! Je continue de me battre et de m'exprimer avec mes tripes. Ma célébrité m'a ouvert des portes. Mais elle ne suffit pas. Voyez, j'ai échoué sur la plupart des grands combats.

Les disparitions successives de Jeanne Moreau et de Mireille Darc vous ont, je crois, beaucoup marquée.

Ce fut un choc. Je les estimais toutes les deux, et, franchement, elles avaient une autre envergure que les actrices actuelles – les pauvres chéries – que je trouve moches, mal coiffées, mal habillées, sans aucune élégance, et qui ne font pas rêver. Heureusement qu'il reste Catherine Deneuve, toujours magnifique. Dommage qu'elle porte de la fourrure ! Pour moi, cela équivaut à porter un charnier sur les épaules.

Vous sentez-vous solidaire de toutes ces actrices qui, de Meryl Streep à Angelina Jolie, ont décidé de dénoncer avec force les violences et la goujaterie du monde du cinéma à l'égard des femmes ?

L'actrice Mae West disait : « Je suis perdue de réputation et je m'en fiche éperdument depuis toujours. » Je trouve, moi, que les actrices d'Hollywood sont aujourd'hui, en grande partie, des hypocrites ! Voilà ! Leur seul mérite, c'est d'avoir éveillé les consciences.

Car il est inadmissible que tant de femmes et de jeunes filles subissent des violences physiques perpétrées par de vrais salopards. Me concernant, laissez-moi citer une nouvelle fois Madame de Staël : « Plus je connais les hommes, plus j'aime les chiens. »

Vous conservez une amitié avec Delon.

Alain, c'est un animal. Sauvage et solitaire. Notre amitié est tardive, mais puissante. On ne se voit jamais, on se téléphone peu, mais on se comprend au moindre mot. Il est en homme ce que je suis en femme. Je lui ai dit récemment : on est les deux derniers monuments historiques du XXe siècle encore vivants ! Et c'est vrai que nous incarnons le cinéma qui a fait rêver des générations. Mais c'est fini. Il n'y a pas de nouveau Delon parmi les nouveaux acteurs français. Barbus, chauves, mal fringués... On se demande où sont passés les gènes de la beauté !

Nous n'avons pas évoqué vos amours...

Je n'ai vécu que par amour.

Mais aucun n'a pu vous rendre heureuse.

Sauf celui des animaux. Avant, j'ai butiné car je cherchais toujours plus intense, plus absolu. Je cherchais l'extraordinaire. Le tiède ne m'intéresse pas.

Mais vous avez follement aimé...

Sami Frey, Jean-Louis Trintignant... Et Gainsbourg, bien sûr.

Vous n'aspiriez pas à la maternité.

Je ne voulais pas donner naissance à un être humain supplémentaire. J'estime qu'il y en a trop sur terre. Et ils me font peur.

Pourtant, vous avez donné naissance à un petit garçon en 1960.

Oui, dans des circonstances cauchemardesques. Traquée par des hordes de journalistes et de paparazzi qui encerclaient mon domicile et ont gâché irrémédiablement ce moment. Ce fut un traumatisme. J'étais trop jeune, trop épiée, trop instable, totalement à la dérive, affolée par la vie. Affolée... Je ne pouvais pas m'occuper de ce petit être.

Avez-vous néanmoins réussi à nouer un lien ?

Nicolas est aujourd'hui un homme de 57 ans et il est merveilleux. Il s'est forgé tout seul une vie, en Norvège, et il a réussi. Il adore les enfants, s'occupe énormément de sa famille, et de moi aussi par la même occasion. Je me sens même un peu la fille de mon fils, alors que je suis arrière-grand-mère ! Mais à l'époque, comment vous dire, je ne savais pas faire. J'avais peur des bébés. Je n'avais pas...

L'instinct maternel ?

Oui. Je crois aujourd'hui que cela s'apprend. Mais à l'époque, ce fut une douleur. Je ne le ressentais pas et je ne comprenais pas pourquoi, alors que je l'avais pour les animaux. Je me suis fait ramasser pour avoir osé l'avouer.

Comment voyez-vous l'avenir de la Fondation ?

Elle perdurera ! C'est une nécessité. Le combat insufflé est tellement supérieur à ma vie ! J'ai pris des dispositions pour que la place que j'ai occupée soit reprise avec intelligence, puissance et compassion. Laurence Parisot a, je pense, toutes les qualités. Il faut encore qu'elle fasse ses preuves. Quant à La Madrague devant laquelle défilent des hordes de gens en tentant de m'apercevoir, elle deviendra un musée. Moyennant 2 ou 3 euros qui alimenteront les caisses de la Fondation, le public pourra visiter ma maison de pêcheurs qui sera laissée dans son jus. J'assume le côté « lieu de pèlerinage ». Car je serai enterrée dans le jardin. J'ai choisi un petit coin, proche de la mer, qui a été entériné par les autorités.

Cela vous rassure ?

Je ne suis pas pressée ! Mais oui, je préfère reposer là plutôt que dans le cimetière de Saint-Tropez où une foule de connards risqueraient d'abîmer la tombe de mes parents et de mes grands-parents. Je veux qu'on leur foute la paix !

Dans **Larmes de combat** *que vous dites être votre dernier livre, vous écrivez : « Ma mort donnera un sens à ma vie. »*

Vous savez bien que c'est à sa mort qu'on reconnaît l'importance d'un personnage. Regardez Johnny Hallyday ! Je crois donc que ce n'est qu'à ma mort, hélas, qu'on reconnaîtra que j'ai été une pionnière. Et qu'en abandonnant son statut de star internationale pour les animaux, la Française la plus connue du monde a mené, de tout son cœur, de toutes ses forces, un extraordinaire combat.

Françoise Héritier

Première anthropologue femme au Collège de France, elle a consacré l'essentiel de ses recherches aux fondements des rapports hiérarchiques entre les sexes et nous a dotés d'outils essentiels pour penser le féminisme. La rencontre a lieu chez elle [quelques jours avant sa mort, le 15 novembre 2017], dans un quartier populaire de Paris. Elle m'accueille avec chaleur, heureuse de parler, de transmettre, de partager sa pensée si limpide ; surprise, dit-elle, que tant de jeunes femmes la consultent comme un oracle. Elle en rit, toute en gentillesse, simplicité, bienveillance. Et les éclats de gaieté dans son regard si doux illuminent le salon.

Je ne serais pas arrivée là si...

Si je n'avais pas éprouvé une curiosité intense en entendant des camarades étudiants en philosophie me parler d'un séminaire absolument « exceptionnel » fait par un professeur dont je n'avais jamais entendu le nom et qui s'appelait Claude Lévi-Strauss.

J'avais 20 ans, j'étudiais l'histoire-géographie, et leur enthousiasme était tel qu'il fallait que j'entende, de mes propres oreilles, ce qui se passait dans ce cours de l'École pratique donné à la Sorbonne. Ce fut une révélation.

De quoi traitait donc ce séminaire ?

De « la parenté à plaisanterie » à Fidji. Et je vous assure que pour une jeune fille qui sortait de sa province et qui faisait alors des études très classiques, c'était stupéfiant. Découvrir qu'il existait des sociétés où des beaux-frères pouvaient se saluer différemment et utiliser tel ou tel type de plaisanteries selon qu'ils avaient épousé la sœur aînée ou la sœur cadette de l'autre ouvrait des perspectives sur des mondes, des idées, des usages que je n'avais jamais soupçonnés. C'était d'une ouverture et d'une fraîcheur fabuleuses ! J'ai suivi la première année de cours avec passion. Totalement conquise. L'année suivante, c'était encore plus fort ! Le séminaire portait sur la chasse rituelle aux aigles chez les Hidatsas, des Indiens d'Amérique du Nord. Vous n'imaginez pas combien, dans une époque sans télévision, ce sujet pouvait se révéler fascinant. C'était tellement mieux que mes cours d'histoire !

De nature à vous faire changer d'orientation ?

Oh oui ! D'un coup, j'avais la tête ailleurs alors qu'il fallait que je termine mon diplôme en histoire du Moyen Âge. Lorsque Claude Lévi-Strauss a annoncé un jour qu'un nouvel institut de sciences humaines appliquées recherchait pour partir en mission en Afrique un ethnologue et un géographe, j'ai tout de suite postulé au poste de géographe. Mais on n'a pas voulu de moi parce que j'étais une fille. Entendez : trop fragile, incapable de survivre à la chaleur, à l'eau sale, aux moustiques, aux serpents, aux scorpions, aux animaux féroces... Bref, le poste est resté vacant quelques mois. Et ce n'est que faute de candidature masculine qu'on a fini par agréer la mienne. Il fallait bien faire contre mauvaise fortune bon cœur ! En 1957, je suis donc partie en mission en Haute-Volta. Et ma vie s'en est trouvée bouleversée.

C'était la première fois que vous vous heurtiez à une discrimination des femmes ?

De manière aussi caractérisée, oui ! Mais il faut dire qu'avant l'université, j'étais dans des écoles de filles. Aucune rivalité avec les garçons. Seulement des accrochages, des lancers de boules de neige cachant des pierres et des jeux de mots sexistes criés, d'un trottoir à l'autre, par les gars d'un lycée proche du mien, le long de la rue de Rome, à Paris.

Aucune différence entre garçons et filles au sein de la cellule familiale ?

Aucune en apparence. Même droit aux études pour mon frère et ses deux sœurs. Même argent de poche distribué solennellement par mon père dans des enveloppes identiques. Mais la discrimination était insidieuse. Il n'était pas question par exemple que mon frère desserve la table ou mette le couvert.

Il fallait être aux petits soins pour lui. Et lorsque nous étions en vacances à la campagne, ma sœur et moi tricotions pull-overs et chaussettes, assises dans la cour, aux pieds de nos grands-mères, tandis que mon frère partait faire du vélo avec ses copains en toute liberté.

Vous n'aviez pas le droit de sortir ?

Ah non ! Quand on sortait à vélo, c'était uniquement accompagnées par nos grands-mères. Elles nous paraissaient vieilles, mais elles n'avaient qu'une cinquantaine d'années et enfourchaient prestement leurs bicyclettes. Je me souviens d'un jour où nous avons voulu semer notre grand-mère maternelle, prises d'une soudaine fébrilité. On a foncé comme des folles, puis on s'est arrêtées au bord du talus pour l'attendre. Au bout d'un long moment, comme elle n'arrivait pas, on est reparties en sens inverse et on l'a retrouvée par terre, le poignet fracturé. Vous imaginez la culpabilité !

Cette différence de droits et de libertés avec votre jeune frère vous avait donc fait toucher du doigt la domination masculine.

Oh elle m'était apparue bien plus tôt ! Pendant la guerre, nos parents nous envoyaient séjourner en Auvergne, chez les oncles et cousins de mon père, question de nous requinquer et de nous faire grossir, car dans les fermes, il y avait encore du beurre, du lait, des œufs… Entre la garde des vaches, les jeux avec la chèvre, la pêche aux écrevisses, la collecte de morceaux de mica sur les routes non goudronnées, nous avions mille plaisirs, loin des restrictions et des bombardements. Mais pendant les repas, chacun prenait sa place selon un ordonnancement immuable. Au bout de la table s'installait le fermier, muni de son couteau de poche pour tailler les miches de pain. En face, se tenait le premier valet, puis ses fils, encore très jeunes, les autres valets, et enfin moi, la petite cousine. La mère et l'épouse ? Elles ne s'asseyaient pas. Elles apportaient les plats, servaient les hommes... et mangeaient debout les restes du repas. La tête du lapin ou la carcasse du poulet. Jamais les morceaux de choix. Quand il fallait de l'eau fraîche, c'est moi qu'on envoyait à la source, et pas un des valets qui aurait pourtant eu moins de mal à porter le seau que la petite fille que j'étais.

Vous perceviez l'injustice ?

Elle m'indignait ! Mais il y avait autre chose. Sur le palier de l'escalier qui montait aux chambres, se trouvaient deux chromos qui représentaient la pyramide des âges de la vie pour l'homme et pour la femme. Une marche par décennie, accompagnée d'un dessin représentant le personnage ainsi qu'un vers de mirliton. À 20 ans, on voit l'homme choisir une épouse ; à 30 ans, il admire ses fils ; à 50 ans, il triomphe, bras étendus, « maîtrisant le passé et le futur ». Puis il entame la descente, curieux et vif, se promenant dans le pays, apprenant à connaître le monde et les autres. Il meurt l'esprit tranquille parce qu'il a bien rempli sa vie. Pour la femme, c'est une autre affaire.

À 10 ans, c'est une fille innocente : « pour elle la vie est ravissante ». À 20 ans, « son cœur tendre s'ouvre à l'amour ». À 40 ans, elle bénit le mariage de ses enfants et la naissance de ses petits-enfants. À 50 ans, déjà vieillie, « elle s'arrête, au petit-fils elle fait la fête ». Et puis elle amorce sa descente « dans la douleur », appuyée sur un garçon, fils ou petit-fils, et elle meurt « sans courage ».

Mais c'est désespérant !

Je ne vous raconte pas d'histoires ! J'ai toujours ces chromos ! La différence de condition entre l'homme et la femme me sautait chaque jour aux yeux et je ne comprenais pas ce que signifiait : « À 50 ans, elle s'arrête ». Elle s'arrête de quoi ? Personne ne pouvait me répondre. Ce n'est que plus tard que j'ai compris : elle est ménopausée, elle s'arrête donc d'être féconde et séduisante, elle a perdu toute valeur, contrairement à l'homme, en pleine possession de sa force. C'est une sacrée leçon quand on est enfant.

Seulement si on a les moyens d'avoir un œil critique et de s'en indigner. Sinon c'est un outil de propagande sexiste qui conditionne l'esprit !

C'est bien le problème. Enfant, je voyais que la vie se passait comme ça, et que le chromo affichait en fin de compte une sorte de normalité. Et en même temps, j'étais saisie par un profond sentiment d'injustice en comparant à chaque étape les images de l'homme et de la femme. Et ces petites phrases assassines…

À quoi rêviez-vous, un peu plus tard, en tricotant sagement aux pieds de vos grands-mères ?

J'essayais de suivre leurs conversations qui n'étaient en fait que des commérages. C'était leur seul terrain d'entente, car elles ne s'aimaient guère. Alors, contraintes de cohabiter pendant l'été, elles parlaient des uns et des autres, des mariages notamment. La Lucette de chez Chevalère avait rencontré au mariage d'untel le cousin germain d'unetelle qui n'était autre que le frère du cousin germain de sa belle-sœur... Je m'efforçais de suivre le dédale des liens familiaux, de décrypter tous les rapports de parenté, et je trouvais cela passionnant ! La conclusion était souvent très simple : deux frères épousaient deux sœurs, ou bien tel mariage unissait des cousins issus de germains. Mais l'intéressant, c'était de suivre le cheminement compliqué des protagonistes – qui n'avaient aucune vision d'ensemble – et les raisons des choix aboutissant à telles structures.

Vous faisiez déjà de l'ethnologie.

Sans le savoir ! Cela m'a donné une forme d'agilité intellectuelle très utile pour mener plus tard des études de parenté. Je crois beaucoup à ces façonnages qui nous viennent de l'enfance.

Mais comment vous projetiez-vous dans le futur ? Étiez-vous fascinée par certains rôles ?

Au contraire ! J'étais épouvantée par certains rôles !

Lesquels ?

Eh bien je me croyais condamnée, par la force des

choses, au rôle de mère de famille, sans toutefois parvenir à me projeter ainsi. Impossible de m'imaginer passer ma vie à m'occuper d'un intérieur, d'un mari, des enfants. Non, vraiment, je ne pouvais pas. Je ne savais pas ce que je ferais, je ne savais même pas que l'ethnologie existait. Mais j'entendais être autonome, choisir ma vie, ne pas me laisser contraindre ni dominer. Et je n'écartais d'ailleurs pas l'idée de rester célibataire.

Quel modèle formait le couple de vos parents ?

Une petite bourgeoisie raisonnable sortie de la paysannerie. Je ne dirais pas satisfaite, mais convaincue d'être arrivée au mieux de ce qu'elle pouvait faire, à charge pour les enfants de poursuivre le chemin. L'idée de réussite sera d'ailleurs incarnée à leurs yeux par mon frère, devenu ingénieur des mines, et ma sœur, chirurgienne-dentiste. Des métiers connus et rassurants. Tandis que moi... Je crois qu'ils n'ont réalisé ma compétence dans un domaine que lors de ma leçon inaugurale au Collège de France en 1983, lorsque j'ai succédé à Claude Lévi-Strauss. Mais c'était un peu tard...

Vous aviez tenu à ce qu'ils soient là ?

Oui. Cela peut paraître égocentrique, mais c'était important qu'ils voient de leurs propres yeux, après avoir émis tant de doutes, qu'on pouvait exister en étant autre chose qu'ingénieur ou dentiste.

Avez-vous perçu enfin de l'admiration dans leurs yeux ?

Ma mère a continué de dire « ma pauvre fille, tes livres ne sont pas pour moi ». Elle n'en a lu aucun.

Pourquoi « ma pauvre fille » ? Vous réussissiez, vous étiez épanouie, louangée...

C'est ainsi qu'elle m'appelait. Je n'étais pas conforme à son modèle et elle ne comprenait pas cette fille qui ne voulait pas « se contenter » et choisissait un métier qu'on n'arrête pas à 6 heures du soir.

Une « pauvre fille » avec du caractère ! N'avez-vous pas claqué la porte du domicile familial sur un coup de tête ?

Disons sur une impulsion. Les logements étaient rares à Paris dans les années 50. Et nous avions échangé notre logement de Saint-Étienne contre un appartement à Paris qui était sympathique, mais très étroit pour contenir mes parents, mon frère, ma sœur, ma grand-mère et moi. Or nous disposions d'une minuscule chambre de bonne dans laquelle je rêvais de mettre mon lit. Ma mère s'y opposait : l'accès à cette chambre signifiait que je pourrais entrer et sortir à son insu. Ce n'était pas mon genre, mais on surveillait les filles de près à l'époque, fussent-elles étudiantes. J'ai supplié, insisté, expliqué que j'avais du mal à travailler à côté de ma sœur qui écoutait la radio, etc. Jusqu'à ce que ma mère, ulcérée, me lance un jour : « Si tu n'es pas contente, tu n'as qu'à t'en aller ! »

Et vous êtes partie ?

Sur-le-champ ! J'étais majeure, j'avais 22 ans. Je suis allée chez un ami, puis j'ai loué une chambre de bonne sur un sixième étage de la rue Gay-Lussac, avec l'eau sur le palier. Et ce fut le bonheur. Oui, je me souviens de ces années-là, 1955, 1956, comme d'une période d'éblouissement, entre camaraderie, université, découverte de l'ethnologie, aventures intellectuelles. Nous nous retrouvions tous les soirs en petite bande dans un café, Le Tournon, décoré de fresques représentant le Jardin du Luxembourg. Et je me rappelle presque avec extase ces moments où nous refaisions le monde, heureux d'y côtoyer des musiciens et écrivains noirs américains exilés en France. C'était vivant, électrique, fécond. On se sentait pleinement exister.

Et puis vous mettez le cap vers l'Afrique.

Oui. Et je n'oublierai jamais ce moment extraordinaire que fut mon premier contact avec la terre africaine. C'était à Niamey, à la tombée de la nuit. En posant mon pied sur le tarmac, tout juste sortie de la caravelle, j'ai été saisie par la puissance de l'odeur de la terre. Une odeur d'humus et de poussière. Une odeur chaude, épicée, âcre, enivrante. Qui monte dans les narines et qui n'est comparable à nulle autre. Je me suis immédiatement sentie là où je devais être. À ma place naturelle.

Le travail en village auprès des populations Mossi et Panna vous a-t-il tout de suite intéressée ?

J'ai su instantanément que j'avais trouvé ma voie. Michel Izard était l'ethnologue et moi la géographe mais nous avons tout de suite partagé équitablement les tâches et c'est ce dont je rêvais.

Quelle chance de trouver sa voie !

C'est vrai. C'était en 1957 et je peux le confirmer quelque soixante années plus tard. Non seulement je ne regrette rien mais si c'était à refaire, je sauterais dans la même aventure à pieds joints.

Tant de jeunes gens tâtonnent sans trouver de pôles d'intérêt.

Quand on a ce coup de chance, il faut savoir le saisir. Je l'ai toujours dit à mes étudiants et surtout à mes étudiantes. « Osez ! Foncez ! » Et ne vous laissez pas freiner par des problèmes d'appartement, de famille ou de points retraite. Cela m'a toujours fait de la peine de voir des jeunes se priver de l'aventure de leur vie parce qu'ils avaient peur de lâcher ce qu'ils avaient à Paris.

Lorsque vous avez décidé de vous marier avec l'ethnologue Michel Izard, au bout de six mois d'Afrique, vous n'avez pas eu envie de rentrer à Paris ?

Ah non. Cela faisait partie de l'originalité de notre choix à tous les deux. C'était en 1958, juste avant l'Indépendance, et le dernier administrateur européen a pu nous marier très simplement au Cercle de Tougan. Ni l'un ni l'autre n'étions portés sur les grands événements familiaux. Ma sœur s'était mariée peu de temps avant, en grand tralala bourgeois, robe à traîne et grand voile. Il était hors de question que je souscrive à cela. Je ne pouvais pas !

Les photos de votre mariage vous montrent néanmoins portant une tenue blanche ravissante !
Oui, j'étais jolie. J'avais fait venir de Paris une robe princesse en broderie anglaise et je portais de longs gants blancs montant au-dessus du coude.

Après des travaux sur la parenté, l'alliance, le corps, l'inceste, c'est l'universalité de la domination masculine qui a rapidement concentré votre attention.
Oui. Car c'est le cas depuis la nuit des temps alors que cette hiérarchie entre les sexes est une construction de l'esprit et ne correspond à aucune réalité biologique. Hommes et femmes ont les mêmes capacités physiques, cérébrales et intellectuelles. Mais la domination des hommes, qui structure toutes les sociétés humaines, est partie du constat, fait par nos ancêtres préhistoriques, que seules les femmes pouvaient faire des enfants : des filles, ce qui leur semblait normal, mais également des garçons, ce qui les stupéfiait. Le coït étant nécessaire à la fécondation, ils en ont conclu que c'était les hommes qui mettaient les enfants dans les femmes. Pour avoir des fils, et prolonger l'espèce, il leur fallait donc des femmes à disposition. Des femmes dont il fallait s'approprier le corps car il importait que personne ne leur vole le fruit qu'ils y avaient mis. Des femmes sur lesquelles ils pouvaient aussi capitaliser, puisque ne pouvant pas coucher avec leurs sœurs, en vertu de l'interdit de l'inceste, ils

pouvaient au moins les échanger contre les sœurs des autres hommes. Ainsi s'est créée une société parfaitement inégalitaire où la mainmise sur les corps et les destins des femmes a été assurée, au fil du temps, par des privations (d'accès au savoir et au pouvoir) et par une vision hiérarchique méprisante.

On ne peut pas nier une différence de stature physique qui accentue la vulnérabilité de la femme.

Même cette dysmorphie a été construite ! J'ai une jeune collègue qui a travaillé sur ce sujet et elle montre que toute l'évolution consciente et voulue de l'humanité a travaillé à une diminution de la prestance du corps féminin par rapport au masculin. Depuis la préhistoire, les hommes se sont réservé les protéines, la viande, les graisses, tout ce qui était nécessaire pour fabriquer les os. Alors que les femmes recevaient les féculents et les bouillies qui donnaient les rondeurs. C'est cette discordance dans l'alimentation – encore observée dans la plus grande partie de l'humanité – qui a abouti, au fil des millénaires, à une diminution de la taille des femmes tandis que celle des hommes augmentait. Encore une différence qui passe pour naturelle alors qu'elle est culturellement acquise.

Comme le serait la répartition sexuelle des tâches et des rôles dans la société ?

Évidemment ! Pourquoi le fait de mettre des enfants au monde entraînerait-il l'obligation pour les femmes de faire le ménage, les courses, la cuisine et d'entretenir un mari ? Je ne perçois ni la logique ni le rapport. Il a fallu qu'intervienne toute une série de raisonnements, de croyances, de pensées multiples pour organiser cette répartition qui n'a rien de naturel.

Les évolutions médicales comme la procréation médicalement assistée chamboulent les constructions mentales que vous évoquez.

Voyons, la vraie révolution, c'est la contraception ! Pour la première fois de l'histoire de l'humanité, les femmes peuvent choisir si elles veulent ou non procréer, quand, combien de fois, avec qui. Elles redeviennent sujets à part entière. « C'est la fin du pouvoir de l'homme et du père », s'alarmait un parlementaire au moment du vote de la loi Neuwirth. Il avait raison. C'est un retournement de situation car la contraception intervient très exactement là où s'est noué l'assujettissement féminin. Quant aux autres évolutions, comme la PMA qui offre à des femmes d'avoir des enfants quand la nature ne le leur permettait pas, elles me semblent aller de soi. L'idée d'une égalité des deux sexes dans la procréation progresse.

Avez-vous personnellement subi, au cours de votre carrière, les manifestations du machisme ?

Je ne connais pas une seule femme qui puisse dire n'avoir jamais affronté le machisme ! Mais je ne l'ai pas subi dans ses formes outrancières. Seule femme parmi une cinquantaine d'hommes au Collège de France, je m'étais fondue dans le groupe au point qu'ils avaient de sévères oublis de langage. C'est ainsi que, lors d'une réunion préalable au choix de futurs collègues, un professeur s'est levé pour défendre une jeune helléniste. Il ne connaissait pas sa spécialité, a-t-il avoué, mais il se rappelait avoir été près d'elle lors d'un colloque et que : « C'est une beauté ! Elle a des jambes, mais des jambes ! Un buste merveilleux, un port de tête, une manière de se tenir... Elle est extraordinaire ! » J'ai souhaité prendre la parole et j'ai demandé si, comme à l'armée, nous avions « une note de gueule ». Mes collègues ont ri. Puis ont baissé la tête. Il n'en a plus jamais été question.

Tout l'intérêt d'un arrêt sur image...

C'est cela. Une petite phrase suffit parfois pour faire prendre conscience de l'anomalie qu'il y a à perpétuer un discours obsolète. Il nous faut être vigilantes. Ne rien laisser passer. Il y a quelques années, un slogan courait : la mise à bas de la domination masculine commence par refuser le service du café.

Vos travaux et l'impact de vos livres vous ont-ils obligée à vous impliquer dans les débats publics ?

Bien sûr. Je n'ai jamais été une militante de rue, peut-être à cause de mes problèmes de santé. Peut-être aussi, comme l'a dit une jeune amie, parce qu'on ne peut pas brandir dans la rue une pancarte : « À bas la valence différentielle ! » Mais sans militer dans des groupes constitués, j'ai accompagné des mouvements féministes. En sous-main. Par écrit. Je me sens pleinement enrôlée dans la lutte des femmes pour l'égalité.

Que pensez-vous du déferlement de paroles et témoignages de femmes victimes de harcèlement ou d'agressions sexuelles dans la foulée de l'affaire Weinstein ?

Je trouve ça formidable. Que la honte change de camp est essentiel. Et que les femmes, au lieu de se terrer en victimes solitaires et désemparées, utilisent le #metoo d'Internet pour se signaler et prendre la parole me semble prometteur. C'est ce qui nous a manqué depuis des millénaires : comprendre que nous n'étions pas toutes seules ! Les conséquences de ce mouvement peuvent être énormes. À condition de soulever non pas un coin mais l'intégralité du voile, de tirer tous les fils pour repenser la question du rapport entre les sexes, s'attaquer à ce statut de domination masculine et anéantir l'idée d'un désir masculin irrépressible. C'est un gigantesque chantier.

Vous incriminez l'indulgence de la société à l'égard des « pulsions » masculines ?

Bien entendu ! Nous sommes des êtres de raison et de contrôle, pas seulement de pulsions et de passions. Si j'ai une pulsion mortifère à votre égard, je ne vais pas vous sauter dessus pour vous égorger. La vie en société impose des règles ! Mais on a si longtemps accepté l'idée que le corps des femmes appartenait aux hommes et que leur désir exigeait un assouvissement immédiat. On justifiait ainsi le port du voile, l'enfermement des femmes, voire le viol : seule la femme serait responsable du désir qu'elle suscite. Mais enfin, c'est insensé ! C'est se reconnaître inhumain que d'affirmer qu'on nourrit des pulsions incontrôlables ! Et qu'on ne nous parle pas de désir bestial ! Les bêtes ne violent pas leurs partenaires, sauf les canards je crois. Et jamais ne les tuent.

Quelles sont les urgences ?

Le nourrisson, le jardin d'enfants, les premières classes du primaire. Les premières impressions de la vie sont fondamentales. Et il faut que l'école y aille fort si l'on veut contrer ce qu'entendent les enfants à la télévision, dans la rue, la pub, les BD, les jeux vidéo et même à la maison.

*Après vos ouvrages sur le masculin/féminin et autres travaux sur ce thème, comme libérée des pesanteurs universitaires, vous avez publié deux petits livres (*Le Sel de la vie *et* Au gré des jours*) énumérant souvenirs, émotions, sensations. Comme une définition du bonheur ?*

Plutôt que de bonheur, je parlerais de joie. Ce n'est pas la même chose. Je trouve dans la joie une splendeur à vivre, y compris dans la douleur. Et ce n'est pas un habit dont je me suis revêtue pour supporter les difficultés de l'existence. Non, je crois simplement que j'ai été armée très tôt pour cette capacité à accéder à la joie pure.

Car ce serait un don ?

Je crains en effet que cette aptitude ne soit pas donnée à tout le monde. J'ai cette propension à jouir du moment présent, sans anticiper sur les joies du lendemain. À tout apprécier. Jusqu'à l'éclat du soleil d'automne que j'aperçois à cet instant à travers la vitre.

Albina du Boisrouvray

On se demande fréquemment où sont passés les grands héros de l'humanitaire, ces figures inspirantes qui vouent leur vie à améliorer ou sauver celle des autres. Les plus anciens évoquent l'Abbé Pierre, Sœur Emmanuelle, voire Coluche pour ses Restos du cœur, affirmant que personne n'a repris le flambeau. Quelle erreur ! Depuis plus de trente ans, Albina du Boisrouvray n'a de cesse de courir le monde pour sauver les orphelins du sida, aider les veuves du génocide rwandais, libérer les jeunes prostituées birmanes, sortir des millions de personnes de l'extrême pauvreté. Je l'ai vue crapahuter dans la campagne rwandaise, mais j'aurais pu la suivre en Inde, en Ouganda, en Birmanie, au Burkina, en Colombie ou à Gaza. Un drame effroyable a dévié un jour le cours de sa vie. Une vie en tout point romanesque qu'elle a transformée en combat. Au nom du fils.

Je ne serais pas arrivée là si…

Si la mort accidentelle de François-Xavier, mon fils unique, mon amour, ma raison de vivre, ne m'avait torpillée et contrainte à totalement réinventer ma vie. Cela a pris du temps, j'étais dans une douleur et une détresse immenses, comme amputée d'un membre, mais je voulais continuer ce qu'il avait amorcé dans ses 24 années de vie si intenses et qu'il aurait certainement poursuivi avec talent : le sauvetage. Le sauvetage d'un maximum de gens. Il le faisait en avion ou en hélicoptère puisque voler était sa passion. J'ai tenté de le faire autrement, portée par ses valeurs, son énergie, son amour. Oui, sauver le maximum de gens, de la maladie, de la pauvreté, de la souffrance. Ce fut mon propre combat contre la mort. Montrer qu'elle n'aurait pas le dernier mot.

Votre histoire personnelle ne paraissait pas vous avoir préparée à vous lancer dans l'humanitaire...

Détrompez-vous ! La mort de François a chamboulé ma vie, mais la direction que j'ai alors donnée à mon existence est ancrée dans une génétique et une enfance bien particulières. Je ne serais pas arrivée là si... je n'avais pas été profondément métissée. Je ne serais pas arrivée là si... je n'avais pas grandi dans une famille totalement dysfonctionnelle. Je ne serais pas arrivée là si... je n'avais pas ressenti depuis toujours une révolte contre les injustices, les discriminations, la vacuité des conventions et des faux-semblants de mon milieu d'origine. J'ai grandi seule et en résistance, ce mot que j'ai entendu très jeune puisque mon père avait suivi de Gaulle à Londres, mais que je me suis vite approprié. Car moi aussi, je suis entrée en résistance contre cette famille riche dans laquelle, depuis toujours, j'étais une sorte d'ovni.

« Profondément métissée », dites-vous ?

Oui. Et cela explique que je ne me sente bien que dans la diversité de l'humanité. Diversité ethnique et diversité sociale. Je me sens chez moi en Amérique latine, en Afrique, en Asie, en Inde. C'est une force ! Je n'aurais pas pu travailler de la manière dont je l'ai fait si je n'avais pas ce capital génétique. Mes grands-parents maternels, boliviens, étaient des métis amérindiens, quechua. Mon grand-père, d'extraction misérable, venait des terres basses de 2 700 mètres, ma grand-mère des hauts plateaux de 4 100 mètres. Côté paternel, l'ascendance est européenne et celte. En fait, un test génétique m'a appris récemment que j'avais dix-neuf origines différentes. J'aime cette idée. Mais quelle famille !

En quoi était-elle dysfonctionnelle ?

Alors que tout le monde cherchait l'argent des Incas, mon grand-père Patino, mineur, a eu la chance de découvrir un filon d'étain extraordinaire qu'il a su exploiter et qui lui a permis d'amasser une fortune considérable. Devenu puissant, mais rejeté par la société bourgeoise bolivienne, qui n'acceptait pas la réussite d'un métis orphelin, il est parti pour l'Europe, faisant sur ses origines une véritable omerta, et décidé à ce que ses enfants, par leur mariage, intègrent des familles aristocrates. Ce qui fut fait. Un oncle a épousé une Bourbon espagnole, ma mère a épousé un Boisrouvray, de noblesse bretonne. Des mariages catastrophiques. Mais le grand-père a continué de tout diriger, dans la plus belle tradition patriarcale, et c'est dans cette tribu d'Amérique du Sud, déplacée et déconnectée de la réalité, vivant essentiellement à l'hôtel, que j'ai passé les premières années de ma vie. Sous la baguette d'une nurse anglaise et privée de tendresse.

Pas même de la part de votre mère ?

Oh non ! Aucun rapport charnel ! Ma mère n'était pour moi qu'une présence lointaine. Comme toute la tribu a déménagé à New York dès le début de la guerre, et que nous habitions au Plaza, je devais lui faire chaque matin une visite de convenance, et nous nous y ennuyions poliment. Nos rapports ont ensuite été exécrables.

Vous en conceviez de la tristesse ?

Je lui en ai voulu, bien sûr ! Ses colères, ses pleurs, son agressivité, son abandon... Mais cela m'a donné de la force, la certitude de ne pouvoir compter que sur moi, et aucune culpabilité à m'ériger contre elle. Aujourd'hui, c'est différent. J'éprouve infiniment de compassion pour cette mère malheureuse et dépressive, si mal intégrée dans cette famille aristo avec son visage d'Indienne. Elle s'est suicidée quand j'avais 19 ans. À ceux qui disaient « Ma pauvre chérie ! Tu n'as plus de mère ! », je répondais : « Mais je n'ai jamais eu de mère ! »

Vous grandissez donc comme une petite Américaine...

Une New-Yorkaise, qui parle essentiellement anglais et chante avec bonheur l'hymne américain. Quand j'ai 6 ans et demi, la tribu part vivre à Buenos Aires pour suivre le grand-père Patino qui sent la mort venir et veut se rapprocher de son pays de naissance. Mais, un an plus tard, mon père décide qu'il est plus que temps que j'apprenne le français, et l'on m'expédie toute seule en Suisse, où je vis d'hôtel en hôtel sous la surveillance d'une tante paternelle. Ma rébellion commence à ce moment-là. Je refuse de parler le français.

Pourtant, c'est à Paris que vous retrouvez finalement toute la tribu...

Oui, un très court moment. Mon grand-père est mort, tout le monde vit à l'Hôtel George-V, avant de repartir quatre mois en Bolivie pour l'anniversaire de son décès. Au retour, je fais ma première rentrée dans une école, à Neuilly, quand un terrible accident me met en miettes, nécessite une multitude d'opérations, avant qu'une grave infection des bronches recommande que je vive dans un climat sec : et me voici expédiée pour quatre ans à Marrakech. Quatre ans de totale liberté. Zéro éducation parentale. Quelle chance ! Je dors à La Mamounia, mais je vis dans les souks. Je copine avec Churchill dans les jardins de l'hôtel, mais je me lie au charmeur de serpents de la place Djema'a el-Fna. J'échappe à ma famille, mon milieu, leurs châteaux anachroniques, leur entre-soi détestable. Je me fais des copains de toutes origines, je me construis mes propres valeurs et je juge avec sévérité ce monde injuste et déglingué.

Allez-vous enfin à l'école ?

Non ! Je suis des cours par correspondance. Mais, craignant soudain que j'oublie mon anglais, mon père gâche la fête en décidant de m'enfermer deux ans dans un pensionnat anglais. C'est d'une absurdité profonde. J'ai froid, je fulmine, je me sens en prison. Tout comme dans cette institution religieuse française que j'intègre ensuite pour passer mon premier bac. J'exige de poursuivre ma terminale dans un lycée normal, un lycée public. Je rêve de la Sorbonne. « Un nid d'anarchistes ! », hurle mon père, qui ne sait pas encore que sa fille fraiera bientôt avec tous les groupes gauchistes de l'époque. C'est l'occasion d'un clash terrible avec mes parents. Fini l'école !

Le mariage est-il donc l'issue ?

Je rêve d'une vraie famille, avec des enfants à qui je donnerais tout ce dont ils ont besoin pour s'épanouir. Bruno Bagnoud – un flash de jeunesse – offre ce rêve-là. C'est la star de sa fac, solaire et optimiste, fils d'un colonel de l'armée suisse et d'une infirmière affectueuse, qui fait des tartes aux pommes. Je me dis : ça doit être ça, le bonheur. Une famille normale qui prend ses repas ensemble, sans disputes, et qui est insérée dans un terroir : le Valais, que j'ai tout de suite adopté. Alors voilà. Je deviens femme au foyer et je donne naissance à un petit garçon merveilleux qui, dès son plus jeune âge, comme son père devenu pilote, rêve de voler...

Pouviez-vous limiter ainsi votre horizon, vous qui aviez tellement soif de brasser d'autres cultures ?

Non. J'ai lu Betty Friedan, et mes envies de découvrir le monde se réveillent rapidement. Je divorce quand François n'a que 4 ans, passe mon deuxième bac à Lausanne et m'inscris enfin à la Sorbonne. Pendant Mai 68, je suis évidemment sur les barricades, rencontre Kouchner et Glucksmann, lis Marcuse, croise Cohn-Bendit, ai un doigt cassé par l'éclat d'une grenade de CRS, discute des heures avec Edgar Morin et mes amis des Jeunesses communistes. Je suis férocement anticapitaliste ; l'argent, je le sais, pourrit tout, ma famille en est la preuve. Je fais un peu de journalisme avant de me lancer dans la production de documentaires (le premier raconte le Front populaire) puis de cinéma. François reste ma priorité des priorités et m'accompagne partout. Je vois croître sa passion. Petit, il me demande d'aller le dimanche à Orly voir décoller les avions...

Il veut en faire son métier ?

Il ne pense même qu'à ça. En vacances chez son père, il apprend le pilotage et il n'a que 11 ans lorsqu'il participe à un premier sauvetage sur un glacier. J'ai constamment peur. Mais il est si raisonnable, si sûr de lui. J'insiste pour qu'il fasse des études, il lui faudra gérer un jour les affaires héritées de son grand-père. Il étudie brillamment dans le Michigan mais il sursoit à son entrée à Harvard pour faire le Paris-Dakar. Thierry Sabine, le patron du rallye, lui a demandé d'être le pilote de son hélicoptère. François est heureux. Il connaît le désert. Il a souvent ravitaillé en avion l'équipe du film *Fort Sagane*, que j'ai produit et tourné en Mauritanie. Il s'envole pour l'Afrique au lendemain de Noël. Je tremble mais ne le retiens pas.

Et vous recevez, le 15 janvier 1986, ce coup de fil effroyable vous annonçant le crash de son hélicoptère, avec cinq personnes à bord, dont Sabine et Balavoine...

C'est comme si une pluie d'acide m'avait instantanément dissoute. Ma vie d'avant n'existait plus puisque le cœur en avait disparu. Ne restait qu'un squelette, hagard et stupéfait de continuer à respirer et se mouvoir alors que le moteur était anéanti. Fini le cinéma, les projets, les affaires. À Bernard Kouchner, qui m'a aussitôt appelée, j'ai simplement dit : « Tu vois, j'aurai désormais du temps pour partir en mission pour Médecins du monde. » Il s'en est souvenu et m'a rappelée un an plus tard pour m'entraîner au Liban. Ce fut le début de la renaissance. Mais, pendant deux ans, je n'ai eu qu'une obsession : enquêter, expliquer l'accident incompréhensible de François. J'ai rencontré tout le monde et conclu qu'il n'avait pris les commandes de son hélico, dans la nuit, que pour effectuer un dernier sauvetage. L'un de ses passagers avait vraisemblablement été mordu par un serpent ou un scorpion.

Comment s'est fait le rebond ? Le départ vers une nouvelle vie ?

Le Liban était en guerre, la mort et le malheur omniprésents. Je me sentais un lien avec les victimes, nous partagions un terrain de souffrance, et leur venir en aide m'a reconnectée à la vie. L'idée d'utiliser ce qui aurait dû être l'héritage de François pour poursuivre ses sauvetages – trois cents dans sa courte vie ! – s'est alors imposée. J'ai vendu ma société de production et les trois quarts de mes biens : meubles, immeubles, tableaux, bijoux, collections, afin de constituer un trésor de guerre et une fondation à son nom : FXB, François-Xavier Bagnoud. Ainsi, il continuerait d'agir dans les domaines qui lui tenaient à cœur : l'aérospatial, les sauvetages en montagne, les enfants démunis.

Comment avez-vous fait ?

J'ai lu, étudié, enquêté. J'ai posé mon sac dans des dizaines de villages, en Afrique, en Inde, pour écouter les populations en détresse et saisir leurs besoins. Le sida et la cohorte prévisible d'orphelins ont vite constitué une priorité. J'ai commandé des études sur les conséquences de la pandémie, créé une chaire santé et droits de l'homme à Harvard, installé dans le New Jersey un centre de formation de personnels médicaux venant du monde entier. Et puis, forte de mes observations de terrain, je me suis fait l'avocate de ces enfants délaissés auprès des institutions et des leaders mondiaux. Je suis allée à la Banque mondiale, à l'ONU, à Davos, au Congrès américain interpeller les décideurs. Je dérangeais souvent. Qu'importe ! Le fait est qu'en trente ans, nos villages FXB ont sorti plus de 100 000 personnes de l'extrême pauvreté et que nos multiples programmes, désormais étudiés et copiés, ont impacté 18 millions de personnes dans une vingtaine de pays.

Vous sentez-vous apaisée ?

Il reste tant de défis ! Les migrants, le changement climatique… La marche du monde me passionne. Mais je me dis que j'ai rempli mon contrat. En prolongeant son idée de « sauvetage », j'ai continué d'une certaine manière à faire vivre mon fils, à le faire cheminer avec moi. Et cela me donne une grande sérénité.

Marlène Schiappa

Elle est apparue comme une tornade sur la scène politique, crinière sauvage et talons hauts, un pendentif en or représentant les contours de la Corse autour du cou. Benjamine à 34 ans du premier gouvernement Macron au titre de Secrétaire d'État chargée de l'égalité entre les femmes et les hommes, elle pulvérisait les codes, n'entrait dans aucune case, intrépide et ambitieuse, culottée et ferrailleuse, saisissant toutes les tribunes possibles pour exposer une cause longtemps perçue comme secondaire. Féministe, oui. À fond.

Je ne serais pas arrivée là si...

Si je n'avais pas eu d'enfants ! Peut-être même si je n'avais pas eu de filles ! Mon élan, mon moteur, mon inspiration sont nés de cette maternité que j'ai profondément désirée. C'est elle qui m'a poussée à créer le réseau « Maman travaille », destiné à penser la conciliation entre vies familiale et professionnelle, et qui a fait décoller ma carrière. Car devenir mère à 24 ans, c'était d'emblée affronter deux challenges. L'un, tout à fait personnel : réussir un beau parcours professionnel pour que mes filles soient fières de moi. L'autre, plus global : œuvrer à une amélioration de la condition des femmes afin que mes deux filles vivent plus tard dans un monde agréable.

Aviez-vous déjà une perception très vive des inégalités femmes-hommes ?

Bien sûr ! Mais elles sont encore plus terrifiantes quand on les projette sur ses propres filles. Avoir une petite fille plutôt qu'un petit garçon, c'est intégrer l'idée qu'elle aura une probabilité plus grande d'être battue, harcelée, agressée sexuellement, assassinée. Qu'elle sera davantage humiliée dans sa vie professionnelle, discriminée, moins bien payée, moins bien promue. Et qu'elle passera statistiquement plus de temps à faire des tâches ménagères plutôt que des tâches épanouissantes. Le seul fait de naître fille fait s'abattre sur la tête d'un enfant une tonne d'injustices. J'en ai fait un sujet de combat.

Être maman était-il essentiel pour vous ?

J'aurais été désespérée si je n'avais pas pu avoir d'enfant ! Tant pis pour le cliché, mais je suis méditerranéenne et je viens d'une famille nombreuse. Avoir des enfants était essentiel. J'y aspirais depuis toute petite. C'était l'un de nos principaux sujets de conversation avec ma sœur cadette, qui a elle-même cinq enfants. On jouait sans cesse à la maman, on avait des Barbie-mamans, et on passait nos étés corses, avec nos cousines, à élaborer des listes de prénoms pour nos futurs enfants. Un moteur, je vous dis !

Petite fille modèle ou « garçon manqué » ?

Non, je me sens à la fois très fille et très garçon. Je jouais à la Barbie, mais à Noël je rêvais d'un Circuit 24 et j'avais des voitures téléguidées. J'étais portée sur la maternité et le mariage, perçus comme des aspirations féminines, mais tous mes amis étaient des garçons. C'est à partir du moment où j'ai eu mes filles que j'ai ressenti un élan de solidarité avec les autres femmes. Le fait de partager l'expérience de la grossesse et, du coup, de nous sentir unies par une communauté de destin. C'est presque mystique.

Quel est le socle sur lequel vous vous êtes construite ?

Je viens d'un milieu très populaire, mais j'ai eu la chance de m'en extraire par deux fois au cours de ma scolarité. La première, c'est quand j'ai été prise presque par hasard à l'école de la Maîtrise de Paris, à 10 ans, encouragée par ma prof de musique de Belleville, qui m'a aidée à monter mon dossier. Moi qui habitais le XIXe arrondissement, j'ai donc eu la chance de faire un an de conservatoire à plein temps dans le VIIIe. Et c'est fou ce que j'ai appris cette année-là ! On a fait des concerts, des voyages, enregistré le générique d'une émission de télé. On nous a appris à gérer notre stress devant le public, à développer un sens du collectif, sans perdre l'esprit de compétition.

Et la seconde fois ?

C'est quand une super prof de français et une bonne conseillère d'orientation ont pris le temps d'étudier avec moi les options qui me permettraient d'échapper au lycée de secteur pour aller dans un lycée parisien réputé. J'ai pris russe et latin, et hop, de Belleville, j'ai été propulsée dans le XVIe. La chance. Toute ma vie, je suis tombée sur des profs qui ne songeaient qu'à m'aider. Je revois encore cette institutrice de Belleville à qui j'avais dit : « Quand je serai grande, j'écrirai des livres et j'entrerai à l'Académie française. » Au lieu de hausser les yeux au ciel en disant : « Tu habites une cité HLM, tu étudies en ZEP, il n'y a aucune chance pour que tu croises la route d'un éditeur », elle s'est exclamée : « C'est génial ! Tiens, je vais te noter mon adresse personnelle pour que tu m'envoies tes livres. » Et elle l'a fait !

La positive attitude...

C'est vrai. Personne ne m'a jamais dit : « Ce ne sera pas possible. » Quand j'ai séché des cours, vers 16-17 ans, ma prof de sciences éco m'a écrit à la maison : « Ne séchez pas ! J'ai vu sur votre fiche que vous vouliez être journaliste, écrire des livres ou faire de la politique. Vous pouvez faire tout ça. Mais il faut revenir en cours ! » Vous voyez ? J'ai vraiment été gâtée. Et pourtant, nous étions pauvres et il y avait un gouffre entre le train de vie de mes copines du XVIe et le mien. On galérait pour payer la cantine alors qu'elles se faisaient des week-ends shopping à Londres.

Quelle est la première valeur que vos parents vous ont transmise ?

Le travail ! Je n'ai jamais vu ma mère assise sur un canapé, ne serait-ce que pour regarder la télévision. Jamais ! Quand je suis née, elle était instit stagiaire et n'a eu de cesse de passer tous les concours jusqu'à devenir proviseure. Même cursus pour mon père. Employé à la Caisse d'allocations familiales (CAF) et syndicaliste à ma naissance, il a passé le Capes pour devenir professeur au collège, puis à l'université ; il a fait un doctorat, est devenu historien, a écrit des livres, et il préside aujourd'hui un institut de recherche. J'ai toujours vu mes parents étudier et tenter de s'élever par un travail intellectuel.

Et cela oblige ?

Oui, forcément. Je viens d'une famille d'enseignants. Grand-mère, oncles, tantes, parents, sœur... L'école, chez nous, est quelque chose de sacré. Les profs ont toujours raison, une note moyenne est un scandale. Mais ma passion était d'écrire, et je me battais avec mon père, dès 8 ans, pour taper mes petites histoires (« Les aventures de Lisa Faroicluse ») sur son ordinateur dès qu'il était libre. « Dépêche-toi ! disait-il. J'ai besoin de travailler ! »

Vos parents étaient l'un et l'autre très politiques...

Oui. Ils parlaient si souvent de Marx et de Trotski que je pensais que c'étaient des amis de la famille. Mon père raconte qu'à 5 ou 6 ans, je suis entrée un jour dans le salon où ils discutaient avec leurs copains et j'ai dit : « Ah ! C'est une réunion de cellule ? » Le dimanche matin, ils nous emmenaient d'ailleurs distribuer des tracts sur les marchés et j'ai assisté à un nombre incalculable de meetings à la Mutualité. Ça donne une culture ! Louise Michel, Rosa Luxemburg, Gracchus Babeuf... Les figures de la gauche de la gauche n'ont pas de secrets pour moi. Les livres étaient à portée de main – mon grand-père corse nous en envoyait des colis – et on discutait. Nos réunions familiales étaient pleines de désaccords, mais ça forge l'esprit critique et un sens de l'argumentation.

On vous décrit souvent comme une « fille à père » ou « fille au père » pour le jeu de mots. Jean-Marc Schiappa a-t-il donc une influence capitale dans la vie de sa fille ?

Il y a toujours des fantasmes autour de mon père ! Parce qu'il a des engagements radicaux, qu'il est libre-penseur, disert, charismatique ; et parce qu'après la séparation de mes parents, j'ai décidé, à 13 ans, de vivre avec lui.

Ce n'est pas un choix si courant pour une petite fille...

C'est vrai. D'autant que l'éducation avec lui était stricte. Pas le droit de regarder la télé, considérée comme abrutissante. Pas le droit aux jeux vidéo. Pas de sorties en boîte à l'adolescence. Pas le droit de découcher ni d'inviter un copain à dormir à la maison. Quand j'ai eu mon premier petit ami, il ne m'a pas adressé la parole pendant une semaine. Mais on était complices et fondamentalement attachés l'un à l'autre. Après mon départ de la maison à 18 ans, il était capable de débarquer à mon boulot, complètement angoissé parce qu'il ne m'avait pas eue au téléphone depuis deux jours. Aujourd'hui encore, on s'appelle souvent. On s'engueule, mais c'est toujours respectueux. Il y a quelques années, il m'a dit : « Tu as écrit plus de livres que moi. » J'ai répondu : « Oui, et ils se vendent mieux que les tiens. » Et lui : « Mais les miens sont plus intéressants. » J'ai ri : « Enfin papa, ce n'est pas un concours ! » Il y a quelques semaines, il m'a appelée pour me dire : « Je n'ai pas reçu ton livre sur la laïcité. Comme c'est un sujet dont j'ignore tout, cela me plairait d'apprendre des petites choses. » Alors que c'est son domaine d'expertise !

Quelle influence idéologique lui reconnaissez-vous ?

Sans doute m'a-t-il transmis une conscience de classe, car je sais d'où je viens : d'une famille modeste. Une de mes arrière-grands-mères était femme de ménage, une autre paysanne. Une autre, qui ne savait ni lire ni écrire, a grandi en usine et dans une extrême pauvreté. Mais je ne vois pas pour autant le monde comme lui, en termes de lutte de classes. Quand j'ai fait de la sociologie, je lui ai dit : « Il y a les dominants et les dominés économiquement. » « Non ! a-t-il rugi : Il y a les oppresseurs et les opprimés ! »

Quand vous êtes-vous rebellée ou distanciée par rapport à ses convictions ?

J'ai toujours eu de la distance. Quand il râlait parce que le pain n'était pas bon dans la boulangerie de notre quartier et qu'il regrettait qu'il n'y en ait pas une deuxième pour nous donner le choix, je le charriais : « Tu vois bien que le capitalisme a du bon ! » Et puis, vers 17 ans, dans un élan conservateur et attirée vers les forces de l'ordre, j'ai préparé le concours de la gendarmerie.

Ça ne pouvait pas lui plaire !

Pire que ça ! Parfaitement théâtral, il a crié : « Il est impensable que j'aie une fille dans la gendarmerie. Je te renierai ! » J'ai répondu : « Tant pis ! » Mais j'ai laissé tomber.

Qu'espérait-il pour vous ?

Que je sois heureuse avant tout. Peut-être aussi que je devienne militante du mouvement ouvrier. D'ailleurs, il n'a cessé de nous abonner, ma sœur et moi, à *Informations ouvrières*, du Parti ouvrier indépendant. « Arrête ! lui ai-je dit. Je ne le lis pas. C'est du papier gâché ! » Mais c'est un homme intelligent et compréhensif. Il ne m'a jamais freinée, toujours fier de ce que je faisais, même quand je suis entrée dans la pub ! Quand je lis dans un journal que j'ai grandi « dans l'ombre écrasante de ce père », je trouve ça grotesque. C'est la personne la plus gentille du monde. Un hypersensible. Authentiquement blessé par la souffrance et la misère qu'il observe autour de lui.

Macho ?

Très féministe, au contraire ! Fermement décidé à ce que rien ne soit fermé à ses filles. Mais conscient que le monde est bien plus cruel pour les femmes.

« Avoir eu beaucoup de compagnes peut me faire passer pour un Don Juan, nous disait-il. Mais vous devez savoir qu'une femme adoptant ce même comportement aurait une réputation épouvantable. »

Le libre-penseur qu'il est ne vous a donc pas donné d'éducation religieuse...

Aucune. J'ai donc été attirée, très jeune, par tout ce qui était religieux ! Mon premier petit copain était musulman, et je me suis beaucoup intéressée à sa religion. Je suis allée à la Mosquée de Paris et j'ai acheté plein de livres d'analyse du Coran. Puis j'ai fait la même chose pour la Bible et la Torah. Je voulais rattraper mon inculture.

Êtes-vous devenue croyante ?

Non. Je dirais que je suis agnostique. Je laisse une place au doute.

J'ai lu que, pour conjurer votre peur de l'avion, vous récitiez des « Je vous salue Marie »...

C'est vrai ! Savez-vous comment je l'ai appris ? En regardant *Le Parrain* ! C'est le film préféré de mon père, et on l'a tellement regardé avec lui qu'on en connaît les dialogues par cœur. Le Parrain tue son frère et récite un Je vous salue Marie.

Votre mère rêvait-elle de vous voir fonctionnaire ?

Comme toute la famille ! D'ailleurs, ils étaient tous morts d'inquiétude pour moi avant que j'entre au gouvernement. Ma mère m'envoyait chaque mois des fiches de concours de l'Éducation nationale : « Regarde ! C'est formidable ! Bibliothécaire catégorie B. Tu aurais un bon salaire et une retraite ! » Ou bien : « Tu sais qu'on peut faire des nouvelles technologies dans l'Éducation nationale ? Tu aurais la sécurité de l'emploi jusqu'à ta retraite ! » Mais moi, ça me stresse ! Je n'arrive même plus à respirer à l'idée de faire le même métier jusqu'à ma mort ! J'ai attendu si longtemps d'être adulte et de mener ma vie comme bon me semble.

Et pourtant, le bac en poche, vous avez flotté...

Je ne pensais pas l'avoir. Alors faute d'inscription à une école, je suis partie en Corse, à la stupéfaction générale. Je m'y suis mariée, j'ai fait des petits boulots, compris que je n'étais pas heureuse, divorcé rapidement. À mon retour à Paris, j'ai fait une année de géographie à la Sorbonne, tout en travaillant pour gagner ma vie. J'ai compris que ça ne mènerait à rien et me suis inscrite dans une école de communication en cours du soir. Parallèlement, j'ai trouvé une place dans l'agence Euro-RSCG.

Alors, l'univers de la pub ?

J'adorais, mais les horaires étaient trop contraignants quand on a un bébé ! J'ai démissionné. Pendant mon congé maternité, j'ai heureusement passé ce qu'on appelle une « validation des acquis de l'expérience » à l'université de Grenoble, ce qui me permettra, après une licence de communication, de passer en cours du soir un master en Lettres modernes et d'envisager un doctorat sur les mises en abyme chez Flaubert et *Madame Bovary*. Le dossier d'inscription était sur mon bureau, à la mairie du Mans, lorsque la campagne présidentielle m'a entraînée dans une tout autre aventure.

Mais comment gagniez-vous alors votre vie ?

En partant de chez Euro-RSCG, je voulais écrire et faire du journalisme, tout en consacrant le plus de temps possible à ma fille. Je crée un site Web appelé Les Pasionarias : « Premier féminin sans pub, sans régime et sans Paris Hilton. » Mais ça ne marche pas. Heureusement, je rejoins le Bondy Blog, et là, j'ai la chance de rencontrer des professionnels comme Serge Michel [fondateur du Bondy Blog et ancien responsable du Monde Afrique], qui m'apprennent les techniques du journalisme, d'Internet, de l'animation de communautés. J'apprends tout en accéléré. Je lance mon blog « Maman travaille », hébegé par Yahoo!. Et là, ça cartonne. Ça fait boule de neige. Je crée une association avec d'autres femmes, des éditeurs m'appellent. Je suis dépassée par le truc !

On s'est pourtant moqué de votre passé de « blogueuse »...

Quelle bêtise ! Cela m'a appris tant de choses ! Mon père allait sur les marchés pour écouter ce que disaient les gens. Moi, c'est grâce à Internet que j'ai pu entendre, sans filtre, les désirs et les préoccupations des femmes. Vous savez quels étaient mes articles les plus lus sur « Maman travaille » ? « Comment travailler avec des nausées », « Comment s'habiller, s'asseoir, retourner au travail quand on a une cicatrice de césarienne ou vécu une épisiotomie », « Comment prolonger mon congé maternité ». Huit millions de lecteurs pour le premier. Douze millions sur le deuxième. Sans parler des questions relatives aux violences obstétricales. Treize millions de femmes ont tapé ce sujet sur Yahoo! alors qu'il échappait aux radars des politiques publiques. C'est grâce à mon blog que j'ai ainsi pu capter cet « air du temps » et m'attaquer aux tabous.

Comme le sujet du viol...

Aucun éditeur, aucun magazine ne voulait entendre parler de ce sujet ! « Pas assez *feel good* ! » Mais quand j'ai fini par écrire une tribune, « Où sont les violeurs ? », sur le *Huffington Post*, elle a été partagée des millions de fois. C'est ce qui m'a poussée à écrire un livre sur *La Culture du viol* que seules les Éditions de l'Aube ont eu le cran de publier, en 2017.

Est-ce par votre blog que vous aviez été alertée sur le sujet ?

Non, c'est dans le cadre de ma mission d'adjointe au maire du Mans chargée notamment de l'égalité femmes-hommes que j'ai accumulé les témoignages. Vous n'imaginez pas ce qu'on entend dans une permanence d'élue ! J'en étais toujours bouleversée. Un jour, j'en parle à un déjeuner avec une dizaine de copines, et soudain, elles aussi se mettent à parler. Un #balancetonporc entre nous. Des coups, des agressions, des harcèlements, des viols. Au bout d'un moment, je dis : « Vous vous rendez compte ? On est dix, et on a toutes, sans exception, plusieurs histoires à raconter ! » Et j'ai entrepris des recherches sur le sujet des violences sexuelles pour la Fondation Jean Jaurès, convaincue que les femmes, grâce aux réseaux sociaux, parviendraient un jour à s'unir pour dénoncer ce fléau.

C'était bien avant l'affaire Weinstein...

Oui, et ce qui se passe aujourd'hui est vraiment historique. C'est comme si on avait retiré le bandeau sur les yeux de tas de gens qui n'imaginaient pas l'ampleur du problème et ses implications sur la vie des femmes. Notamment sur l'inégalité professionnelle. Or tout est lié ! Quand on sait qu'une femme sur sept déclare avoir vécu une agression sexuelle, que près de 4 % des femmes déclarent avoir subi un viol ou une tentative de viol, je ne vois pas comment on peut exiger qu'elles soient audacieuses et conquérantes dans l'entreprise ou la sphère publique. Quand on a passé quarante minutes dans les transports à raser le mur, à regarder ses pieds, à se faire discrète pour ne pas se faire remarquer, on ne peut pas, à la minute où l'on franchit la porte du bureau, se redresser d'un coup, se mettre à parler fort et exiger une place prééminente. C'est ainsi. Tant qu'il y aura violence et harcèlement de rue, les femmes ne seront pas dans les dispositions nécessaires pour conquérir l'égalité professionnelle.

Quand en avez-vous parlé à Emmanuel Macron pour la première fois ?

Quand il est venu au Mans visiter mon association Maman travaille et que je lui ai offert mon livre *Plafond de mère* (Eyrolles, 2015) en pressentant que s'il y avait un candidat qui pouvait s'emparer d'un tel sujet et incarner la cause des femmes, c'était lui. Et de fait, c'est le premier président en exercice à avoir, très solennellement, à l'Élysée, demandé d'observer une minute de silence en hommage à toutes les femmes mortes sous les coups de leur conjoint ou victimes de sexisme. C'était une première mondiale (le 25 novembre 2017) et j'en étais tellement fière !

Dans votre ouvrage **Le Deuxième Sexe de la démocratie,** *vous déplorez le manque de solidarité entre femmes...*

Oui. J'ai vécu des épisodes très rudes à mon arrivée en politique au Mans. Des rivalités et des jalousies féminines affreuses de la part de mes colistières plus âgées, qui m'ont perçue comme une intrigante et une carriériste, alors que j'avais simplement accepté la proposition du maire de rejoindre son équipe, lorsque j'ai déménagé dans cette ville moderne et gay-friendly. Alors en arrivant à En marche ! j'ai parié sur des pratiques inverses. On a fait un pacte entre femmes de la même génération. Un pacte de bienveillance et de sororité. Et je vous assure que, si j'ai tenu pendant la campagne, alors que j'avais arrêté de bosser, que je me ruinais en baby-sitting et en billets de train pour parcourir la France, que je voyais peu mes enfants, que j'étais crevée et endettée, c'est grâce à ce cercle de solidarité. On s'est magnifiquement épaulées. Et ça continue !

En fait, c'est la presse que vous accusez d'être la plus sexiste...

Parfaitement ! Quand j'ai été nommée au gouvernement, la presse a parlé davantage de mon physique que de mes propositions ou de mon bilan d'élue au Mans. Mes ongles, mes cheveux, ma voix... Tout y passait. Un journaliste avec une carte de presse a écrit que j'avais « une silhouette de chaude panthère évadée d'une crique sicilienne ». Un autre a parlé de ma « poitrine débordante », la presse d'extrême droite a écrit « la reine des salopes ». Tout pour me sursexualiser et me discréditer. Ma fille est en âge d'aller sur Internet et pendant les deux premiers mois, je paniquais à l'idée qu'elle découvre ce qui s'écrivait sur sa maman. Oui, c'était blessant. J'accepte toutes les critiques, mais qu'on me fasse passer pour une bimbo écervelée parce que je suis jeune, que j'ai les cheveux longs et que je viens des quartiers populaires, cela témoigne à la fois du sexisme et du mépris de classe. J'ai 35 ans, j'ai écrit 17 livres et cela fait quinze ans que je forge mon expertise sur les inégalités femmes-hommes.

Vous avez été très exposée ces derniers mois. Avez-vous changé ?

Je suis moins insouciante. Jusque-là, l'envie était mon seul moteur. Et lorsque je m'ennuyais, je partais, libre comme l'air. Désormais, tout ce que je dis ou fais peut avoir de graves conséquences. Alors quand mes filles me disent, navrées : « On ne peut pas aller au parc ? », ma réponse est invariable : « J'appartiens au gouvernement de la cinquième puissance mondiale et vous pensez que j'ai le temps d'aller me balader ? »

Non ! Vous ne leur dites pas ça !

Bien sûr que si. C'est du second degré et on en rigole. Pareil quand mon mari insiste pour que j'aille au cinéma. « Je suis membre du gouvernement de la cinquième puissance mondiale et tu voudrais que je m'arrête de travailler pour aller au cinéma ? »

Trouve-t-il ça drôle ?

Non. Ça l'énerve, mais peu importe. Ce que je veux dire, c'est que je suis consciente du poids de ma responsabilité. J'ai passé le dernier week-end dans la Sarthe avec des policiers et des gendarmes qui m'ont fait entendre les enregistrements d'appels d'urgence au 17. Et c'est terrible. On vit les scènes de violence en direct, les coups, les menaces, la panique, les cris d'enfants en arrière-fond. J'ai aussi vu les plaintes de très jeunes filles agressées sexuellement à la sortie du tramway. Pas « importunées ». Violées. Alors au-delà des débats #metoo qui me passionnent, au-delà des tribunes d'actrices et d'intellectuelles parisiennes, je veux atteindre ceux qui n'ont pas l'habitude de parler de ces choses. Faire comprendre aux filles du fin fond de la Sarthe, de la Corse, de la Guyane ou de la région parisienne que leur corps leur appartient. Et marteler aux garçons que le viol est un crime et que le corps des jeunes filles n'est pas à leur disposition.

Y a-t-il de grandes femmes dans votre panthéon personnel ?

Non. Je suis très Oscar Wilde : « Soyez vous-même. Les autres sont déjà pris. »

Nina Bouraoui

Elle diffuse le même charme que ses livres. Douceur et sensualité. Lumière et suavité. Mais l'on imagine aisément les tumultes secrets, le feu, l'ardeur, le désir, la passion. On imagine la quête d'absolu, la fièvre, les serments. Et l'obsession d'écrire au plus juste, au plus près de la vie, de la peau, du moindre tressaillement. Au plus près de sa nature. Cette « nature homosexuelle » qu'il faut occuper, dit-elle, comme on occupe un territoire. Elle le fait avec grâce. Et vaillamment.

Je ne serais pas arrivée là si...

Si je n'avais pas grandi en Algérie. J'y ai appris la terre, les hommes, les femmes, la résistance, le courage, la liberté – notamment celle d'être une petite fille différente. J'y ai appris aussi la sensualité et toute la gamme des émotions, la joie et la félicité, également la peur, et même l'angoisse. Car ce pays tellement beau, tellement magnétique, était marqué par la violence. Ma mère l'acceptait. Ma mère française, blonde aux yeux bleus, qu'on appelait « la Suédoise ».

Elle avait une telle passion pour ce pays qu'elle n'avait de cesse de nous le faire sillonner, ma sœur et moi, à bord de sa GS bleue : la route de la Corniche, les criques sauvages, l'Atlas, le désert... « Cette lumière et cette histoire si spéciales, c'est votre lumière, c'est votre histoire », répétait-elle. J'ai commencé à dessiner et à écrire en Algérie. C'est mon terreau. Je crois que tout est là.

De quelle union êtes-vous le fruit ?
D'un mariage d'amour entre un Algérien et une Bretonne. D'un mariage politique aussi, puisque mes parents se sont rencontrés en pleine guerre d'Algérie et que je suis la preuve absolue que deux pays en train de se déchirer peuvent aussi s'aimer. Le frère aîné de mon père était mort au maquis. Mon père voulait s'engager à son tour, mais, comme c'était un garçon très brillant, on a préféré l'exfiltrer en France afin qu'il étudie. Il débarque donc à Vannes, muni d'une simple valise, obtient son bac avec mention – il est premier de sa classe, on l'appelle « l'Oiseau rare ». Le proviseur le recommande au doyen de la faculté de Rennes, il obtient la bourse des étudiants les plus méritants de France, vit chichement, travaille beaucoup, milite pour l'indépendance de l'Algérie, obtient un doctorat d'économie. En 1960, il rencontre ma mère, étudiante en droit, fille de chirurgiens-dentistes, et tous deux tombent éperdument amoureux.

Les parents de votre mère acceptent-ils cette union ?
Mon grand-père ordonne une enquête auprès du

préfet, dont il est proche. Il fait suivre mon père pour savoir si ce n'est pas un dangereux militant politique. Faute de preuves, il supplie le doyen de le renvoyer vers son pays d'origine. Mais c'est lui que le doyen met à la porte. Quand ma mère tombe enceinte, mon père fait une visite à ma grand-mère dans la vaste maison familiale : « Je viens demander la main de votre fille. » Ma grand-mère répond que ce n'est pas raisonnable. Lorsqu'elle comprend qu'un bébé va arriver – ma sœur –, elle chasse mon père de la maison. Mes parents se marient à la mairie de Rennes, en 1962, entourés de quelques amis, avant de partir à Alger. Mon grand-père n'acceptera jamais cette union, qu'il considère comme une trahison : « Tu fais ça contre moi ! » dit-il à sa fille. Récemment, alors qu'il a 104 ans, il lui a affirmé : « Ton mari mourra avant moi. »

Vos parents prennent donc le chemin de l'Algérie au moment où beaucoup de Français quittent le pays ?

Oui. En épousant mon père, ma mère épouse aussi l'Algérie et va l'aimer follement. Ce n'est pourtant pas facile. Elle est insultée, agressée dans la rue. Mais elle est courageuse et me donne une grande leçon de bienveillance et de tolérance. « Ce peuple-là a souffert, et moi je l'aime et je me ferai aimer. » C'est une très belle femme, très sensuelle, je comprends vite qu'elle est une proie.

Un souvenir d'agression semble vous avoir particulièrement marquée...

Oui. C'est même une scène fondatrice. Parce que,

tout d'un coup, je me dis: «Je sais que j'aime les femmes.»

Quel âge avez-vous alors?

Environ 8 ans. Ma mère, qui devrait être au travail, rentre soudain dans l'appartement la robe arrachée, la peau griffée, du crachat dans les cheveux. Elle couvre ses seins de ses mains, elle est défaite. Je ne comprends pas ce qui se passe, je pense à la bête du Gévaudan, à un monstre, pas à un homme. Mais cette scène est photographiée à jamais. C'est la chose la plus traumatisante du monde et c'est ma tragédie. Je deviens le soldat de ma mère. Je me fais la promesse de toujours la protéger. Et d'ailleurs de protéger toutes les femmes.

Pourquoi vous décrivez-vous comme une enfant «différente»?

Je suis une enfant homosexuelle. Je le sais. Cela ne s'explique pas. Et ce n'est pas un choix. C'est ainsi, tout simplement. Je suis un peu renfermée, très solitaire, très en fusion avec ma mère. En fait, je suis folle amoureuse de ma mère. Je fais un complexe d'Œdipe inversé. Mais je trouve ma place naturelle dans ma famille aimante. Je suis le garçon, je suis l'artiste, hypersensible, un peu fragile. Tout le monde s'en accommode joyeusement. J'ai souvent demandé à mes parents: est-ce que vous attendiez un garçon quand je suis née? La réponse est invariable: «Non, Nina, jamais...» Mon père était très fier d'avoir deux filles.

Comment se comporte-t-il avec vous ?

Il est content de m'apprendre à jouer au foot, à plonger des rochers. Et je suis fière quand il m'emmène place d'Hydra faire la tournée des commerçants en me tenant par la main. Je porte mon jogging Adidas, un petit marcel blanc sur mon torse menu et bronzé, des claquettes. J'ai collé mes cheveux courts avec de l'eau de Cologne, cela accentue mon allure de petit mec. Le boulanger, l'épicier, le fleuriste savent que je suis une fille, une fille-garçon, ils m'acceptent comme je suis, ils m'aiment bien.

Et à l'école ?

Je m'habille comme je veux. En garçon. Je me camoufle un peu sous mon sweat bleu à capuche, j'ai souvent un sifflet ou un pistolet dans ma poche. Et je ne fréquente que les garçons. Les filles disent : « Nina, elle est un peu folle. » Forcément. Mais sous le préau de l'école primaire, un jour, je surprends deux institutrices dire à mon sujet : « Le pire, c'est que les parents savent et qu'ils ne font rien. »

Savent quoi au juste ?

Que je suis différente ! Moi, je le sais, bien sûr. Mais cette phrase est terrible. Elle condamne ma différence et juge mes parents comme des irresponsables ! Ma sœur elle-même, qui a cinq ans de plus que moi, dit à mes parents : « Faites attention ! Nina aura des problèmes ! » Elle perçoit une question de genre. Mais elle a tort. Je n'ai pas de problème avec mon corps. Je n'ai pas de problème avec mon genre.

Je ne suis pas une future transsexuelle. Rien à voir. Je suis simplement homosexuelle, et si j'ai un accoutrement de garçon, c'est que c'est franchement plus rigolo, et parce que j'ai compris que dans ce pays, si viril, la force est de ce côté-là. Mon père, d'ailleurs, se récrie : « Arrêtez ! Nina est féminine. Elle se met de la crème Nivea tous les soirs ! »

Votre famille française est-elle aussi compréhensive ?

Non ! Ma grand-mère est perplexe et glisse un jour à ma mère : « Celle-là sera intellectuelle ou lesbienne ! » Mais surtout c'est elle qui va peu à peu m'instiller la honte d'être différente. Lorsque nous voyageons dans la voiture de mon grand-père, elle s'irrite que les serveurs ou les hôteliers s'adressent à moi en disant : « Bonjour, jeune homme ! » ou « Qu'est-ce que le petit garçon va prendre comme dessert ? » Elle est furieuse : « Fais quelque chose ! » En Algérie, c'est joyeux et je suis fière de cette confusion. En France, ma grand-mère rend ma situation honteuse. « Attention, Nina, à force, il va te pousser un zizi ! » Et je me prends à vérifier, prise soudaine d'angoisse.

L'adolescence va-t-elle changer la donne ?

Vers 12 ans, la nature me rattrape. Mon corps prend de nouvelles courbes, je laisse pousser mes cheveux, il semble que je me féminise. Mais ma cartographie intérieure est inchangée. J'aime les filles de mon âge et je vis le rejet. Je confonds l'amitié, la tendresse, avec l'amour et le désir. Je cherche des modèles, il y en a si peu. Je lis les Colette. Découvre *Le Puits de solitude*, de Radclyffe Hall : l'histoire d'une châtelaine qui tombe amoureuse d'une infirmière pendant la guerre. Puis je découvre *Carol*, de Patricia Highsmith, qui va devenir mon livre de chevet. Je rêve à travers *Carol*. Mais je suis lâche. Je garde mon secret. Je veux tant ressembler aux autres filles.

Et votre mère décide alors qu'il faut rentrer en France...

Nous sommes en 1981. Elle voit l'Algérie changer, le modèle iranien progresser, la violence s'installer. Elle a peur. Elle redoute un bain de sang. Elle interrompt nos vacances, m'expédie à Rennes chez mes grands-parents, repart à Alger en me priant d'attendre de ses nouvelles. Je dis : « Mais, maman, je dois rentrer à l'école ! » Rien n'y fait. Et j'attends. J'attends. Fin septembre, elle m'appelle enfin : « Tu ne rentres pas. Nous allons habiter toutes les deux à Paris. » J'ai 14 ans. Ma vie s'effondre. Et j'ai la haine. Toutes mes affaires personnelles sont restées figées dans ma chambre à Alger. Je n'ai pu dire au revoir à personne. « Ma fille, dit mon père, sache que l'intelligence, c'est l'adaptation. »

Vous adaptez-vous ?

Oui. Je m'adapte tellement que c'est comme une deuxième naissance. Je perds mon accent en quelques jours. Je refais ma vie. Je deviens une vraie Française. Et je m'inflige cette extrême violence de déchirer toutes mes photos de classe d'avant et de ne pas répondre aux lettres de mes amis algériens. C'est comme un chagrin d'amour. Je deviens infidèle à mon algérianité. Mais mon identité amoureuse me rattrape. À 16 ans, je vis une passion folle pour une fille de ma classe. Elle joue avec moi de façon un peu perverse, mais je brûle d'amour, je veux l'épater. Je lui proclame que je vais devenir écrivain et je lui envoie en guise de lettre une page que j'ai recopiée d'un livre écrit par mon ancienne professeure de français. « C'est fantastique, dit-elle. Nina, tu es un écrivain ! » J'ai honte. Je suis surtout plagiaire. Mais je dois désormais être à la hauteur, et je me mets à lui écrire des lettres enflammées. Je crois vivre une grande histoire.

Jusqu'à ce que...

Jusqu'à ce qu'elle me trahisse, et qu'elle dise à ma sœur un jour : « Tu es au courant ? Ta sœur est homosexuelle. » La foudre s'abat sur moi. Ma mère, mise au courant, tombe des nues. La rumeur court très vite dans le lycée. Des parents préviennent ma mère : « Désolé. Je ne veux plus que ma fille vienne dormir chez vous. » J'en suis mortifiée. Je rase les murs. Et je fais encore un truc dingue. Je flirte avec un des plus beaux garçons du lycée, et je dis : « Ce n'est pas moi, c'est elle, l'homosexuelle. » À mon tour, je la condamne. Et tout le monde rejoint ma cause. Ma nouvelle allure féminine m'a rendue insoupçonnable. C'est d'une cruauté absolue, car je l'accuse d'être ce que je suis ! Et je participe à la honte et au rejet de ma véritable identité. J'ai peur. C'est si dur d'être différent.

Comment s'affirmera alors votre identité amoureuse ?

À 18 ans, je ne veux plus me tromper sur ces fausses

amitiés, et je me décide à aller chez les « spécialistes », c'est-à-dire les véritables homosexuelles. Affirmées. Et je trouve dans Pariscope l'adresse du Katmandou, un club réservé aux femmes. Je m'y rends quatre fois par semaine, je suis la plus jeune, et j'observe ce brassage de femmes issues de tous les milieux qui partagent le même désir. C'est excitant, c'est comme une nouvelle famille. Mais la honte me poursuit lorsque je sors du club au petit matin. Personne ne doit me suivre, je ne donne aucun indice, je tremble qu'on me démasque, je me sens délinquante. J'écris en rentrant pour laver ma honte, pour acheter ma respectabilité. J'ai cette conviction que si je deviens écrivain, comme j'en ai le désir depuis mes 8 ans, on me pardonnera mon homosexualité. C'est d'une tristesse sans nom.

Quand vous libérerez-vous de ce sentiment de honte ?

Et de ma propre homophobie ? Celle que l'on inculque aux jeunes homosexuelles en projetant sur elles des fantasmes pervers alors qu'il s'agit de nature, d'identité et d'amour ? Il me faudra du temps, une thérapie, plusieurs étapes. J'éprouve encore parfois une gêne. Mais il s'est passé en France un événement effroyable qui balaie toute réticence et impose de témoigner. Un million de personnes ont défilé dans la rue contre le mariage gay ! Des parents ont donné à leurs enfants des pancartes diabolisant les personnes comme moi. J'ai beaucoup pleuré. Nous étions si humiliés ! Alors si un écrivain a parfois le devoir de parler, c'est le moment. Mon métier, mon milieu me protègent. Mais je parle pour les autres. Tous ces jeunes gens qu'on jette dans la tourmente, qu'on force à se nier, alors qu'ils sont dans leur vérité.

Vous avez enfin conquis votre liberté ?

Oui, j'ai 51 ans, et je suis libre. On peut m'insulter. J'ai désormais une arme qui s'appelle la douceur. Et elle est imparable. Quelle richesse, cette double culture qui fait de moi une Française éclairée de l'intérieur par l'Algérie ! Et quelle richesse, cette homosexualité qui fut un long chemin ! Elle apprend à vivre dans la marge. Elle apprend à regarder les fragiles. Elle apprend à reconnaître les « étrangers ». Moi, j'ai appris la tolérance. Et l'écoute, l'ouverture. J'ai un amour infini pour l'être humain. Nous sommes tous voués au même destin tragique. Alors refusons la haine. N'invitons pas la mort dans la vie.

REMERCIEMENTS

Ce livre n'aurait pas existé sans la confiance que m'octroie *Le Monde* – mon journal depuis plus de trente ans ! – et cette délicieuse liberté que permettent les interviews « Je ne serais pas arrivé là si… », hors rubrique et inclassables.

Merci, donc, à Cécile Prieur et à Emmanuelle Chevallereau de m'avoir demandé, à l'automne 2015, de relancer pour La Matinale du Monde ce rendez-vous que j'avais créé plusieurs années auparavant dans *Le Monde 2*.

Et merci à mes amies Sandrine Blanchard – coordinatrice du rendez-vous – et Pascale Krémer, complices aussi talentueuses que malicieuses qui, chaque semaine, font découvrir aux lecteurs de notre journal ces itinéraires et destins… hors du commun.

Petit clin d'œil reconnaissant à la pétillante Georgia Azoulay.

Table

« Je ne serais pas arrivée là si... » 9

Amélie Nothomb	19
Christiane Taubira	33
Patti Smith	43
Virginie Despentes	53
Juliette Gréco	68
Hélène Grimaud	75
Claudia Cardinale	83
Joan Baez	93
Asli Erdoğan	102
Dominique Blanc	116
Delphine Horvilleur	126
Shirin Ebadi	137
Nicole Kidman	145
Agnès b.	153
Eve Ensler	164
Anne Hidalgo	172
Cecilia Bartoli	180
Michaëlle Jean	191
Marie-Claude Pietragalla	204

Marianne Faithfull	217
Hiam Abbass	227
Véronique Sanson	236
Vanessa Redgrave	246
Angélique Kidjo	254
Laura Flessel	266
Brigitte Bardot	277
Françoise Héritier	296
Albina du Boisrouvray	314
Marlène Schiappa	324
Nina Bouraoui	341
Remerciements	351

DE LA MÊME AUTEURE :

FM, LA FOLLE HISTOIRE DES RADIOS LIBRES *(avec Frank Eskenazi)*, Grasset, 1986.
RETOUR SUR IMAGES, Grasset, 1997.
CAP AU GRAND NORD, Seuil, 1999.
L'ÉCHAPPÉE AUSTRALIENNE, Seuil, 2001.
LES HOMMES AUSSI S'EN SOUVIENNENT *(entretien avec Simone Veil)*, Stock, 2004.
LES PROIES. *Dans le harem de Kadhafi*, Grasset, 2012.

Ouvrages collectifs :
GRAND REPORTAGE, *Les héritiers d'Albert Londres*, Florent Massot, 2001.
GRANDS REPORTERS, Les Arènes, 2010 (prix Albert Londres).
GRANDS REPORTERS, *Le monde depuis 1989*, Les Arènes, 2018.

Livres de photos :
PAUVRES DE NOUS, Photo-Poche/Nathan, 1996.
BRUNO BARBEY, Photo-Poche/Nathan, 1999.
MARC RIBOUD, 50 ANS DE PHOTOGRAPHIE, Flammarion, 2004.
MARTINE FRANCK, Photo-Poche, 2007.
SIMONE VEIL ET LES SIENS, Grasset, 2018.

Le Livre de Poche s'engage pour l'environnement en réduisant l'empreinte carbone de ses livres. Celle de cet exemplaire est de : 600 g éq. CO₂ Rendez-vous sur www.livredepoche-durable.fr

Composition réalisée par MAURY-IMPRIMEUR

Achevé d'imprimer en février 2020 en France par
La Nouvelle Imprimerie Laballery
Clamecy (Nièvre)
N° d'impression : 912535
Dépôt légal 1re publication : mars 2019
Edition 03 : mars 2020
LIBRAIRIE GÉNÉRALE FRANÇAISE
21, rue du Montparnasse – 75298 Paris Cedex 06

40/7641/7